suncolor

suncolor

suncolor

OVER RIDE

劍型人 × 盾型人

找到你的大腦原廠設定，
擺脫慣性思考，
創造自我優勢

康乃爾・考恩 臨床心理學家
Connell Cowan Ph.D.

大衛・基博 臨床醫生
David Kipper M.D. ／著

黃馨弘／譯

suncolor
三采文化

獻給蘇珊、肖恩和科比。你們是我永遠的愛。
——康乃爾・考恩

獻給山姆和香奈兒，
謝謝你們盾型人總是一直保護著我這劍型人。
——大衛・基博

CONTENTS 目次

前言
過度安逸的舒適圈

為什麼我總是做那些對自己毫無助益的事情？
那是因為：我們總會無意識地陷入舒適圈。

「為什麼我會一直做那些影響生活品質的事？為什麼我不去做對自己有幫助和建設性的事呢？」這是大多數人一直在努力解決的問題。

「為什麼我要妨礙自己讓節食計畫功虧一簣？」「為什麼當我打算去健身房時卻總是一下子就想回家了？」「為什麼就算我知道更慎重的方法其實更有效，卻還是對孩子大發雷霆？」「為什麼當我想要大膽一點，反倒又會畏畏縮縮？」「為什麼當我只付得起信用卡的最低額度，卻又在網路上買了一大堆根本不需要的東西？」「為什麼當我需要專心學習時又再社群媒體上迷失方向？」「為什麼當其他人根本不那麼關注自己的健康時，我還會擔心自己的健康呢？」「為什麼下班回家後喝個一、兩杯令人無法抗拒？」「為什麼我這麼擔心受怕？」「為什麼我的丈夫和我看待生活中的同一件事情時，我總是看到光明的一面，而他總是提出較悲觀的觀點？」「為什麼我總是在逃避想做的事情，卻沉迷於不該做的事？」

為什麼？為什麼？為什麼？

　　一個我們多年來一直在驗證的新理論，為這些問題提供了明確而實用的答案。該理論用最精簡的方式假設，幾千年來，人類已經發展出兩種不同的回應方式，這兩種方式根植於人類的遺傳機制中，基於大腦裡的化學反應，在感受到壓力時被活化。

　　這些「風格」為我們提供了一些珍貴的特質及一些可預測的挑戰。人類是一種很特別的物種，具有先見之明，並用極為複雜的方式預測未來。我們利用這種能力來作出各種決策。想像一下：在我們每個人的腦海裡都有一個舞台，在這個舞台上，我們會經歷各種場景。研究發現，在4、5歲左右，我們就能夠理解一個關於現實的重要因素，也就是各種事件會以各種非常不同的方式和我們產生互動，並大幅地改變事件的結果。

　　事實上，我們就如同算命師或是意外製造機。如果我們做了「這些」或「那些」行為，那麼「這些」或「那些」就真的有可能會發生。這些情境的目的是在模擬各種可能的結果，為我們的行動提供基本的預測。

　　對於這些在腦中所進行的假設，我們會開始將各種不同的「過濾器」套用在不同的場景中，並新生一些資訊，這些資訊的積累又會影響到我們的行為。這些過濾器受到我們過去的記憶、所處的文化連結、來自家庭的影響和傳統、價值觀和態度、我們對周圍其他人的感受和想像、需求和願望或

身體的極限，以及**深埋在我們的腦中，那些獨一無二的化學反應**所影響。這是影響我們行為的最後一道過濾器，是我們多年來一直在努力理解的過濾器，也是我們的理論和本書主題的核心。

我們如何相識

十幾年前，我們藉由共同的朋友第一次見面，幾乎馬上就開始討論各自的專業領域中共同的問題。作為一名醫師，大衛光是要處理患者身體上發生了「什麼」（what）問題就已經忙得不可開交了，而康乃爾作為一名心理學家，則要整理出事情的「為何」（why）與「如何」（how）。大衛當然知道他許多患者的症狀都源自於心理層面，而康乃爾的患者，無論他們個人的問題為何，也會在生理上感受到各種面向的痛苦。我們時而爭論，時而同意，但總是互相學習。我們都知道疾病的「為何」與「如何」是密切相關的。

我們都同意，最重要的關鍵來自於壓力。壓力無論是好是壞，都沒關係，它總會突然浮出水面並打亂所有的計畫。我們第一批的調查之一就是消化性潰瘍是否主要是由壓力引起的。大衛曾說過：「你那些未經證實的壓力理論，快讓我得到潰瘍。」想當然，最終他贏了。1982 年，人們發現了一種叫做幽門螺旋桿菌的細菌是潰瘍的主要原因。

　　這段時間以來，寫作興趣使我們走向了不同的方向。大衛探究成癮與大腦化學之間的變化，康乃爾則是出版了關於人際關係困境的作品。但我們的談話總是會回到壓力和疾病的複雜交互作用上。

　　如今，我們已經共度了 40 年的對話與合作，建立了相當深厚的友誼。我們一同經歷過艱難和痛苦的時刻，也一同經歷過歡慶的時光——慶祝生日、面對父母的離世、在炎熱的夏夜看道奇隊的比賽，更不用提這一路上飲盡的啤酒了。我們兩個也有幾個共同點——工作與生活的興趣交織在一起，對於事情「為什麼會這樣？」，有著永不滿足的好奇心，以及我們都非常關心朋友、家人和客戶。以上是我們僅有的相似之處。相較之下，大衛更加合群和外向，而康乃爾則是更加沉默寡言，喜歡獨自一人靜靜地思考。如果大衛的觀點呈現的是光明面，康乃爾的則是陰暗面。我們兩人之間就好像傑克・斯普拉特的合作夥伴關係，各自都發揮著重要功能。[1]

　　多年來，我們目睹了這個國家在競爭、生產力和壓力方面呈指數型增長。我們愈發頻繁地看到，患者身體上的不適

＊編註 1：〈傑克・斯普拉特〉（Jack Sprat）是英國維多利亞時代著名的童謠。傑克・斯普拉特（同名）不能吃肥肉，他的妻子不能吃瘦肉，因此兩人合作，能將盤子舔得乾乾淨淨。

會因情緒問題而更加地複雜，反之亦然。透過共同照顧患者，我們深入探索了這兩者之間的聯繫——即「情緒」和「身體」。愈發清晰的是，壓力——以及我們的患者如何處理它——是決定整體滿足感或良好的心理健康，以及壽命長短的最大單一因素。一些患者制定了辨識壓力和處理壓力的策略，一些患者則對這種解決方案相當排斥，沒有意識到問題的嚴重性。我們追蹤了壓力對自身生活的影響，了解壓力實際上並非我們的問題；關鍵反而是**我們對壓力源（無論好壞）所造成的不舒服反應**。這是這整個拼圖中缺失且知名的最後一塊。

隨著我們（和患者）年紀增長，我們開始著迷於令人興奮的新興生物學：生物老年學（biogerontology）。更具體地說，我們將注意力轉向了衰老的核心原因，以及我們的生活方式和態度如何加速或減緩這一過程。每天的壓力影響了一切，從我們的器官、微生物環境、罹病風險、睡眠模式、運動意願、飲食習慣到情緒狀態。壓力和長壽顯然是彼此連動的兩大因素。因此，我們開始試著了解它們之間的關係。

我們建立了一種複雜的方式來測量老化的速度，開發了一份相當深入的調查問卷，從中，我們可以計算出我們所說的長壽商數（longevity quotient）或 LQ（LQ 與衰老速度成反比—— LQ 愈高，衰老速度愈慢）。問卷以類似於智力測試的方式進行評分，平均的 LQ 設定為 100。我們將此儀

器稱為 LongevityScan。可惜的是，該測驗本身有諸多問題。這項測驗由將近 400 個問題組成，患者必須從醫生那裡才能獲得某些資訊，使得填寫問卷成為一項繁瑣的工作。

儘管如此，這項問卷仍然提供了許多珍貴資料，讓我們了解患者與同年齡、同性別的其他人的比較。但這份問卷沒有幫助解釋除了基因的好壞之外，為什麼有些人的分數就是比其他人高；或者如何有效地幫助分數低的人，持續地提升他們的分數。我們有很多簡明、有用的資訊可以與患者分享，幫助他們了解在生活中為了健康做出改變並不難，真正難的是他們拒絕這些資訊並下定決心做出改變。

我們針對壓力及壓力對身體與幸福感造成的破壞和影響進行了大量的研究。不過，事實上卻是毫無進展。儘管我們好像將各種可能性的大門稍稍打開了一絲縫隙，卻沒有更深入的發現。我們擁有的東西非常混亂，有太多的排列組合，想破了頭，卻無法深入了解，為什麼對於某些人來說，持續維持健康的習慣這麼困難。

就在此時，賓果！我們突然頓悟了一切。答案其實一直擺在眼前。我們一直在尋找的是可預測的行為群組，這些行為與年齡相關的病症有關，能夠加速或減緩老化所帶來的傷害。我們發現的甚至更深入。我們看到的行為群組與衰老沒有直接關係，而是與興奮有關。或者更準確地說，是中樞神經系統的興奮程度。

受刺激不足的人的可預測行為方式與受刺激過度的大不相同。我們的行為與神經傳導物質的分布有關，而這些行為只是回應壓力的表現。**人們用來管理壓力的模組化策略是固定的，嵌入在我們代代遺傳的神經化學物質中。**當我們從各種研究和論文中抽離後，突然在自己的家人、朋友、病人，甚至是自己身上發現這些模式。如此簡單且優雅：當壓力大時，人們會以某種方式行事，而這種行為的根源早已經被寫在自律神經系統的模組中。

我們的自律神經系統，應該被稱為「自動」神經系統，是生理重要的一環，控制著那些我們毫無感覺，總認為理所當然的生命維持系統：心跳、呼吸、因人體姿勢變化而不斷調節的血壓、睡覺時大腦自我清理並刪除或儲存一整天下來的記憶，以及**當我們接受到壓力時出現的反射行為**。為什麼有些患者很難讓自己平靜下來（需要抽那支菸、吃那塊巧克力蛋糕、再喝一杯酒），而有些人則是需要增加神經系統刺激以自我安慰、鎮定（透過不必要的奢侈消費、對同事大發雷霆、花幾個小時玩刺激的電動遊戲）。

答案讓我們非常訝異。幾乎所有人都落在某一個群組當中，有些則是更加明確。要不是需要讓自己平靜下來才能舒適，就是需要刺激自己才能舒服。我們的自律神經系統的連結受到遺傳影響，從父母那裡獲得了各種大腦化學物質的分布。然後，我們根據這些化學物質的流動來建構生活、個性

與習慣。大部分的時間，這些模組化的傾向都隱藏在幕後，基本上不太會被注意到。只有在需要決策或受到壓力時，這些行為才會浮現出來，展現影響力。

相較於我們多年來所記錄和驗證的各種科學數據，這種全新的認知成為了壓力管理的新方向。大自然給了我們兩種截然不同回應壓力的方式，源自我們擁有不同組略微失衡的神經傳導物質，這會是某種意外嗎？我們認為不是。我們認為這些根據壓力源的當前情況不同而有不同反應的方式，造就人類相當重要的生存優勢。如果有某一種模式在幾個世紀以來更成功，那麼大自然就會只留下一種，而不是兩種。顯然它們具有截然不同的優點和缺點。

我們還發現了一些特別引人注意的事情，人類並非唯一採用這些不同策略回應壓力的生物。這些攻擊性／防禦性、大膽／謹慎的反應在整個動物界都相當常見。讓我們來探討兩個例子：

將兩隻猴子放在並排的透明籠子裡，除了平常的食物外，還給了小黃瓜片作為零食。兩隻猴子都非常滿足地接受小黃瓜，直到一隻猴子得到普通的小黃瓜片，而另一隻猴子得到一顆又大又飽滿的葡萄。這正是故事開始變得有趣的地方。事實證明，我們並不是唯一感受得到公平的物種。在這項誘發壓力的研究中，收到小黃瓜的猴子沒過多久就注意到

隔壁的朋友受到更好的待遇。這種明確的不平等讓兩隻猴子都感到不安（但還不足以讓得到葡萄的猴子分享食物），收到小黃瓜的猴子承受的壓力相對更大。

事實上，收到小黃瓜的猴子最後相當生氣，甚至把小黃瓜片扔回給實驗者，或是轉身拒絕接受（猴子會以噘嘴表現）。多次對不同猴子重複這種模式會得到相同結果。沒得到葡萄的猴子變得好鬥或是表現得好像不在乎，來回應這種誘發的壓力。讓我們稱之為劍型人或盾型人防禦——受到委屈的猴子要嘛拔出劍，要嘛舉起盾來回應不平等。在這些猴子身上引起的壓力，表示了兩種截然不同的回應方式。

大山雀則是回應壓力的方式如何分成兩種類型的另一個例子。大山雀是一種小而兇猛的鳥，在歐亞一帶的林地、公園和花園中棲息。就其體積而言，牠強大而威猛，喙能夠啄開榛子、橡子，甚至偶爾能啄斷小型獵物的頭部。但是，儘管這些小鳥很頑強，但無法與剋星——也就是更強壯的北雀鷹相提並論。

為了研究這種物種的生存壓力，研究人員在 4 月初至 6 月下旬，大山雀的正常繁殖季節期間，讓 12 個大山雀族群聽狩獵的雀鷹錄下來的叫聲。正常情況下，這些大山雀多半在繁殖季後期繁殖，但面對捕食者的明顯威脅，一些毫無畏懼的大山雀會比正常情況下更早繁殖。其他不那麼勇敢的同

類們則恰恰相反，選擇在繁殖季末期進行繁殖。無論牠們比正常情況早或晚繁殖，繁殖的成功率都沒有差異。聽到致命敵人雀鷹的叫聲會誘發一些大山雀抓住機會，提早開始繁殖。而另一些大山雀面對同樣的叫聲，則會感到壓力，選擇等待並在繁殖季快結束時才進行繁殖。兩種截然不同的回應方式，就像在沒有吃到葡萄的猴子身上觀察到的一樣。科爾·波特（Cole Porter）為此寫下了遠遠領先整個科學界的一句話：「鳥類做到了這個，蜜蜂也做到了這個……」我們大膽假設他所謂的「這個」，指的就是動物如何以兩種截然不同的行為模式來回應壓力。當然，我們人類也做到了「這個」。我們曾考慮將我們的書命名為《猴子、大山雀和你》（*Monkeys*、 *Great Tits and You*），但最後我們認為書名可能會被誤解而作罷。

　　那你呢？在我們繼續接下來的內容之前，希望你先做一個簡短的測試。按照說明與指示給你的答案評分，不要花太多時間思考回答。這個測試想要預測你在回應壓力時，可能會屬於哪個主要的群組。你究竟是會採取攻擊性的方式來回應逆境，還是會以更加謹慎的態度？你的反應會類似嘁嘴的猴子，還是早一步繁殖的大山雀？讓我們一起來找出答案。

大腦類型問卷

編號	問題	是	否
1	我比其他認識的人更容易擔心受怕		
2	我有時會在花時間考慮所有問題前先採取行動		
3	我喜歡全身充滿腎上腺素的感覺		
4	在採取行動前，我會先考慮事情的各種角度		
5	我認為自己可以算是外向的人		
6	如果我想要什麼，當下就要		
7	我很擔心自己的健康		
8	我並不好鬥		
9	我很容易分心		
10	我更喜歡擔任領導的角色，而非聽從命令		
11	我經常在完成某個計畫前就開始新的計畫		
12	待在社交場合會讓我很緊張		
13	我願意等待想要的事情，或是有所犧牲並做好計畫		
14	我總是在尋找新東西		
15	很多時候，我發現自己太過焦慮擔憂		
16	我很難表達憤怒，經常把憤怒藏在心裡		

17	我討厭不得不一遍遍地做重複的事		
18	當事情出錯時，我容易責備自己		
19	大多數時候我都很自信		
20	當我生氣時，別人都會知道		
21	我有時說「好」，但其實意思是「不」		
22	我關注大局而非細節		
23	我不太會對事物的不確定性感到困擾		
24	保持靈活是我的強項之一		
25	我常常很難集中注意力		
26	面對風險，我非常謹慎		
27	我善於關注細節		
28	我容易隱藏許多感受		
29	清晨時的我處於最佳狀態		
30	我思考的速度雖慢但很精準		

計分

請在下方將每個標記為「是」的問題編號勾選起來，圈選的較多的即代表你的大腦類型——劍型或盾型。你可能兩者都有，那是因為並沒有特定的大腦類型。如你所見，劍型往往也具有一些盾型的傾向，反之亦然。然而，你「主要」的大腦類型，將預測你可能如何回應壓力以及處理困境的方式。

劍型人：2、3、5、6、9、10、11、14、17、19、20、22、23、25、29

盾型人：1、4、7、8、12、13、15、16、18、21、24、26、27、28、30

恭喜。你現在已經確定自己是劍型還是盾型。如果你在盾型上勾選得比較多，那你通常不是個咄咄逼人的人，而是習慣帶著防護罩與壓力戰鬥；但如果你在劍型那一側勾選得比較多，不但會舉起自己的劍，還知道要怎麼揮舞它！

正如你現在猜到的那樣，人類之中的劍型人族群對刺激、新奇和獎勵特別敏感，而另一類型的盾型人，對避免傷害和危險則更加敏感。每種回應方式都有其優勢，也有一系列在行為上的缺陷。你可以比對下表，以了解劍型人或盾型人的行為。正如前段所述，你可能會在這兩者間都找出一些自己的行為，這並不牴觸，每個人多少都會具備兩種類型中

的某些特質。

不同類型的行為

盾型人	劍型人
天生思考——偏向內向	天生富有表現力——偏向外向
副交感神經反應	交感神經反應
規避刺激	尋求刺激
容易誘發	難以誘發
因為想規避懲罰而有動力	因為預期有獎勵而有動力
可能會留下許多負面結果的記憶	可能會留下許多正面結果的記憶
三思而後行	先行動後思考
能夠延遲滿足	很難延遲滿足
輕鬆控制衝動	衝動
對新穎性的需求低	尋求新奇
逃避風險	承受風險
忍住憤怒	發洩憤怒
傾向悲觀	傾向樂觀
思維較緩慢但準確	思維較快速但往往不準確
高度關注細節	對細節的關注度低
避免例行公事	依賴常規

盾型人	劍型人
靈活，適應變化	死板，無法適應變化
懷疑自己生病了	否認自己有相關的症狀
性冷感	性成癮
可能對酒精和鎮靜劑等抑制性物質上癮	可能對古柯鹼和其他興奮劑上癮
高疼痛耐受性	低疼痛耐受性

　　人類對於這兩種截然不同、用來處理壓力，以及解釋各種行為的模式，其實所知甚少。更重要的是，這表示將處理壓力的方式分成不同的類別，對於各種患者是相當有效的。

兩種不同類型的人格：劍型人和盾型人

　　用大腦類型再區別出兩種人格類型的想法並不新鮮。還記得 A 型和 B 型性格嗎？該理論因 1974 年的暢銷書《A 型行為與你的心臟》（*Type A Behavior and Your Heart*）而廣為流行，認為性格強硬的 A 型患者比更隨和的 B 型患者更容易發作心臟病。該理論事後被證實完全沒有科學基礎，書的作者、心臟病專家邁耶·弗里德曼（Meyer Friedman）和雷·羅森曼（Ray H. Rosenman）未能用科學解釋其他 A 型性格的習慣，例如嗜酒、吸菸和吃油膩的食物。但是由於每個人

都認識符合 A 型人格描述的人——瘋狂尖叫的老闆、容易生氣的父親或是沉迷於運動的肌肉狂人——而且由於該理論用常識就能理解，因此這名詞就一直存在。因為它似乎告訴我們一些深刻的事情，也就是那些我們四處奔忙，讓壓力將自己推向不健康，甚至致命程度的真相。

就邁耶·弗里德曼而言，他開始抗拒人們把自己的理論說成是一種人格類型，這似乎暗示著每個人天生就是其中一種類型，無法與健康結果有效地連結。他試圖將重點重新放回行為上並開發了一個專案，透過該專案，A 型人格者可以降低心臟病發作的風險。弗里德曼說，經過努力，他自己已經從 A 型人格改變為 B 型人格。自從弗里德曼對 A 型和 B 型的描述以來，科學已經取得了長足的進步，但他認為有兩大類人格的觀點還是沒錯的。

更深層的意義：神經傳導物質失衡

從出生那天起，所有人都面臨隨著時間的流逝必須繼續生存的壓力。如何處理這種無法逃避的力量，決定了一生的成功、親密關係是否滿足，以及活力是否常駐——或是與之完全相反：面臨工作中的失敗和低效率、不美滿的家庭生活以及不健康的身體。為什麼某些人會冒完全不必要的風險，而某些人則更加謹慎？為什麼某些人對憤怒如此敏感，而某些人似乎默默地受苦或自責？為什麼有些人能夠如此輕易地

延遲滿足，而某些人則承受等待獎勵時的痛苦？為什麼某些人比較死板，而某些人則更善於應變和靈活？為什麼建立健康作息的習慣對某些人來說很容易，而對其他人來說卻困難得多？為什麼某些人容易焦慮，而某些人似乎對生活無所畏懼？為什麼？

這些反應並不是強求來的；你與我也都能明顯地注意到這些差異。這些潛在的傾向其實是我們神經中那些化學反應的體現。這些化學反應不但被寫在 DNA 的藍圖中，也被轉化為日常生活中的各種行為方式。

將你我分成這兩種大腦類型的人體部位可能會讓你相當訝異。沒錯，就像你猜到的那樣，但這個位置並不在我們的大腦中。這個故事其實是從我們的腸道深處開始，位於小腸的一個奇怪的小群體裡。正是這批不起眼的細胞留下來的遺傳物質，控制著我們的神經系統，並深深地影響了那些改變行為的化學物質（神經傳導物質）應該如何分布。這些神經傳導物質透過我們的自律神經系統發揮作用，並創造出非常不同的大腦類型。

自律神經系統有兩組強大的分支。第一組是交感神經系統，目的在於激發、喚醒和激勵我們。第二組是副交感神經系統，其功能幾乎相反，放鬆、抑制和使我們感到平靜。人類身為一種動物，如果沒有這兩個相互競爭的體系，將無法生存。活化這兩個系統的神經傳導物質處在穩定的動態平

衡，以實現體內恆定或平衡，好恢復舒適感——也就是安全感。如果交感神經系統被活化，副交感神經系統就會做出反應，使人平靜下來並重新建立平衡。我們識別大腦中「穩定」的感覺訊號就是舒適——取決於做出特定決定時，我們是否感到舒適或符合最佳利益！

不幸的是，沒有人能夠在釋放與抑制神經傳導物質間找到完美平衡。由於各種遺傳、表觀遺傳（告訴基因開啟或關閉的迴路）與環境的影響，神經傳導物質的分布往往偏向其中一個極端。我們相信這些小小的失衡是演化的副產品，並賦予現代人類一個重要的生存工具。

這體現為由神經傳導物質失衡（主要是這些大腦化學物質的缺陷）驅動的神經系統，這些失衡會傾向興奮（刺激）端或抑制（鎮靜）端。這種失衡中的某一個極端會取得主導地位，控制身體並讓人保持舒適。而這兩種神經化學的失衡是由多巴胺（興奮系統的主要物質）或血清素（抑制系統的主要物質）所造成的。

多巴胺與腎上腺素、正腎上腺素、麩胺酸和乙醯膽鹼都能夠刺激神經系統，並對感知到的各種威脅做出「戰或逃」的反應（這種對壓力的基本反應，正反映出兩種不同大腦類型）。作為神經傳導物質的多巴胺，甚至還控制我們的動機、愉悅感和獎賞迴路。例如每一封情書的背後，其實都是來自多巴胺的釋放；賭桌上的每一個二十一點的籌碼，每一

個野心與每一次的冒險，也都是出於多巴胺。血清素系統以及效果相近的神經傳導物質 GABA，則可使過度興奮的大腦平靜下來，讓人遠離焦慮、情緒化和強迫症，變得較為愉悅——使心態保持開放並產生幸福感。每一次行為謹慎、控制衝動、延遲滿足、抑制或避免行動的時候，都與血清素有關。

我們的大腦將這些由神經傳導物質驅動的風格，轉化為有意識和無意識的行為，這就是盾型腦或劍型腦發揮作用的時刻。受大腦化學物質失衡影響的決定和行為，是根據系統中皮質活化或清醒的程度來而定。劍型腦通常在清醒程度太低的情況下起作用，而盾型腦則在清醒程度太高時起作用。這些相對穩定且一致的失衡反應，是驅動不同行為模式和個性傾向的主要元素，不過當然也有例外。我們有可能覺得自己是盾型腦的人或劍型腦的人的同時，也意識到某些決定和行動與另一種大腦類型較為相關。簡單的回答是，這絕對是有可能的。在某些時候或在特定情況下，我們都會這樣。

皮質是否活化不僅與個體內部的基礎濃度有關，此濃度還呈現動態平衡。事件脈絡和情境是影響皮質活化程度的重大因素，例如盾型人並不總是謹慎且具防衛性，當他們感到安全時會更大膽、更有表現力。安全訊號能夠使人減少（暫時地）皮質活化或做出較不謹慎的決定。只要讓盾型人感到非常安全的話，你會看到他們一樣會揚起藏起來的刀刃。

　　任何高漲的情緒都會導致皮質活化增加。與盾型人一樣，劍型人不喜歡系統過度興奮。憤怒正能夠說明這種模式。憤怒是被壓抑的活化機制，劍型人很有可能會利用責備和表達憤怒來釋放（減少）憤怒。遇到相同的刺激，盾型人則可能會將負能量隱藏起來，以減少不舒服的感覺。

　　因此，安全感的滿足是盾型人中釋放劍型傾向的原因，而不安全感是劍型人釋放盾型傾向的因子。為什麼呢？這都與大腦的活化方式有關。舉個例子，當一個人正在等待可能很不妙的診斷結果時，劍型人也可以表現出明顯類似於盾型的行為。盾型人通常會焦慮、出現強迫行為和憂鬱，但當威脅升高到一定程度，也會活化劍型的特質。由於他們缺乏能夠使大腦鎮靜的血清素，很少會覺得不夠興奮。但在某些特殊的環境和事件時，劍型人也會覺得自己太過興奮。

　　無論是情緒上或身體上的威脅，都會引起大腦化學物質的改變，讓劍型人感到受傷、焦慮和不安全。在高度興奮的時候，劍型人也會尋找減少興奮的方法。如果是情緒上的威脅，他們會尋求向外釋放興奮的方式，多半是表達憤怒。但如果是身體上的威脅，例如我們可能得到糟糕的診斷結果時，劍型人可以表現出與盾型人相同的內部補償行為——災難等級的焦慮與惡性循環。

　　重點是過多或過少的興奮，對於盾型人和劍型人來說都是令人厭惡和不舒服的。顯然，活化大腦皮質有一種「金髮

女孩效應」（Goldilocks effect）——不多也不少，剛剛好才是我們都喜歡的。[2]

了解壓力與舒適度的關係

當然，壓力是不可避免的。沒有人完全不打理生活就能過活。但究竟什麼是「壓力」？簡單來說，壓力是對內在平衡的任何干擾。人類生來就是為了回應各種令人痛苦的威脅。但我們抵禦這種攻擊的第一道防線，是為了回應短期事件而設計的，在這些事件中，對平衡的干擾會迅速獲得解決。例如我們從眼角看到一輛汽車開過來，身體會立刻讓開。還沒等我們完全處理好這件事，杏仁核就會向大腦中的指揮中心——下丘腦發送資訊，釋放一連串的化學物質，並活化交感神經系統。自律神經系統會將訊號送到腎上腺，將腎上腺素打入血液。你一定經歷過那種感覺——手心出汗，心跳加速。肺部氣管會擴張以接收更多氧氣，我們的感官變得更敏銳，血糖和儲存的脂肪湧入血管，以即時提供能量。

接下來，下丘腦觸發壓力反應系統的另一個部分，即下視丘－垂體－腎上腺軸（下丘腦、垂體和腎上腺）。該神經

＊編註2：金髮女孩效應來自英國童話故事《金髮女孩與三隻熊》，意思是，太新奇，過於陌生；太熟悉，又很無聊；兩者之間則是剛剛好。

網路目的在於保持交感神經系統活躍。然後，如果我們的大腦仍然察覺威脅存在，就會釋放壓力荷爾蒙皮質醇，使身體保持高度警覺狀態。然而，一旦我們知道已經安全了，就會在人行道上休息一下。當神經系統介入以平息體內的化學風暴時，我們會感到鬆一口氣，發出一個解除警報的訊號。突發事件結束。我們很容易就能處理這種充滿壓力的事件，不會對身體造成任何長期傷害。

但那些沉默的長期壓力又是另一回事。長期壓力就有如點滴，一點一滴地影響著我們，就有如我們在疫情期間都經歷過的事件，導致家庭暴力、酗酒和精神壓力增加。這種壓力可能非常微妙且無處不在，以至於我們會慢慢適應長期壓力存在。但是我們的身體並不會就這麼算了。壓力不僅在情緒上令人不舒服，還會以日益普遍的慢性形式傷害身體。如果準媽媽感到壓力，孩子通過產道時，也會沾染到媽媽的微生物組，並承受這種壓力。

過早接觸壓力激素，會對免疫系統造成永久性的負面影響，這或許可以解釋為什麼人們對抗傳染病，甚至是某些慢性病的能力差異這麼大。壓力甚至能夠重塑大腦。研究發現，壓力荷爾蒙正腎上腺素（在壓力事件中被活化）會對我們的神經元和其他腦細胞產生持久的結構性影響。這些身體變化會改變大腦功能，並可能導致焦慮、憂鬱和毒癮。壓力以及我們如何回應壓力的方式，對我們健康的不利影響，在

所有與年齡相關的疾病中有著舉足輕重的作用：癌症、糖尿病、心臟病和失智症。壓力也會縮短端粒，並減少壽命。

儘管醫療技術有了長足進步，但美國的預期壽命正在下降。下降的趨勢主要歸因於：我們無法以健康的方式來回應生活中的壓力。肝臟疾病、藥物過量和自殺的比例增加，主要也是因為壓力。然而，宛如這個競爭激烈、高速發展的世界，生活壓力還不夠大一樣，疫情又造成了極大創傷，讓已經分崩離析的國家承受了更大的痛苦。

我們如何學會回應壓力

不需要多想就知道，你我都在與生活中無數的壓力源對抗。我們本能地知道壓力很危險，讓人很不舒服。壓力會造成情緒失衡，而我們的身體會試圖恢復體內的平衡與恆定。無論我們是劍型或是盾型，都會利用內在的感覺測量計以達到平衡與舒適，來避免這些不愉快的感覺。身為人類，遠在我們的足跡遍布全世界前就一直在這樣做了。事實上，如果以讓自己生活相對舒適為目標的話，我們使用的策略其實已經算是相當成功。

問題在於雖然舒適是一種強大誘因，但這個誘因並不一定能夠引導我們朝著更健康的方向發展。很多時候，我們追求舒適的直覺反應與策略，會讓自己做出錯誤的決定。很多

時候，更為聰明的回應策略往往是壓抑住追求舒適的欲望，並對自己更加強硬一點才是。但是你我都變得比以前軟弱了，過度放縱地追求舒適的策略，正在傷害我們。以短期的舒適換取長期傷害並不聰明。

綜上所述，慢性壓力會活化下視丘－垂體－腎上腺軸並生成皮質醇。充滿皮質醇的神經系統，處於高度戒備狀態。劍型與盾型的大腦，會以不同的方式處理這種激素。盾型人缺乏血清素，因此會處於高度警惕的狀態，將慢性壓力解讀為潛在的威脅和焦慮因子。這種容易感受到壓力的傾向，最終會讓盾型人容易進入自我保護模式，並抗拒任何潛在的風險。

劍型人會將逐漸增加的皮質醇，視為惡化或刺激，因此劍型人對這種不舒服的情況的反應是尋找某種方式來釋放緊張情緒（例如生氣發怒）。請記住，劍型人缺乏激發獎賞的多巴胺，不像盾型人那樣對傷害敏感，而是對獎勵敏感。皮質醇會抑制自在和愉悅的感覺，使劍型人渴望多巴胺的刺激，使他們更難延遲滿足，控制衝動更加困難。

這裡最重要的是要了解你自己的興奮程度。目前沒有能夠測量興奮程度的方式，溫度計、血壓計甚至連抽血都無法。我們每個人都只能以主觀的方式感受自己的興奮程度。劍型人的興奮程度通常較低並經常感到無聊、注意力不集中、急躁或易怒。對於盾型人，過度興奮的感覺通常覺得有

些痛苦、緊張且焦慮。如果我們能夠有些神奇的調節器來調節興奮程度，就會感覺更加舒服，而不必採用什麼策略來提高或降低興奮程度。

結論是我們會不自覺地尋找一些方法來抑制或增加刺激。劍型人與盾型人對於保持舒適有著不同的閾值。盾型人很容易感到過度刺激，因此會利用各種減少興奮的行為來試圖恢復舒適或正常，不知不覺地調節自己的不舒服。劍型人則缺乏多巴胺，往往覺得刺激不足，會無意識地創造感受和提升興奮感。

壓力也常讓人筋疲力盡，有如你拿走一位 2 歲孩子手上的玩具，結果他開始躺在百貨公司的地板上大喊大叫一樣。所有人都會看著你，你必須做點什麼。這時，我們的習慣就會開始介入。習慣是我們最熟悉、最舒適且一直以來都滿有效的行為，而這些習慣性的反應會受到大腦中化學物質失衡的影響。

你我都是習慣的產物，而且相信習慣能夠有足夠的判斷力和智慧，就有如相信月亮是綠起司做的一樣荒唐。試問，你我之中有多少人下班後一走進家門就先給自己倒一杯馬丁尼，把腳擱在咖啡桌上，然後開始看晚間新聞？「吃點洋芋片又怎麼了？我又不會把整包都吃掉！」我們可能會發現自己對孩子們大吼大叫，或者因為被抓到違規後對另一半大發脾氣，或者我們可能會閉上眼睛幾分鐘試圖靜下來，直到

手機又發出聲音打斷我們，要我們注意新的訊息。靜下來真的很難。接著，我們可能會受到一大盒薄荷巧克力冰淇淋的誘惑，告訴自己今天真的不容易，這是自己應得的。所有的行為都是為了重新讓大腦保持一定興奮程度，同時也是讓自己舒適的方式。

習慣很盲目，一切都只跟立即滿足有關。隨著壓力被慢慢消化，對「正常」的需求漸漸被滿足，我們所謂的「習慣」就會一一浮現。解脫，不過只是一種反射性的習慣。

動機對於建立規律的生活很重要。我們都努力地控制自己的感受，假裝自己才是掌控一切的人。但很多時候，我們並沒有真的掌控一切，只是盲目地仰賴習慣來行動。當然，壓力顯然令人很不愉快，生活就是充滿了煩惱、壓力和各種不舒服。除非你了解自己是如何透過大腦中的化學反應來回應壓力，否則壓力將繼續掌控你，像拎住你的脖子後方然後操控你一樣。

本書的目的在於深入了解盾型人與劍型人如何回應壓力，並讓你了解這些變化如何幫助你自己（或是與你對抗）。這本書不只是觀察這種現象，還要進一步討論這些現象的可能性。我們相信有更健康且更有建設性的方法來回應壓力，透過本書，你將了解如何經由學習，讓這些方法融入生活。只要了解你的大腦類型，你將更有動力、更容易地做出困難但健康的長期改變。

第一章
興奮反應的拉鋸戰

　　大腦活化（或興奮）如何在潛意識影響我們專注於內在或外在的情況

　　理查・德雷福斯（Richard Dreyfuss）在獲得奧斯卡金像獎後，於 2014 年接受 CNN 採訪，當被問到是否打算寫自傳時，他的反應讓我們對他的大腦化學反應有了一個明確的了解。「我不知道，但如果我知道，這本書會被稱為《狩獵》，因為我在狩獵時更為自在。」1982 年，他駕駛著賓士，在一條蜿蜒的洛杉磯峽谷公路上撞到一棵棕櫚樹，因為被發現藏有古柯鹼後被捕。這個事件就可以窺探他的大腦類型，看看你能不能找到線索，辨認出這位明星是劍型腦，還是盾型腦？

　　如果你的分析認為「狩獵」的刺激比大獎（他的奧斯卡金像獎）和魯莽駕駛的冒險更有意義，那麼你就只剩下一條線索了，那就是古柯鹼。這些線索的共同點都與多巴胺系統失衡有關。

　　我們可以非常確定理查・德雷福斯是個劍型人。 因為假設是個盾型人來取自傳書名，就可能是《克服怯場》。而且盾型人更可能會在撞毀賓士後，是因為酒精而被捕。

雖然盾型人做出的選擇可能與劍型人截然不同，但他們的核心動機是相同的，都是在試圖調節情緒不舒服的程度。這兩種人經歷不舒服的方式也有所不同，源自他們如何容忍和處理大腦皮質活化或興奮的方式。是的，**一切都與大腦的興奮有關。**

如前所述，興奮是神經系統中受刺激或受活化的程度，是推進動機的理由，也是我們去做所有事情的原因。劍型人被興奮的大腦吸引，盾型人則會竭盡全力避免大腦過度興奮。你是如何看待興奮呢？關於興奮的大腦在生活中默默地推動著你，又有什麼想法呢？你覺得自己所做的事情是為了減少興奮還是增加興奮呢？這些是你閱讀本書前幾頁時需要銘記於心、自我詰問的幾個問題。

兩種大腦之間還存在一些差異，直白地說就是由於它們與激勵的關聯，劍型腦傾向於享受而盾型腦則更傾向於保護自己的利益。

一輛休旅車在駛離猶他州奧格登方向的高速公路上被發現在車道之間穿梭，警察上前攔車並走到駕駛身邊，對於看到的狀況不敢置信。警察問：「你幾歲了？」方向盤後面的那個小男孩回答：「5歲。」隨後，小男孩便說出了緣由。因為媽媽不願意為他買一輛藍寶堅尼，他生氣之下便拿著3美元存款以及家裡的汽車鑰匙，出發去加州實現夢想。顯而

易見的是，這個小男孩肯定不是盾型人。

　　另一方面，盾型人的例子大概不會這麼引人注目，而且肯定不會這麼複雜。如果那個大膽的小男孩是盾型人，那麼故事的發展可能是這樣：一個男孩夢想著擁有一輛充滿異國風情的跑車，然後故事就結束了。因為盾型人可能會是「凡事問媽媽」的個性，只有偶爾想一下便埋在心裡算了。盾型人男孩也許也會一樣生氣但並不會表達出來，也不會找到車鑰匙後就開車上路接著被警察攔下。那位孩子可能會想得很多，會想到萬一他迷路了，找不到高速公路怎麼辦？或者找到高速公路了也離家很遠了，結果卻被警察攔了下來怎麼辦；也會想過一路成功到達加州，用這些錢換到一輛車的樣子。他會坐在自己的房間，在腦海中把這些可能播放過一次。

　　你有沒有想過對自己的生活有多少控制權？當你按照自己喜歡的方式做事時，最舒服的狀態是什麼？正是這種控制的衝動，啟動了不同的大腦類型。盾型人多數的工作都是在腦海中進行的，而劍型人則通常會經由現實世界中的行動來發揮他們對控制的需求。現在花點時間回想一下，你更像哪一位孩子？我並不是說你在 5 歲時或許也偷開過家裡的車，而是有沒有做過那些冒險的事情，而現在回首會感到相當訝異，或者其實你是個更加克制和謹慎的人？

　　讓我們的大腦化學略微失衡是大自然的饋贈。如果我們

生來沒有這些失衡，那麼所有人回應生活挑戰和壓力的方式都會相當類似。大自然似乎更喜歡多樣性，並且在某種程度上對壓力做出更細微的反應。為了擴大我們的自由度，大自然設定了兩組幾乎相反的反應，每組反應都是固定且反射性的。幾千年來的生活給我們的祖先帶來了複雜的生存威脅，如果我們沒有這種對立的決策方法，如果這些回應方式不夠渾然天成，或者是需要大量消耗熱量去思考，現代人可能無法生存。

嬰兒的劍型人與盾型人：信任和感官刺激

劍型人與盾型人的特徵在孩子還很小的時候就很明顯，並且決定了他們未來的發展。讓我們回顧一下劍型人與大腦興奮的關係。大腦皮質興奮不足讓劍型人一直在尋找增加興奮的方法。我們都希望達到心裡對「好」的標準，而對於劍型人來說，這種感覺需要豐富的刺激環境才能實現。嬰兒時的他們不僅能夠忍受感官刺激，也對這些外界的刺激輸入感到很安心。他們喜愛接受刺激，因為這會提升他們天生較缺乏的興奮程度。

劍型人的嬰兒更容易建立信任，因為他們對刺激感到很舒適。當你尋求刺激時，世界似乎是一個非常友好和安全的地方。建立信任總是需要信念上的跳躍式進步來減少一些隔閡（無論多麼小）。如果不消除隔閡，也就不會建立信任。

只要這麼做就能積極地填補這個隔閡，也就建立了信任的第一步。劍型人的小孩容易被刺激、社交和其他事物吸引，天生就容易消除隔閡，對新體驗、新關係和其他方面都更加開放。這種輕鬆的態度，往往可以轉化成自我信任感——反過來自己也更能信任別人。

劍型人對刺激的吸引力需要一個目標，而他們很容易被新奇的東西吸引。這種對新奇事物的嗜好會往兩個方向發展。一個是會積極地擴大早期社交學習的範圍，但對新刺激如此適應的同時也可能會導致輕度甚至中度的注意力分散。我們大腦中控制注意力的迴路與控制衝動的相同，太喜歡新奇事物也會導致注意力控制不佳。

盾型人孩子對於興奮有著截然不同的感受。最重要的是盾型人厭惡興奮，而這種態度成為他們各種反應的基本邏輯。他們不喜歡興奮並非偶然。正如我們所提到的，由於他們的神經系統在鎮靜方面有些失衡，在正確的時間與位置上獲得的血清素太少了。盾型人嬰兒對這個世界上的感受就是一直覺得被微微地（有時甚至不只是些微程度）過度刺激。而過度刺激隱含著危險的意義。當他們突然不得不倉促地離開產道時，建立信任感就是嬰兒遇到的第一個情感考驗。盾型人缺乏調節情緒和內心世界的能力，也因此特別容易受到與母親之間的關係影響。

關於兒童早期情感經歷的著作很多，從哈里・哈洛

（Harry Harlow）和他的猴子到尚‧皮亞傑（Jean Piaget），再到約翰‧鮑爾比（John Bowlby）關於依附理論的開創性著作。雖然這些重要文獻超出了本書的範圍，但足以說明盾型人嬰兒特別需要一位冷靜、細心和有教養的母親。他們出生時，大腦中沒有足夠的化學物質讓自己能夠自然放鬆，需要照顧者能馬上證明這個世界和在家庭中一樣安全。這些安全行為的示範可以大大幫助他們建立最早期的信任。

我們說「示範」是因為信任不太可能強求，它是透過一連串值得信賴與安全的行為，才能獲得和學到的。但是儘管有了非常好的父母，盾型人的嬰兒仍然會過於興奮以至於無法長時間平靜地做自己。所以各位父母，不要絕望，你可以給盾型人寶寶很多愛，但不能給他們血清素。這種重要的大腦化學物質方面的遺傳缺陷，不是任何人的錯。事實上，這是一種大自然賦予你的盾型人寶寶與世界連結非常有效的方式。

這些內建在盾型人的嬰兒身上用來回應世界的模式，有些是可預期的，有些則令人相當痛苦，但這也賦予這些孩子擁有神奇力量與個性。不久之前，華倫‧巴菲特（Warren Buffett）報名參加了戴爾‧卡內基（Dale Carnegie）的課程，試圖克服他對公開演講的恐懼。唐納‧川普（Donald Trump）從建築物到牛肉等各種東西上都印了他的名字。即使他管理的一堆高風險企業都進了廢墟，許多公司已經破

產，但他還是藉著販售自己的夢想發財。這兩個人都取得了巨大的成功，你覺得哪位是盾型人，哪位是劍型人呢？

快樂與痛苦

從古希臘時期開始，伊比鳩魯（Epicurus）就不斷想要找出「快樂」在人類動機中的角色。到了現代，佛洛伊德（Sigmund Freud）的快樂原則則用來描述嬰兒時期本能地尋求快樂和避免痛苦，並尋求即時滿足的行為。從我們的角度來看，我們對這種雙向的動態變化略有不同的看法。快樂與痛苦代表了每種壓力回應方式的動力來源。劍型人與盾型人被大腦的不同部分控制（或是不同的腦區較為敏感）：盾型人受大腦威脅偵測迴路的影響最大，而劍型人則受到獎勵迴路的影響最大。對於劍型人，預設的激勵策略是尋求獲得某種愉快的體驗（獎勵），而盾型人的激勵策略是避免痛苦（懲罰）。

事實上，盾型人最本能的動機是避免傷害。一旦出現危險訊號或可能有危險潛伏的時候，便會透過杏仁核將大腦的興奮傳播出去。這也就是為什麼我們將其稱為「盾型」人的原因。盾型人天生就具有防禦和保護的姿態，這種最原始、最無意識的反應方式，微妙地影響了盾型人一生所做的一切。

　　讓我們仔細看看盾型人防守的方式。盾型人保護自己的其中一種方式就是煩惱各種事情。盾型人是惡名昭彰的過度焦慮人格，一點理由他們就會焦慮到不行。儘管煩惱很痛苦，但最近的一項研究揭露盾型人是如何隨著時間、漸漸得到回報。透過簡單的觀察，研究人員並沒有發現他們所擔心可能產生的不良結果，倒是發現了一些更令人驚訝的事情。他們發現，對於喜歡操心的人來說，憂慮行為反倒變成了一種原因，而非後果。

　　整個過程是這樣運作的：喜歡操心的人開始意識到可能會有不好的結果，於是開始煩惱。然後看，糟糕的結果並沒有發生，於是他們感到如釋重負。但他們並不止於此。他們不會簡單地認為，好吧，我的擔心是不必要的。喜歡操心的人實際上會不自覺地將憂慮與結果連結起來。換句話說，他們一開始就會煩惱，如果沒有什麼不好的事情發生，就會覺得是他們的擔心產生了作用；是因為擔心，所以阻止了糟糕的結果。因此可以發現，天生喜歡操心的人，如何隨著時間漸漸地讓憂慮傾向得到回報。他們的結論不是「即使我不需要擔心，我也會擔心」，而是另一種無意識版本的「如果我擔心，我就可以控制事情的後果」。難怪盾型人會花那麼多時間思考。

　　劍型人就不一樣了，他們對潛在的威脅反應遲鈍，而對快樂和獲得某種獎勵的可能性很興奮。我們與快樂的連結具

有明確的生存價值，例如：對於美食或者性行為有戲劇性的愉悅感受並非偶然。即便原本對興奮較為保守的劍型人，先天就會被「好事可能發生」所吸引。他們從來不會採取謹慎和避開痛苦，而是傾向享樂和自信，這使他們在世界上更具攻擊性。

劍型人以一些有趣的方式繼承了更陽光、外向的本性。如你所見，劍型人對興奮很敏感並希望透過刺激多巴胺來增加興奮。為了更好地理解這是如何發生的，先讓我們簡單地深入了解一下 DRD2 A1 等位基因。這種來自父母的基因變異，抑制了大腦獎賞部位多巴胺受體的表達，減弱了多巴胺活化獎賞迴路的能力，使快樂、愉悅和活力的感覺變得遲鈍。在更嚴重的狀況中，這種情況被稱為獎勵不足症候群。這種基因變異解釋了為什麼劍型人尋找多巴胺來使大腦的獎勵系統正常化。雖然盾型人會竭盡全力避免興奮的感官效果，但劍型人會花費時間和精力將學到的經驗拼湊起來，進而提高興奮。

接近和逃避

「接近和逃避」（approach and avoidance）是一個經常用來描述衝突的詞語，意謂著朝著目標前進時，同時具有正反面的期待，結果讓人既期待又怕受傷害，就像你很難決定是否做某些事的時候。以下是劍型人的運作方式：面對相同

的利弊分析，更有可能專注於利益並採行。面對相同基本資訊的盾型人，則會傾向強調弊端並喊停。劍型人和盾型人在決策上的對立傾向，剛好分別是「接近」與「逃避」。

想像一下，單身酒吧裡的兩位男人正在喝啤酒，一位漂亮的女性朝他們的方向看了一眼，引起了兩人的注意。這兩位男人都同樣被她吸引。你覺得誰會走過去打招呼，誰更有可能黏在椅子上？沒錯，劍型人會站起來微笑地向女性自我介紹，黏在椅子上的盾型人則會羨慕地坐在一旁。兩人在腦海中盤算了一連串「如果／那麼」的可能性，做出結論後以不同的方式，根據他們對這些可能性的評估而採取行動。

當然，接近或逃避的動態會在生活的各個方面發揮作用。這些傾向是情緒調節的工具與自我安慰的策略。劍型人傾向接近來興奮，而盾型人傾向逃避來讓自己平靜下來，有時對兩者都不是最有利的做法。

讓我們說得清楚一點。盾型人並不只會拒絕。事實上，他們也很可能會說「好」，但他們的「好」與劍型人的「好」不同的動機。以暴飲暴食為例，如你所見，這個國家的肥胖問題已達到病態的程度。無論我們的大腦類型如何，都容易暴飲暴食並有損自己的健康。不管誰吃甜甜圈都是一樣的後果嗎？事實上可能不完全如此。雖然盾型人和劍型人的體重增加過多的風險相同，但兩者「接近」甜甜圈並大咬一口的策略完全不同。劍型人暴飲暴食以增加刺激和興奮，而盾型

人暴飲暴食以自我安撫並避免刺激。事實上，正是這些不同的興奮調節動機，使我們能夠設計策略持續減重。這將在本書後面詳細描述。

由於大腦與興奮的關聯性，我們大腦中的化學物質會導致我們做出相同的行為卻達到完全相反的目標。有時候，這些相同的化學物質會對不同的決定和結果產生潛在的影響。你有沒有想過自己與不確定性／確定性的關係？你是否收集了自己掌握的所有事實，並迅速得出關於該事件或問題的結論和決定？或者你是否傾向擔心手上的資訊太少，繼續四處尋找以試圖梳理出更多資訊並延遲決定，直到更多的事實變得明晰？如果你是劍型人，屬於第一類；如果你是盾型人，則是屬於第二類。

當然，每個人都喜歡確定性，沒有人會特別喜歡不確定性。但由於不同大腦處理興奮的方式不同，劍型相較於盾型，對不確定性比較不困擾。多巴胺編碼為確定性，而血清素編碼為不確定性。這是什麼意思呢？當你做決策或行動時，如果對相關的環境較為肯定時，我們的多巴胺神經元會以更高的頻率放電。這個感覺訊號伴隨著「綠燈」意謂，使人願意接受體驗。而這種體驗會產生正向循環。

我們喜歡確定性、願意接受，是因為它令人感覺很好。傾向以外部感官線索為導向的劍型人就會因此產生行動，這些線索會刺激釋放多巴胺的獎勵循環。劍型人會從外在得到

回饋並成為獎賞的一環，隨著時間和經驗的變化獲得更大的信心，並重複這個循環。

還記得酒吧裡的兩位男人嗎？假設他們接收到的感官資訊是相同的，而且是中性的──他們都覺得這個女性很有魅力，但沒有從她那裡接收到任何訊號。假設他們都一樣想要有人陪、都必須做出決定，並進行心理和情感上的風險與報酬評估。兩者都面臨不確定的結果，但接下來的發展就有些不同：盾型人會犧牲獲得獎勵的可能性，以滿足對確定性資訊更大的需求。他坐在凳子上的原因是在等待一個「開始」的訊號，這個訊號被情況的不確定和隱含在冒險中的可能威脅（可能會被拒絕）所掩蓋。劍型人就不太關心任何不利的後果，會直接走過去打招呼。這種對世界的不同定位正是所謂的「行事風格」。如你所見，盾型人對世界有不同的行事風格，那就是「逃避」。

現在讓我們仔細看看選擇「逃避」的這一邊。逃避不會憑空發生，它與一連串的可能性有關。有些可能性絕對是壞的（溺水），有些卻是好的（呼吸），但兩者之間還有一些更新的可能性。剝去好與壞的表面後，盾型人與劍型人對世界的評價方式截然不同。盾型人傾向看到事物更多負面的可能，而劍型人傾向看到潛在有好處的可能。當然，可能的範圍是相同的，只是反應不同。這有可能是因為杏仁核的大小不同嗎？研究發現，出生時杏仁核較大（盾型人）的孩子更

容易患有焦慮症。如你所見，劍型人並沒有與杏仁核糾纏在一起，而是更受制於獎勵系統。

事實上，劍型人先天對獎賞迴路的過度迷戀使他們很容易成癮。成癮是一種重複行為，能夠提供令人愉悅的獎勵。壞習慣會導致廉價的破壞性獎勵。大腦有點像茂密的森林，習慣是由我們遵循的路徑所養成的。當我們第一次走路時，並不會留下太多印記（在大腦中新建了神經元連結），但沿著那條路重複走過幾次後，森林地面上會刻下明確的印記（確立了神經連結）。我們會發現自己又走向那裡，儘管知道最終可能導致自我挫敗。我們待會會講解更多關於壞習慣的養成、成癮性，以及它們與錯誤地自我安慰之間的關係。

正如我們所說，劍型人的行事風格——尋求興奮——既有好處也有壞處。盾型人對興奮的厭惡也有其優點和缺點。

強烈的興奮訊號就像一塊磁鐵，總是在尋找可以依附的東西——一個能夠理解並可能可以控制的原因。對於盾型人來說，「受控」是最重要的。隨著興奮訊號強度上升，盾型人會感到焦慮，如果訊號強度上升過快或過高，他們就會極度焦慮。先不提焦慮症發作，盾型人學會運用一貫的策略來控制皮質興奮程度維持在中等狀態：也就是逃避。盾型人尋求對興奮的解釋會是先自問：「是什麼導致了我的這種不舒服的感覺？」第二個問題是：「要怎樣才能避免這件事？」

這裡，有些定義可能會有幫助。恐懼是看到一頭熊走進門，對著你咬牙切齒。焦慮是在看不到熊的情況下，仍有類似的感覺。這不僅不舒服，也令人不安。即便熊不存在，但感覺依舊存在。大腦興奮後會讓人感覺很危險，即使周邊環境並非如此。不幸的是，有些盾型人大部分時間都生活在情緒高漲的狀態中。

盾型人的主要動機是避免傷害。大多數與興奮相關的事物都可被粗略地定義為一種傷害。三十多歲的女性露西回憶起童年的一段經歷。一天放學後，她看到一小群孩子在尖叫，驚訝和興奮的聲音交雜。她推門進去看看他們都在看什麼，低頭一看，是隻受了傷、少了條腿的老鼠。當下她因太過害怕和噁心而退縮，並產生了對齧齒動物的終生恐懼。從那一刻起，露西避免了任何可能出現齧齒動物的情況，且害怕進入兒子幼兒園教室，因為他們養了一隻倉鼠當作班上的寵物。

要避開老鼠並不難，但與其他人打交道就很難避開了。當大腦的過度興奮和與他人互動有關時，社交焦慮就會成為大麻煩。梅森是一位慈愛體貼的父親，他很難理解為什麼 5 歲的兒子在生日派對的早上胃不舒服，只能很勉強地參加。對盾型人來說，光是進行社交互動就已經是過度刺激，再加上一群粗魯的孩子，很容易就會變成完全不知所措。

人們會盡可能地逃避所有事情，因為逃避非常有效。而逃避之所以有效是由於逃避行為會降低大腦興奮度，讓我們不那麼不舒服——至少維持一段時間。然而最重要的是逃避不僅僅是針對特定事件的反應，也跟預期有關。盾型人預期大腦會開始興奮，而這種不舒服的預感觸發了逃避行為。

作為人類，我們會學習「有效」的行為。可惜的是，「有效」是一個相對的名詞。我們都想要舒舒服服的，無論那短暫的舒適是否對健康有好處或具有建設性。人類大部分的學習都需要有系統地獎勵重複行為，逃避行為也不例外。它是隨著時間而學到的，因為它獲得了大腦的獎勵。每一次逃避的行為都會得到一點點獎勵或是暫時的緩解，這就是形成習慣的基礎。

是否受到了內在的指引？

多年來，關於塑造行為的內在與外在的推力和拉力已經有了很多討論。我們究竟多半是透過自我鼓勵來證明自己，還是經由別人對我們的認可來證明？我們究竟是透過內在的恐懼，還是透過某些開心的獎賞來獲得動力？顯然我們在年輕時所學習的家庭和社會價值觀成為不可磨滅的核心，並影響我們這輩子的所有決策。但在這些經驗之上的是大腦化學失衡所塑造的行為，這些失衡同時強調了內在世界與外在世界。沒有人的模式會和其他人一樣，盾型人主要是受到內在

因素的引導，而劍型人則是受到外在世界的影響更大。

　　美國社會學家大衛‧里斯曼（David Riesman）在分析那些常受到內在價值觀引導或同儕的價值引導的人時，引入了「內在導向」和「他人導向」兩個術語。劍型人在各種社交活動中尋找樂趣和安慰，傾向符合里斯曼對他人導向的描述。最近，麥爾坎‧葛拉威爾（Malcolm Gladwell）在《異數》（Outliers）一書中，描述了內向型人格如何特別善於處理超出控制範圍的情況。從我們的角度來看，仰賴思想、感覺和重點等內在世界的傾向描述了盾型人的基本邏輯，而專注在外在世界所產生的交互能量則成為劍型人的基本邏輯。

　　八十多年前，卡爾‧榮格（Carl Jung）令「內向／外向為人格特點」的概念廣為人知。我們大概都能想像自己和周圍他人的樣子，這些印象將我們自己和朋友放在這個光譜上的某個位置。但榮格非常具體，他認為這個特點是一個人無意識下的傾向，它從內在（內向者）或外在（外向者）引導和接收能量。想像一下，年輕時酗酒且生活艱苦的「壞男孩」喬治‧沃克‧布希（George W. Bush）與謙虛溫和的圖書管理員蘿拉（Laura）的組合。喬治因人群和社交行為而充滿活力，而蘿拉則更喜歡獨處的時刻。那麼，誰會享受社交互動的能量呢？答案呼之欲出。劍型人吸收了這種能量，因為這給了他們一種正常與活力的感覺。當他們做了很多冥想時，則無法充分感受到這種感覺。

　　多年來，人們對這一特點的理解和研究方式發生了很大變化。我們已經描述了佛洛伊德的快樂原則概念具有什麼生物學根據：劍型人對獎勵敏感，盾型人對傷害或懲罰敏感。英國心理學家漢斯・艾森克（Hans Eysenck）建立了一個內向／外向的生物學模型理論，他將某些行為與皮質興奮的差異連結起來，外向的人喜歡刺激性更強的環境體驗，而內向的人喜歡更少的刺激。現在我們明白為什麼了。

　　我們相信，兩位理論學家所描述的傾向與多巴胺和血清素的特定缺陷有關。長期以來，內向一直被認為是一種遺傳的人格特質。正如我們所討論的，重要的大腦化學物質的分布與遺傳有關，天生血清素太少的人傾向關注內在感受和感覺，而出生時多巴胺太少的人則更關注外在事件。最終各自分成兩個大腦類型：盾型人和劍型人，是對內向和外向的完美解釋與定義。

　　劍型人寶寶能透過外在的接觸讓自己平靜下來，對感官刺激很自在，也具有更加熱情的社會觀。為什麼？因為這樣做很有用。他們渴望社交和感官刺激，專注於外在世界會增加中樞神經系統的興奮度，而更高程度的興奮會使系統處於更好的平衡狀態並且很舒適。另一方面，盾型人無法自然地讓自己平靜下來，因為血清素無法抑制過度的興奮，導致焦慮感和危險感（無論是否存在）。如果沒有其他變因，那麼打從出生開始，就能觀察到盾型人嬰兒較為專注於內在世界

的現象。過度興奮會導致系統中出現非常多的噪音，對於小小的盾型人來說，開始理解他們以外的世界並不是一件容易的事。這些孩子喜歡被抱在襁褓內，在黑暗安靜的房間裡睡得最好。

多年前，美國心理學家傑羅姆·凱根（Jerome Kagan）開始研究嬰兒與刺激的關係，一系列研究至今仍在進行。卡根將 500 位 4 個月大的嬰兒放在一起，看他們是否能在 45 分鐘的時間內，確定哪些孩子會成長成內向的人，哪些會成長成外向的人。他用酒精棉籤建立了一種刺激性很強的強烈氣味體驗，讓五顏六色的手機在嬰兒頭頂上方跳舞和移動，並播放了一段氣球爆裂聲和吵鬧的陌生音效。

這些嬰兒約有 20% 表現出嚴重的痛苦、哭泣、揮手和踢腿；大約有 40% 很安靜，很少活動，也沒有表現出痛苦。另有 40% 介於兩者之間。我們認為 40% 的「中間」代表了那些我們知道處在盾型和劍型鐘形行為曲線中間的「混合體」，但即使他們的反應不明確，也都具有某種特定的大腦類型。

凱根在這些孩子長大後繼續研究他們。他發現高反應性、神經質的嬰兒長大後，最有可能成為安靜、嚴肅和謹慎的孩子。反應遲鈍的嬰兒（實驗中安靜的嬰兒）變成了更加放鬆和自信的孩子。這些緊張不安的嬰兒顯然是盾型人，而那些在刺激超載的經歷中不受干擾的顯然是劍型人。劍型人

嬰兒因這種經歷而充滿活力（因為平衡了他們的大腦化學反應，並刺激了獎勵迴路），同樣的經歷，由於刺激程度很高，誘發了盾型人嬰兒的威脅迴路。

當我們清醒的時候也都在不斷地感知四周。想像一下，有位女性坐下來吃午飯。突然，她覺得自己在椅子上有點搖晃，這是一種非常令人不安的經歷。劍型人很可能會在最初幾秒鐘內正確識別出發生了什麼：這是一場輕微的地震。盾型人很可能會認為一定是自己出了什麼問題，她快要暈倒了！然後才意識到原來是天翻地覆而不是自己的問題。

劍型人更加外向的傾向導致他們會尋求他人和周邊環境作為事件的原因和解釋。這種專注於「你或它」的傾向在壓力大的時候會被放大，特別是當事情並不如意時。他們尋找事件發生原因的解釋，通常不會從檢查自己可能做了什麼而導致這種情況。相反地，他們傾向從外在世界尋找答案，或者通常是找尋罪魁禍首。

盾型人對因果關係的敏感程度略有不同。由於他們的神經系相當敏感、常常接收到過度刺激，他們更關注「我和自己」而不是「你或它」。由於他們專注於內在世界，無論是否「應該」要負責，他們傾向認為自己要對自己的感受負責。這種傾向結合了強大的力量以及一些可預見的情感負擔。看到並承認自己在人際衝突中所扮演的角色是一種力

量，但當你總是將錯往身上攬，，忽略其實還有更合理的責任歸屬時，就會變成一種情緒負擔。

處於衝突中，你首先考慮的是自己的貢獻或責任，還是你的第一道防線往往是指責他人？朱利安・羅特 （Julian Rotter）從觀察到人格的類型發展出控制點的概念。他認為人們所相信的各種想法，也就是人們控制各種情況和經歷的方式，已經被廣泛研究。我們這些擁有內在控制點的人傾向將自己放在更接近經歷的因果中心，而那些擁有外在控制點的人，傾向將外在因素歸因於生活中各種重要事件的控制因素。擁有外在控制點的人感知壓力更大、人際衝突更多、工作滿意度較差且身心健康也較差。我們相信大腦化學物質的失衡，是我們如何同理生活中所需要扮演的角色的生物學基礎，而盾型人肯定落在具有內在控制點的位置上，而劍型人則多半會落在外在控制點上。

你如何評價內心的滿足、祕密的勝利，以及只有自己才能看到的小成就？你如何看待自己對生活的控制程度？當事情出錯或更傾向責備自己時，你會很快找到別人的錯嗎？所以，較緊張不安的嬰兒會變成更安靜、更嚴肅的成年人，而安靜的嬰兒會變成更自信、更合群的成年人。這中間有什麼道理？你可知道，診斷出患有注意力問題和／或注意力不足過動症的兒童，通常會由醫生開立興奮劑。給一個容易分心、在椅子上坐不住的孩子開立興奮劑？這好違反直覺！然

而運作的邏輯是這樣的：先想像一條垂直線來測量系統中的皮質活化，正中間有一條水平線，代表恰到好處的刺激量，讓人感覺正常、安全、平靜。當自然興奮太少時，孩子們必須做一些事情來保持清醒和參與感，用任何事情來刺激自己。這種自我刺激的行為被稱為過度亢奮。當這些孩子服用一種興奮劑來提高系統的興奮程度時，他們可以放棄為了要感覺正常時所表現出的補償性不安行為。

盾型人為了感覺正常，則有不同的補償任務。在一個興奮量表上，他們所處的狀態遠高於感覺安全的水平線。在身邊各種干擾中長大的他們，更傾向面對內在世界的理由有兩個。首先，與劍型人相比，他們天生對大腦中的獎賞迴路不太敏感。其次，盾型人更喜歡隱私和獨處的低刺激環境。他們不像劍型人那樣沉浸在社交互動中，並需要吸收整個房間裡的所有能量，而是經常受各種社交經歷所苦。

正如我們的一位患者露絲所說：「我的丈夫樂於和朋友們待在擁擠嘈雜的餐廳裡。但我發現自己沒有辦法與那堵噪音牆競爭，我發現內心總是很掙扎，喜歡安靜地觀察周圍的某些人，發現自己的一些想法比試圖跟隨周圍的喧囂更有趣。我看得出泰德聚會的時候總是捨不得說再見，而我則是終於鬆了一口氣，幾乎筋疲力盡。每次當他無可避免地問我是否玩得開心時，我從來不知道要如何回答。我知道這與泰德的喜好不同。並不是我不喜歡這些人——我喜歡，但我

更喜歡親密的一對一聚會，或者只有我們和另一對夫婦的狀態。我知道如果這樣告訴他，他只會希望我能夠放鬆一點，但如果可以照我想的做，我會更享受這些時光。這並不是說我在這些活動中完全得不到樂趣，但肯定不像泰德那麼愛。而且老實說，那些應酬的夜晚感覺就像工作一樣。」

露絲的負面情緒是否比泰德多？不見得。只不過比起參加那些刺激的社交場合，露絲更加重視並希望能夠與自己的思想對話。另一方面，泰德則非常像一位劍型人，透過刺激的社交互動而充滿活力，並從中汲取必要的能量。

內省與外放的天性

由於大腦中輕微的化學失衡，我們對不同的腦區和迴路非常敏感。感官刺激對出生時多巴胺太少的嬰兒來說是一種滋養，會因為刺激而變得更加舒服。這種舒適感會使大腦興奮，進而使劍型人對大腦的獎賞迴路特別敏感。大腦學得很快，漸漸就會知道哪些情況能夠帶來舒適感，哪些則否。外在世界的刺激帶來的舒適感會強化更多的外在導向。

內省的性格很早就開始發育了，這與杏仁核發出的明顯訊號有關。如你所知，大腦有兩個半球且各有一個杏仁核，位於左右耳上方的顱骨內。杏仁核是邊緣系統的一部分，邊緣系統是「原始大腦」或「情緒大腦」中的神經網路，負責

控制飢餓、口渴、性衝動和恐懼等本能行為。杏仁核能夠快速處理感官資訊並發出命令讓我們做出反應，特別是與危險有關的訊號。如果我們用眼角餘光發現有顆棒球飛來，就會躲避。我們沒有時間等著掃描大腦皮質問：躲避是否是一件聰明的舉動？我們只會反射性地閃開。杏仁核察覺到威脅，甚至在棒球的資訊到達皮質之前就做出反應。事實上，我們是先反應後思考。當杏仁核活化時，它會在整個神經系統中產生即時反應，血管收縮、血壓升高、心跳加快，最終壓力荷爾蒙灌進我們的身體裡。

雖然我們都有兩個杏仁核，但有些人的杏仁核比其他人的更容易被活化且忙碌。盾型人的杏仁核就更為活躍，會頻繁地發出錯誤警報，導致高度的興奮和警覺。對一個孩子來說，盾型人意識到他們可以透過將注意力集中在內心，來降低不愉快的興奮程度和過度活化帶來的威脅訊號。這些後天習得的做法在於減少系統中的噪音，並營造平靜和安全感。

在這裡，我們談的只是一種趨勢，而不是非黑即白的分別。你我都喜歡掌控一切並採取能提供這種感覺的行為。這些趨勢沒有「好」或「壞」之分，只是彼此不同而已。盾型人的思考傾向看來有許多好處，例如創造的潛力以及獨處時更深層次的思考。內省的對立面是外放，也是劍型人的特質，這也有其好處，例如更樂觀的性格和更自信的社交表現。

　　大腦類型常常讓我們被歸類為內向或外向，並指揮著我們如何駕馭這個世界與體驗。如果給外向者和內向者看一系列物體和臉部的照片，他們會表現出截然不同的大腦活動。外向者（劍型人）在看人臉照片時，大腦活動程度比內向者高得多。並不是說盾型人不像劍型人那樣珍視親密、愛情和持久的友誼。事實上，他們可能更重視人際關係，只是他們的核心親友人數較少。相比之下，劍型人的外向性格，使他們與他人不斷互動並體驗獎勵機制強烈的活動。

　　反映盾型人和劍型人行為差異的另一個方法，是關注他們處理負面情緒的方式。他們的差異在於將情緒能量指向內在、朝向人或者遠離人。盾型人較有可能處在這些情緒的接受端並將這些情緒內化，而劍型人則傾向落在外放的那一面，將這些情緒傳播給他人。

　　讓我們觀察憤怒。沒有比憤怒更加基礎的人類情感了，體驗憤怒的感覺需要大量的能量。這種能量與刺激和增加興奮有關。儘管劍型人比盾型人具有更高的興奮度，但實際上當大腦過度興奮時，兩者都會感到不舒服。兩種都在尋找某種方式來釋放這種可怕的感覺。盾型人試圖調節這種不舒服的大腦皮質興奮，傾向內化這種能量並靠自己來處理。劍型人有一種截然不同的方法來釋放能量。他們傾向向外表達。

　　你我都會生氣。憤怒是我們用來保護自我意識——保護名聲和尊嚴的情緒。攻擊性則完全是另一回事。這是對更

核心和更可怕的威脅的反應。暴力是攻擊性最誇張的表現形式。使用光纖相機的新技術已經能夠識別大腦中控制憤怒和攻擊性的神經迴路，為了好好地理解其作用原理的複雜度，簡單描述一下攻擊性相關的神經解剖學可能會有所幫助。

我們每個人的大腦中，都擁有一個強大的邊緣系統，這個古老的系統將情緒、威脅偵測、學習、記憶和決策連結起來。杏仁核與威脅偵測有關，海馬迴則與記憶和學習有關，下丘腦與攻擊性和獎賞有關，而前額葉皮質與決策有關。

顯然，盾型人和劍型人都具有組成邊緣系統的相同神經迴路。正如以上所描述的，劍型人傾向以外在方式表達他們的憤怒情緒，而盾型人則將憤怒內化。在憤怒爆發時（比方說某種人際衝突），劍型人經常會以「你」為開頭去思考或說些什麼，而盾型人的大腦化學物質則讓人更常以「我」為出發點，去思考或做出回應。盾型人通常會透過為事件承擔責任來緩解憤怒，而劍型人則更容易透過指責對方或遷怒來緩解怒氣。

如果再往上一層觀察呢？讓我們暫時談談暴怒——加強版的憤怒。首先，我們都能夠表達暴怒，所有的動物都有這樣的能力。各種動物都在保護孩子、搶奪食物以及受到傷害威脅時，具有自我保護的暴力本能。雖然出於道德原因不再允許進行此類實驗，但在 1960 年代，西班牙神經科學家荷西・羅德里奎（Jose Rodriguez）在一名女性的右側杏仁

核上放置了一個電極，當她坐在椅子上彈著吉他唱歌時，他使電極通電，她便馬上停止彈奏和唱歌並站了起來，把吉他扔到房間另一頭，開始攻擊附近的牆壁。這名女性的杏仁核向下丘腦中的一小群神經元發送了一則威脅訊息，這群神經元被稱為下丘腦攻擊中心，引發了盲目的暴怒。

以下的內容與劍型人、盾型人都有關：憤怒是由下而上（那位女性受試者暴怒的反射行為）或由上而下處理的。透過「由上而下」的方向，我們讓前額葉皮質參與決策。由於劍型人更加外向，所以憤怒反應通常是由下而上形成的。他們針對大腦過度興奮（請記住，即使是劍型人也不喜歡大腦過度興奮）的第一道防線是，尋找「外面」的某物或某人，作為調節不舒服的原因和解決方案。他們通常會選擇以責罵或指責的形式來處理，找人開脫就是最主要的策略。

相反地，在處理多數涉及憤怒爭執的情況時，盾型人往往比劍型人更加穩定。但這種優勢也是有代價的：盾型人較為焦慮、自責與憂鬱。這是盾型人處理憤怒的順序：盾型人的杏仁核偵測到威脅，並向下丘腦和前額葉皮質發出訊號。在那一刻，盾型人可能需要 1、2 分鐘的時間來控制前額葉皮質的情況。盾型人大腦的判斷和決策區域通常會說，哇，這在系統中引起了太多的興奮，我能做些什麼來壓制它？為了控制這種不舒服的情緒，盾型人將這種情緒壓在自己身上，更容易自責，並尋找他們在衝突中扮演的角色——比

如：「我究竟做了什麼，才讓自己陷入這種糟糕的境地？」

觀察劍型人與盾型人如何透過內在或外在的觀點處理大腦興奮，有助於了解他們為何做出行動以及背後的原因。有什麼比深入了解我們為什麼行動要更重要的呢？你最好在這裡花點時間檢查自己所關注的事情。了解推動你的決策和行動的準則是非常有價值的。你的舒適圈在哪裡？你的杏仁核有多忙碌？獎賞中心在大腦中的主導地位如何？你對自我檢討自在嗎？你有多焦躁和分心？在衝突的時刻，你更傾向指責他人還是自責？

在下一章，我們將稍微轉換一下角度，深入探討大腦化學物質失衡、影響情感世界的一些重要方式，以及我們如何處理和學習表達情感。

第二章
有如雲霄飛車的情緒調節過程

大腦化學物質失衡如何影響我們的感受，以及這種失衡所塑造的各種決定。

根據你的大腦類型，興奮程度太少或太多會驅動對應的情緒策略以補足大腦中的化學物質失衡。盾型人透過與這個嗡嗡作響的世界保持一定距離來抵消他們的興奮感。這種獨特的策略會影響他們做選擇和決策的品質與多樣性。劍型人的核心策略本質則是「放馬過來吧」。這些根深蒂固的傾向具有深遠的影響。

盾型人和劍型人的情感漏洞

成為盾型人會帶來一定的焦慮、憂鬱和強迫症的風險，所有這些都與神經系統鎮靜方面的缺陷有關。憂鬱和焦慮實際上是一體兩面。我們對於感到沮喪相當焦慮，而感到焦慮也同樣令人沮喪。難怪許多患有嚴重憂鬱症或焦慮症的人會使用稱為選擇性血清素回收抑制劑（SSRI）的藥物，以增加血清素。

但除了服用選擇性血清素回收抑制劑或血清素－正腎上腺素再回收抑制劑（SNRI）之外，還有一些其他的方法可

以重新平衡神經系統中的化學物質，並使血清素濃度增加。維生素 B6 刺激大腦產生血清素，B 群有助於減輕壓力，5-HTP（5- 羥基色氨酸）、聖約翰草、人蔘和肉荳蔻也是如此。你知道還有什麼可以增加血清素嗎？傳統的運動就很有用，運動也能增加令人愉悅的腦內啡。甚至陽光也會對血清素濃度有積極的交互作用。

盾型人不僅僅是天生的擔憂者，他們在控制狂量表上的得分也很高。當然，我們都喜歡有掌控感，但正是這種過於發達的控制欲讓盾型人很容易患上強迫症。盾型人會尋找各種可以讓他們解解控制癮的東西。通常這些執著是胡思亂想，但又並非完全不可能。例如：你上了車，然後想：等一下，我鎖前門了嗎？拔掉咖啡機的插頭了嗎？爐子上的火關了嗎？然後，你回去檢查一下。如果這只是一次性的行為，那可能非常合理與謹慎。但如果你不得不一次次地跑回去檢查，那就可以算是一種強迫症。

強迫行為（compulsive behavior）──也就是「強迫症」（OCD）中的 C ──是盾型人為了避免不確定性誘發的興奮的方式。一位強迫症患者談到，他如何在自家附近的街區一次次繞巡，直到把油用完了，不斷懷疑自己也許因為在某種恐怖的機率下無意間撞到行人。他非常痛苦，不得不重複地循環，每次都懷疑自己的記憶力。要解決這樣的痛苦其實說來很簡單，但做起來並不容易。困難的點在於它需要克制

「強迫」的部分，也就是返回檢查這一段。這對盾型人來說是一件非常困難的事情，因為這意謂著學會容忍他們透過強迫行為所控制的興奮感。

正如我們描述的那樣，盾型人是那些缺乏血清素的人。雖然細節已經超出了本書範圍，但血清素也可能會過多。血清素過多會產生所謂的血清素症候群，輕症會導致激動和煩躁不安，而更極端的版本則會癲癇發作、高燒和失去知覺。血清素症候群一般是因為同時使用強化血清素藥物和搖頭丸（一種消遣性藥物）所引起的。

多巴胺過多或過少都會對健康產生負面影響。多巴胺嚴重不足是帕金森病的根本原因。另一方面，多巴胺過多則與思覺失調症有關。但大多數劍型人只有輕微的多巴胺失衡。雖然科學尚未確定雙向情緒障礙症或注意力不足過動症（ADHD）的病因，但身為劍型人對這兩種疾病都是一個風險因素。這裡的每一種病症都是慢性的，可以透過藥物和診療的組合來加以治療。就和血清素一樣，多巴胺也可以提升濃度。運動、睡眠和放鬆（聽音樂和冥想）都會提升多巴胺的濃度。飽和脂肪會抑制多巴胺，而乳製品、蛋白質以及酪胺酸含量高的食物——尤其是香蕉和杏仁——都會促進多巴胺的產生。

慮病症與否認症狀

羅素，58 歲，胃灼熱已經兩週了。他是一家豐田經銷店的銷售經理，敏銳地意識到自己無法完成每月的銷售目標。他脾氣暴躁並開始指責兩名推銷員、貸款專員和新冠病毒，導致他的展示間客流量大幅下降。最近，他那相當差勁的管理技能幾乎展露無遺，而且他似乎長期處在煩惱和憤怒的狀態，也因此有了胃灼熱。他幾乎沒注意到自己吃了多少抗胃酸藥片，也沒有注意到自己抽沒幾口就丟掉的香菸有多少。但是他也不會去看醫生。為什麼？他是劍型人！劍型人透過外在的角度看世界，展示間裡發生的事情比他食道裡發生的事情更重要。

絕對不是說他並沒有意識到胸口的不舒服，或不會經常伸手去拿另一片抗胃酸藥片。他將原因解釋為承受的壓力太大，並否認可能有重大潛在問題的可能。當他最終去看醫生時，只是因為羅素在醫院探望他那剛從輕度心臟病發作中恢復過來的哥哥時，他哥哥看著羅素又吞了一片胃藥說：「你難道要等到像我一樣慘，才要去檢查到底為什麼胃痛嗎？」

盾型人則以完全不同的方式，擔心身體的各種症狀。

「如果我在沙拉裡聞到的味道是洗潔精，請告訴我，我會把它扔掉。」亞當不好意思地隔著桌子看著妻子，回答說：「我想我沒有把菜洗乾淨。」

　　在疫情初期，亞當開始在家工作，這讓他鬆了一口氣。但幾週過去，焦慮只增不減。他在網路上訂購的各種未開封的紙箱堆在門外，因為他認為病毒會在紙板上存活，所以得等上 48 個小時才能拿進家門。隨著隔離從幾週變成幾個月，他變得愈來愈痛苦；而今晚，他把事情提升到了另一個層次。他不僅像往常一樣用衛生紙擦拭所有的食品包裝，甚至發現自己剝了生菜把它放在碗裡，然後用洗潔精清洗每一片葉子。

　　亞當顯然罹患了慮病症。原則上來說，慮病症的特點是過度害怕，或認為身上的症狀是醫學上無法解釋的現象，或者會導致不成比例的痛苦。一個在皮膚上新發現的小問題，會被誇大成癌症，或是頭痛會突然變成腦瘤。慮病症不僅會導致精神上的痛苦，持續地擔憂各種問題，也的確會釋放有害的壓力荷爾蒙，而這些壓力荷爾蒙，本身就會造成真正的傷害。

　　真正的慮病症，影響了全球大約 2% 到 5% 的人口，這些偏執患者在的性別分布相當平均。慮病症似乎與嚴重的兒童疾病或創傷史沒有任何顯著關係。事實上，沒有人確切知道是什麼導致了某些人產生這些令人無力的擔憂，但我們現在有些具說服力的想法。

　　但首先請記住，並非每個盾型人都過度地關注身體症狀，只是因為他們的大腦中化學物質的分布，讓他們會這樣

做的風險更高。

　　盾型人往往比劍型人更容易受到健康問題的影響。為什麼呢？讓我們仔細看看亞當。他沒有任何不尋常的童年疾病或創傷史，但在青春期的最後，他開始頻繁地洗手以至於皮膚裂開。大約在同一時間，他開始用 Google 搜索他每一個真實或是想像中的症狀。像亞當一樣，慮病症患者是感覺放大器和假設生成器。就像亞當與自己簽訂了一份合約，要永遠地關注任何可能與身體健康和幸福有關的事情。他知道那些經常支配思想的不成文規則，與妻子吉兒的規則截然不同，吉兒對他的健康問題和談論這些問題的需求通常表現得相當包容。

　　由於亞當大腦中的化學失衡還算冷靜，他的高度警戒並不少見。這些恐慌自然是由更高層級的皮質活化所啟動和維持的，也就是我們的老朋友「大腦興奮」。當亞當還是個孩子的時候就曾問過自己：「為什麼當四周看似沒有什麼需要擔心或害怕的事情時，我還是會緊張或懷疑？」深層的恐懼來源只不過是因為他對興奮訊號的感知過強。

　　這是它作用的方式：興奮 — 感官放大 — 危險感 — 產生各種「為什麼」的假設。

　　亞當記得小時候的某個時刻，當時他在家裡等母親，他的母親去看醫生但回來晚了。他坐在窗邊等她的車開到車道

上。天慢慢黑下來，他不停地檢查時鐘，每過一分鐘恐懼感就會上升。亞當的恐懼是高度興奮和不斷生成的假設的副產品。他開始想到媽媽的車可能會爆胎或是沒油。這些解釋很快變成他覺得也許醫生發現母親有某種嚴重的問題，把她帶到醫院，然後很快就確定她發生了某種可怕的事故。

亞當還記得，當媽媽把車開進車道時，他口乾舌燥、無法吞嚥。在接下來的幾天裡，他發現自己一直無法放下吞嚥的問題，開始編造出一連串解釋，每一個都令人擔憂。即使母親帶他去看醫生試著讓他放心，儘管進行了各種檢查並告訴他，他的喉嚨完全正常，但擔憂仍然存在，他擔心得不可開交。

慮病症是強迫症的哥倆好。這裡的強迫指的是不斷談論新的症狀、在 Google 上瘋狂搜索各種症狀、不斷看醫生或是不斷到急診室就醫。想要超越這些強迫行為，調節和減少大腦的興奮，可能是極為艱鉅的挑戰。

最好的開始是意識到這些傾向是自己想出來的，與你的醫生討論這些傾向，要求醫生限制你就診的頻率，並限制醫生每次看診時只能安撫你一次。請記得，憂慮會讓大腦獲得獎勵，「我擔心會得癌症」可能會變成「正是因為我很擔心會得到癌症，所以我才沒有得到癌症」。而且這些想法通常都不是經過深思熟慮的念頭。正是由於這些原因，過度關注身體的行為才會如此難以破解。

被貼上慮病症的標籤並不好玩也不舒服。如果你發現自己高度關注身體症狀，請記住這一點：你沒有發瘋。你是一個富有想像力、創造假設的人。任何與過度興奮對抗的人都很自然地會提出各種問題。會這樣做是非常正常且自然的，正是因為想要理解這種不舒服，想要將這些症狀與某種來源連結起來——我之所以有「這種感覺」就是因為「這個」。將抽象的感覺與身體症狀連結起來，帶來如釋重負的感覺以及控制感。

慮病症患者可以做的是識別這些傾向，並以理解和同情的態度對待這種情緒。有些人發現提醒自己罹病的機率或是告訴自己沒事，只是在四處尋找一個理由可以解釋體內過度活躍的感覺，幫助他們平靜下來。其他人則發現應用「3 天規則」很有幫助：「如果 3 天後我仍然有現在這種感覺，我才會打電話給醫生。」（當然，這不應該包括急性腹痛、胸痛或中風等症狀，如果出現這些症狀，本來就應該立即就醫。）

或者最好的做法是，理解自身就是喜歡用這種方式調節興奮感，然後嘗試透過和緩、鼓勵和安心的內在對話解決。這是某一位患者發現有用的自我對話：「我以前經歷過，即使是因為不同的事情，但都像現在同樣擔心。事實證明這些擔心是多餘的。我有選擇，這次可以有所改變。我不必再這麼焦慮，我要為自己勇敢一次。我要假設這一切都是自己想

像出來的，我已經學會解釋大腦興奮的訊號。我假設這就是現在進行式，而且我沒有生病。在證明並非如此之前，我總是喜歡假設自己生病了。我要選擇做一些不同的事情：假設自己很健康。但如果這次不一樣，真的有問題怎麼辦？我很快就會知道的。這一次，我要告訴自己我很好，我的這些擔心都只是太過擔心，只是擔心，而沒有疾病的跡象。每次我發現自己有了這些想法，我就會再次感到平靜與安心。一次次地進行這個練習，直到它成為一種習慣，並取代不斷擔憂。」

試著改變一下，從設想最壞的情況轉向最好的情況，並提醒自己當前的症狀可能會被自然興奮放大。你還可以答應自己定期進行正念冥想。這是處理這些傾向的真正根源（也就是你對興奮的不適感）最有效的方法。

在此提供一點建議給身邊有慮病傾向者的讀者：羞辱他們只會適得其反。他們已經為這些反覆出現的擔憂感到尷尬，最好以善意和理解的方式與他們相處。對於那些可能會傾向發現不對勁並告訴自己「哦，這可能沒什麼，自己就會好」的人來說，否認症狀和一廂情願則是劍型人的特徵。劍型人過於樂觀的天性有時會導致他們忽視重要的健康問題。現在可能就是安排一些延遲已久的事的好時機，例如拖延的大腸鏡檢查或乳房 X 光檢查。

對變化的反應性、靈活性和適應度

　　還記得哈佛大學心理學家傑羅姆・凱根的嬰兒研究嗎？大約 40% 的孩子對那些奇怪的視覺效果和爆破的氣球幾乎沒有反應。這些孩子的杏仁核較為不活躍，長大後會變成更善於交際、更自信、更外向的成年人——也就是劍型人。在這些孩子長大後的採訪中，反應遲鈍的孩子往往更傾向將年長得多的採訪者視為同齡人而不是權威人物。他們不會掃描身邊找尋潛在的危險，相當善於自處。劍型人孩子因為擁有足夠的血清素，往往會成長為自信的成年人。

　　另一方面，盾型人往往具有活躍的杏仁核，往往會讓他們更關注潛在的缺點、錯誤和可能的失言。不幸的是，這種差異減少了很多愉悅的體驗，並且在某些社交場合上更為明顯。作為孩子，劍型人兒童是社會行動者和實驗者，而盾型人兒童則傾向成為社會觀察者或旁觀者。

　　當然這些差異與哪個大腦迴路（恐懼或獎勵）更占主導地位有關。劍型人對大腦興奮感到舒適（或大腦興奮對劍型人具吸引力），使得他們的社交互動更為大膽，他們從一開始就會透過反覆試驗，了解了很多關於自己的知識。與盾型人相比，他們更不害怕犯錯，在社交方面有時會因為犯錯而受到打擊，但仍會快速學習。

　　從嬰兒期開始，那些血清素過少的人天生就對環境更容易有反應。畢竟是年幼的孩子，對於分離還是難以忍受，覺

得父母在身邊會更安心。學齡前和幼兒園初期可能會相當具有挑戰性，這段時期結合了不確定、不熟悉和分離，這些強烈需求的組合會產生不舒服的興奮程度。盾型人兒童有時會藉由胃痛、負面情緒或抗議來逃避上學。他們那隱形的興奮天線太吵雜，卻沒有足夠的化學物質能讓它平靜下來。好在這種反應會隨著時間或爸媽令人安心的聲音，或是減少不確定和不熟悉的體驗後逐漸消退。

情緒反應可能是一種不愉快的經歷，這種不舒服的最好解藥，不僅僅是仰賴時間或經驗的流逝，它也正在學習如何自我安慰。試圖安撫自己是自然的反射動作，但不幸的是，我們本能上並不知道如何以健康的方式自我安慰。我們看到很多成年人從來沒有學會如何建設性地安撫自己，而是轉向自我挫敗和不健康的行為。例如，巧克力冰淇淋和伏特加通寧是盾型人最喜歡的自我安慰策略之一，顯然使用過量會有害健康。因為劍型人的靜止狀態往往是興奮過低，所以他們對恐懼迴路並不特別有反應。相反地，在他們尋求刺激的過程中會因為自我安慰做得太差，導致分心或是變得很脆弱。正因為如此，劍型人的主要目標還是自我刺激，無論是對古柯鹼或是同樣的冰淇淋，都很容易上癮。

這似乎令人訝異，但由於盾型人的神經系統構造是對一種新事物和意外高度敏感的反應器。雖然他們在執行計畫方面表現不俗，但當情況發生變化或出現意想不到的障礙時才

真正會大放異彩。劍型人往往擅長安排複雜的邏輯序列，但出現問題時也可能會跟著當機。

為了解釋原因，讓我們退後一步，更全面地補充一些內容。我們已經描述了多巴胺和血清素的功能，因為它們是活化自律神經系統的主要大腦化學物質，但並不是唯一的神經傳導物質。交感神經系統有多巴胺團隊成員：腎上腺素、正腎上腺素、麩胺酸和乙醯膽鹼，都具有興奮神經系統的作用。副交感神經系統含有血清素，和其身為神經傳導物質的兄弟乙醯膽鹼（是的，它在兩個團隊中都有作用）和GABA，可以使過度興奮的大腦平靜下來。看來，不僅僅只是多巴胺濃度，劍型人在神經系統興奮側（交感神經）的整個大腦化學物質團隊都點少。同樣地，盾型人不僅在血清素方面，在神經系統鎮定方面的隊友也都處於短缺狀態。

我們提出這一點是為了描述正腎上腺素（類似多巴胺，一種刺激性化學物質），在對不確定情況的反應中有其關鍵作用，能夠幫助我們適應不斷變化的環境與學習。當手上的任務看起來很穩定時，我們往往會依靠以前的經驗來預測未來會發生什麼。但是當情況變得不穩定時，我們的大腦需要放棄原有的期望並快速學習以適應變化。在這些方法之間切換是正腎上腺素的功能。

最近的一項研究與此相關。研究參與者最初聽到聲音，然後看到房子或人臉的圖像。很快地，他們學會了根據圖像

出現前聽到的聲音來預測看到的圖像。然後，研究人員開始把這個關聯性混淆。聲音和圖像開始發生變化，增加了不確定性，因此需要快速學習新的關聯性。其中有一半的組別服用安慰劑，另一半服用 β 受體阻斷劑和心律錠，又稱為抗焦慮藥（ Propranolol，值得注意的是沒有參與者患有焦慮症）。心律錠會阻斷神經傳導物質正腎上腺素。研究人員發現，當服用心律錠的組別被要求在不斷變化的情況下，學習使用新資訊來預測下一個圖像時，他們會比安慰劑組來得慢。服用心律錠的組別在面對不確定性時，更依賴之前的經驗來做預測，而不是快速學習新的關聯。

這在現實世界中意謂著什麼？可能就是為什麼劍型人（他們刺激正腎上腺素的能力較差）比盾型人更依賴過往經驗。正如你所見，盾型人較容易運用大量的大腦化學物質進行刺激，往往能夠在快速變化的環境中保持靈活。劍型人傾向關注過去以預測未來，盾型人則傾向關注現在以預測未來。

那麼，我們在這一段學到了什麼？為了回應嘈雜的神經系統，盾型人必須變得更加靈活，而這種持續終生的學習習慣在應對快速變化時，是非常正向的技能組合。能夠隨著快速變化的需求和環境更靈活地應對，是一個盾型人大腦化學失衡的非常實用的副作用。缺乏這種學習習慣會導致相反的結果：例如劍型人對世界的立場就更加僵化，更加仰賴常規

而且難以改變。從童年開始，你必須尋找刺激自己的方法（創造一種正常的興奮感）時，往往會制定可靠且可預測的策略來實現該目標。這些模式變得根深蒂固，即便世界有了任何變化，我們都不喜歡被強迫放棄這些策略。這些傾向會使劍型人更難做出改變。

如果你覺得自己是一位劍型人，你可能會要求自己回顧那些定義了日常生活的古老而可靠模式，並確保它們仍然有效地運作。在此我們指的是生活方式：如何飲食、移動、休息和管理壓力。

你的飲食、運動、睡眠和自我安撫方式是真的有好處的，還是僅僅只是熟悉的方式？你如何處理全新和不斷變化的情況和需求？無論多麼小，你是否能夠投入所需的新知？或者你發現自己只是正在消極地抵制？你能找出一個正在抗拒的新領域，但只要熟悉之後其實對你有好處嗎？如果可以，為什麼不嘗試征服它呢？不管是什麼，把它分解成可管理的模組並承諾自己一個開始的日子。好消息是：改變和做一些新事情會帶來不確定性，還有興奮的大腦！

利用那個小小的顛簸作為好兆頭，當成挑戰的標誌。請記住，習慣任何新事物都需要時間和耐心（劍型人可能有時間，但耐心可能會是他們承諾學習過程的挑戰）。正是時候提醒自己採取「小步原則」：朝著正確方向前進，無論每次的步伐多麼小，最終都能成功。

　　盾型人，也不需要太過得意。當然，你很善於靈活回應不斷變化的需求，但可能不太擅長改變與逃避行為相關的模式。看看你為了避免興奮而恢復的習慣。你有注意到自己的飲食方式有什麼不健康的地方嗎？喝酒？試著定期運動如何？那可能會讓人不太舒服。你會熬夜嗎？很晚才起床？避免任何會讓你更強大、更自信的社交場合或工作挑戰？你能找出任何因為符合最大利益，卻一直抗拒改變的行為嗎？給你一個難題：你能做一些僅僅只是因為很有趣，能夠讓自己很開心的事情？沒有什麼時機比今天更好了。我說的就是「現在」！冒險做出一些你知道從長遠來看，對自己有好處的改變。「小步原則」在此也一樣適用。面對想要逃避的傾向很難，人人都需要學習才能包容真實情緒中令人不舒服的時刻，但請記住這一點：堅強，好事才會發生。

　　小提醒：意識到自己是劍型人或盾型人，並不意謂著你認同以上所有描述盾型人或劍型人行為的程度或方向。這些是傾向，不是絕對的。

衝動控制和延遲滿足

　　盾型人對衝動控制的能力通常很好。與劍型人不同，他們的周圍充滿了刺激，以至於他們不但不想要尋求刺激，他們根本是逃避刺激的人。各種新奇、危險和刺激的東西都可以觸發衝動行為。劍型人則容易沉迷於衝動，因為他們熱中

獎勵的情感期望（來人啊，將一滴多巴胺加到獎勵迴路中）。正如以上所描述的，劍型人之所以這樣做，是因為這具有刺激性並能喚起興奮。

　　凱倫最不需要的就是再買另一個包包，但她發現自己又在 eBay 上買了一個不需要的包包。儘管她的信用卡帳單在腦海中閃爍著紅燈，但她還是按下了「出價」的按鈕。正如往常一樣，只要看到 UPS 的卡車停在房子外頭，凱倫就會感到一陣內疚和悔恨。她把新包包藏在衣櫥深處，因為她知道如果丈夫看到一定會問的。「不會再買了！」她向自己保證。但就在那天晚上，先不管動機為何，她發現自己打開了筆電，敲了幾下鍵盤，又開始瀏覽 eBay。衝動是不可抗拒的。

　　沉迷於這類型的衝動，根本不是那些更保守（盾型人）會做的事情。有趣的是，衝動控制背後的科學原理不僅與多巴胺缺乏有關，研究發現也跟血清素濃度升高有關。沒錯，鎮靜性的神經傳導物質血清素過量時，衝動行為會加速。

　　過量的血清素從來都不是盾型人的問題。事實上，對於許多衝動來說，抑制是個問題。劍型人的衝動與對獎勵的預期有關，而盾型人則經常將對衝動的預期與一些負面結果連結。請記住，避免傷害是血清素濃度不足的人的主要動機。在某些情況下，這種保護本能可能是有幫助的，也是一種力量，但在其他情況下卻是一種障礙。

　　17 歲的珊迪，是一名勤奮好學的高三生。害羞、苗條、藍眼睛的她，比自己想像的更有吸引力。珊迪患有社交焦慮症。身為一個健康的青少年，她非常努力地壓制任何與性吸引力相關的衝動。珊迪避開了任何不得不與男孩打交道的情況。但聰明的女孩珊迪制定了一些非常有效的策略。當我們第一次見到珊迪時，她巧妙地說服自己沒有特別的性衝動，儘管她的夢講述了一個不同的故事。她故意穿著樸素的衣服，並解釋這些衣服讓所有「性慾過剩」的男孩都不會注意到她。她說：「我想我可能註定要成為修女之類的，不過我並不是天主教徒。」

　　珊迪是電視選秀節目的祕密粉絲，她在臥室裡偷偷觀看這些節目。她會和某些歌手一起唱歌，不過只限於沒有人在家的時候。嚴格來說，她並不算是厭食症患者，但她遵循一種斯巴達式、異常嚴格的飲食計畫，這種飲食計畫使得不論用任何方式烹調的胡蘿蔔，聽起來都變得很有趣。雖然她經常收到參加社交活動的邀請，但她總是設法拒絕。

　　有時盾型人會對健康的感覺和欲望（是的，衝動）過度堅持，以至於過得很苦。珊迪的第一個變化是在她描述自己的一個夢時出現的。夢中的她發現自己正沿著房子後方山上，一條樹木繁茂的小徑走著。突然，小路被急流截斷了。她想走到對岸，又不敢穿過。正要轉身，卻見到下游站著一個男孩，正笑瞇瞇地看著她。接下來，她記得的是她的手被

握在他的手中，他們一起走到對岸。當被問到她是否認識這個男孩時，她的臉變得通紅，說：「他是跟我上同一堂英文課的很帥的男生。」

最近有一天，珊迪帶著幾塊巧克力餅乾來分享。「這些都不含麩質。」她說：「但仍然相當好吃。」然後她的臉又變得通紅，說道：「我記得你說過有些衝動表達出來很好，對吧？好吧，有個男孩邀請我參加舞會，我接受了。」珊迪開始發現自己是一個成長中的年輕女性。

知道何時對衝動說是或否很重要。衝動是某些想法，這些想法會依附在需要做出決定的感覺上。它們本身並無好壞之分，對我們是否有好處取決於事情的脈絡。劍型人積極參與各種事物的原則，讓他們即便知道說「不」可能更安全、更謹慎，但依舊增加對各種事情說「好」的可能。凱倫花了一些時間才明白，她的購物成癮確實與缺乏多巴胺有關，並學會克服這種衝動。我們讓凱倫做的是將所有的皮包放在床上，並在每個皮包上貼上便利貼。我們讓她寫下她上次使用這個包包的時間。41 個幾乎快要從她床上掉下來的皮包中，凱倫在過去 6 個月裡只用了 3 個，其餘的只是藏在角落裡。

這個練習讓凱倫確定購物確實沒有必要，純粹是一時衝動。我們解釋了行為的化學原理，消除了她的一些內疚和羞恥，並將衝動的強烈感覺與簡單的化學反應連結起來。然後我們指著未使用的皮包來說明衝動（期待和購買）和結果

（包包本身的欣賞）之間的脫節。多巴胺和對某項活動或某個物體的觀察、想像和計畫有關，和欣賞無關。這完全是關於「做」某事的動機，卻和享受行動成果完全獨立。

破解購買的衝動和愉悅（或者其實也不是那麼愉悅），讓凱倫明白多巴胺獎勵都是預先釋放的，這一切都在幻想的興奮中。當她告訴我們時，我們知道她已經真正控制了局勢。「我可以打開我的電腦，看看並想像我擁有網路上看到的那些包包是什麼感覺，但我沒有實際購買它。我提醒自己，我可能永遠不會使用它。」

任何為考試熬夜學習的人都知道，關於延遲滿足的決定是怎麼一回事。埋頭讀書是以犧牲許多現在想做的事情為代價，其中最重要的事情包括讓自己好好休息。當然，劍型人和盾型人都可以延遲滿足感，但盾型人往往更容易做到這一點，而且做得更好。為什麼呢？

唯一可以肯定的是，衝動控制是計畫中最關鍵的部分。但這還不是全部。劍型人和盾型人都會關心他們少了什麼，這次的延誤又會讓他們付出了什麼代價。對於劍型人，為了考試讀書的成本，可能是少打了幾個小時的遊戲、一次很棒的約會，或者幾個小時躺在沙發上看 Netflix 新上架的影集。伴隨著任何延遲成本的是少了某種有趣的經驗。

盾型人不是專注於必須放棄獎勵，而是更關注不放棄獎

勵所帶來的後果。他們不會計較錯過打遊戲的時間，而是會想到如果不學習，他們在考試中的表現會有多差。對於劍型人來說，失去獎勵會打破意志鏈，可能就會去打開電視。但對於盾型人來說，想法是不同的。由於他們對獎勵不太敏感，對逃避傷害的程度更高，因此避免考試成績不佳的可能性可以視為是一種內在獎勵。因此，對於劍型人來說，延遲滿足通常是一種淨損失，而對於盾型人來說，延遲被視為一種淨收益。讓我們更深入地挖掘一下自我控制和延遲獎勵的能力。

許多人都會記得著名的史丹佛棉花糖實驗，該實驗由心理學家沃爾特・米歇爾（Walter Mischel）主持。5 歲的孩子被帶進一個房間，坐在一張桌子旁。一顆棉花糖放在桌子上，孩子們被告知，如果他們能等 15 分鐘再吃，就會得到第二次獎勵。然後實驗者離開房間，15 分鐘後回來。一些孩子在門一關上就狼吞虎嚥地吃了棉花糖，而另一些孩子則想方設法抑制衝動，等到時間到了再拿到第二顆。

實驗發現，延遲滿足的能力與以後生活中的成功（例如更高的 SAT 分數和更少的行為問題）之間有高度相關。後來有人別人試圖複製米歇爾的研究，使他的發現受到質疑。例如，控制家庭收入會使那些高度相關消失。如果你有幾個飢餓的兄弟姊妹和一個空蕩蕩的食品儲藏室，很可能會在看到糖果的時候搶過來，因為你害怕下次或許看不到它。

但不管研究自我控制和延遲滿足的能力有多複雜，這些都是重要的技能。由於大腦化學物質失衡，劍型人比盾型人更難獲得獎勵。記得，盾型人對獎勵不太敏感，因此實際上可能誘惑不大。就盾型人的本性而言，誘惑會讓他們害怕被沖昏頭，失去讓自己情緒舒適的能力——這是盾型人極力避免的事情。至於劍型人對獎賞和興奮很敏感，所以很難延遲滿足。這種延遲與興奮程度降低的狀態有關，一看就知道很不舒服。

盾型人有時將延遲滿足的建設性能力，與延遲處理就會預期不舒服的情況混為一談。最好不要自欺欺人。當盾型人所做的只是避免不舒服時，他們很容易相信自己的藉口。尋找你想要擁有的東西，然後想辦法把它送給自己。先不要關注在東西上，先想想這個過程。

我們的一位病人說，他一直希望能夠邀請一位女孩子跳舞。在學校的舞會上，他看到一個他喜歡的女孩，但永遠無法鼓起勇氣邀請她共舞。後來在婚禮和其他社交活動中，即使他正在約會，他也會避開舞池。他說這是因為他不想跌跌撞撞地亂跳幾步，而是想上過課以後再充滿自信地跨進舞池。他總是找藉口這樣做，但事實是他覺得跳舞太害羞且不自在，所以不想報名上課。當他終於做到時，他給了自己一份禮物，其回報遠遠超出了舞池。他重新贏得了自信，相信確實可以做一些他認為自己做不到的事情。

　　劍型人的認知則有點不同。他們發現自己偶爾會因為感到無聊、失去耐心或被其他看起來更有趣或更有吸引力的事情分心，而沉迷於衝動，或是在完成之前就先放棄上一件事情，進而傷害自己。這可能是任何事情，從一個愛好到另一個愛好，再到另一個愛好，或者是永遠找不到第三次約會的理由。當新鮮感消退時，可能會在車庫裡堆滿未完成的事，或者更糟的是最後孤苦一生，因為你一直在尋找新的人來激發興趣。

樂觀與悲觀

　　擁有陽光和外向的樣貌是劍型人最大的優勢之一。樂觀是劍型人的一個共同核心特徵，它與生活中像是堅毅或滿足等所有美好的事物相關。獎勵導向和承擔風險是一種模式，可以讓孩子從很小的時候就開始增加冒險的經歷。劍型人對懲罰和不良結果的可能性不那麼敏感，讓他們不那麼害怕一般人必經的小失敗。總是預期正面結果的心態，可以大大有助於實現這些結果。劍型人很幸運，因為樂觀的前景通常感覺更好。事實上，樂觀的人最常見的發現之一就是，他們整體上比不那麼積極的盾型人更快樂，而且幸福感的增加會持續數十年。研究發現，這種幸福可能與一個人對有好處的社交場合的敏感度、隨後參與更多社交活動或更有效的情緒調節有關。這些東西對劍型人都是常識。唯一比較危險的就是

人太多的決策仰賴希望或期待，高估往上的潛力而低估走下坡的風險。

我們假設現在你已經明白，成為盾型人並不總是那麼容易，甚至令人愉快的一件事情。他們的悲觀傾向是保守天性的產物。劍型人尋找對決策說「是」的理由，而盾型人則傾向尋找他們應該拒絕的理由。可悲的是，悲觀主義正是盾型人最大的問題之一。

根據最新的研究，重複的負面思維與認知能力下降有關。倫敦大學的研究人員使用一系列測量語言和空間技能、注意力、記憶力和認知功能的測試，針對 292 名年齡在 55 歲以上的人進行研究。其中不到一半的人接受大腦掃描，以尋找 tau 蛋白和澱粉樣蛋白的測量值——這些沉積物是阿茲海默症（Alzheimer's Disease）的生物標記。參與者會被問到他們如何看待和處理負面經歷、發現自己陷入過去的頻率，以及他們對未來的擔憂。

研究進行了 4 年後，發現那些重複負面思維模式的人比那些積極思維模式的人，有更多記憶問題和更嚴重的認知衰退。也許最能說明問題的是，這些參與者還在大腦中發現許多 tau 和澱粉樣蛋白沉積物。

那麼負面想法會導致癡呆嗎？嗯，先別急。在你下結論之前，讓我們更仔細地看看這項研究。儘管這項研究很重

要，但這種研究顯示的是相關性，不一定是因果關係。也許還有第三個因素與負面思維和認知能力下降有關。但我們認為應該八九不離十了。

罪魁禍首可能不是盾型人對消極思維模式的偏愛，而是他們一生都避免新挑戰、新社交情況和需要不熟悉的技能發展的新經歷。盾型人的大腦習慣了他們對高度興奮的長期厭惡，以及他們的反應所帶來的新體驗障礙。但是我們的大腦是可塑的，並且不斷地被擁有的新體驗所改造。重點是新穎性，體驗的新穎性重塑了大腦的陌生刺激。很可能透過接受新挑戰和重塑大腦的刺激體驗，可以更長時間地保持記憶和認知完好無損，並避免破壞性的 tau 和澱粉樣斑塊沉積。

各位盾型人的任務（只要開始，永遠不嫌早或晚）不是突然開始四處思考積極的想法關鍵是，挑戰你對新體驗反射性的否定，並找到能夠更頻繁地對它們說「好」的方法。要開始這個覆蓋過程，你可能需要寫下逃避日記（請參閱第四章）。

而劍型人呢？開放和樂觀是一種美妙的個性和處世方法，我們鼓勵你堅持下去，因為它對你很有幫助。唯一的缺點是，你可能會遺漏一些不應遺漏的負面資訊。樂觀主義永遠不應取代現實主義。在疫情期間，有些人沒有盡可能地小心保護自己，所以生病了。「這不會發生在我身上」很可能

是一個樂觀想法，但它提供的保護就會很少。你可以在這裡
花點時間問問自己，你所做的哪些事情更主要是出於期待、
希望和信任，而不是任何更實質的東西。當你面臨一個決定
時，給自己留條後路並不悲觀，因為那是更現實、更合適的
選擇。

風險承受能力

影響行為的最後一個情感因素是風險承受能力。我們接
受風險的意願，很大程度上取決於我們如何看待大腦興奮。
天生興奮太少的人，比那些興奮太多的人更能承受風險。讓
我們快速複習一下遷移這種古老而重大的行為。回顧一下塑
造現代社會的自主移民潮，我們不禁要問：當曾經充裕的獵
物變得稀少、獵人經常空手而歸時，哪一種大腦類型會焦躁
不安？當過度採伐或微氣候變化，導致根莖類和種子變得更
難找到時，誰留下而誰離開了？即便他們的名字已經消失在
時間的塵埃中，但我們對他們的神經系統中的化學變化，已
經有了很多了解。在充滿不確定性和困難的時期，盾型人會
忙於設定未來，然後告訴自己：「是的，現在是充滿挑戰的
時期，我們設法與既有的東西互動會更安全，而不是進入一
個可能更糟糕的未知世界。」劍型人則不會被那遙遠山頭另
一側可能發現的任何危險嚇倒，而更傾向採取行動。「熟悉」
本身就會為盾型人提供了一定程度的舒適感，即使熟悉的事

物令人不愉快或有其缺點（就像寧可對付熟悉的敵人）。劍型人就不是這樣。這並不是說他們不重視舒適；只是他們傾向低估熟悉的價值，就像低估危險一樣。

盾型人傾向逃避風險，踏入任何新奇的事物，任何超出他們情感舒適圈的事物，都意謂著必須回應令人不愉快的大腦興奮。我們都是被舒適所驅動的，對於大多數盾型人來說，冒險是一種不舒服的嘗試。如果你是投資者，那麼逃避風險可能是一項真正的資產。正因為如此，他們犯的偽陽性錯誤更少，不會把房子押在有人吹捧是下個亞馬遜的雞蛋水餃股上。但這些相同的決策傾向也有不利的一面。盾型人很容易發生偽陰性錯誤。例如，他們很有可能會在一直關注的股票大幅下跌的那一天，苦苦等待跌勢結束。因為擔心股價會進一步下滑，他們不斷猶豫、眼睜睜地看著、無助地咬緊牙關，直到買家湧入並再次推高了股價。

劍型人對不確定性的解讀，往往與盾型人略有不同。不確定性所帶來的興奮感並不被視為可惡和危險，而是令人高興的，是朝著可能的獎勵邁出的一步。如果將劍型人和盾型人放在湍急溪流中的木筏上，他們雖然有著完全相同的經歷，但其中一個離開水面的時候可能會鬆一口氣，而另一個則希望重新做一遍。

這可能是花點時間思考自己如何看待風險的好時機。你通常站在哪一邊？你對風險的容忍度，如何影響生活中的決

定？你如何看待它在你的社會關係中的作用？是你選擇了朋友，還是你被他們選擇了？你如何看待圍繞金錢做出的決策中存在的風險？是否存在對你的工作和職業有影響的風險因素？你對風險的容忍度對健康有何影響？酗酒？還在抽菸嗎？花太多時間坐著，而你每天至少可以花幾分鐘步行？太焦慮以至於無法安排適當的篩查測試，也許你假裝不需要它們嗎？總的來說，你認為自己承擔的風險太少還是太多？你明白了。所有這些問題都可能很有啟發性。

請記住，根據你的大腦化學物質失衡，你會無意識地在一個方向或另一個方向做出一點反應。當然，這種塑造無關乎邏輯、演繹思維。如果你是劍型人，那麼降低參與包含重大風險的決定或行動的熱情可能會有所幫助。這可能不是一個理性的思考過程，而是一個狡猾的、可能弄巧成拙的策略，以創造所需的多巴胺刺激。相反，對於你的盾型人來說，在作決定時發送出猶豫和戒慎，危險可能不在現實世界中，只是大腦化學所造成的嘈雜嗡嗡聲。大膽一點，挑戰你的一些決定，過著自由度更高的生活。

那麼，這一章的全貌是什麼？什麼是你應該要知道的關鍵？我們的情緒塑造了決策的習慣。這些決策，絕大多數都非常微小，並在不知不覺中以習慣的形式表現出來。多了解大腦中特定化學物質對生活的影響，其價值在於能夠將隱藏的優勢公開討論，好好地感謝那些有用的習慣，挑戰和超越

那些沒有用的習慣。仔細檢視做過的事情，以及那些雖然不想做，但並不完全排斥的事情——你發現自己在工作時是哪種大腦類型了嗎？

　　你的大腦類型不僅是情緒運作的主要參與者，也對思維有著隱性但全面的影響。接下來，我們會就此進行探討。

第三章

主導你怎麼想的拉鋸戰

如何調解興奮，會顯著影響我們的基本認知。

　　我們如何思考、得出結論和做決定有很多次要因素，從早期的家庭經歷到教育和朋友，再到宗教和政黨偏好等等。除了對我們如何消化使用資訊有明顯影響之外，還有一些更微妙的作用：大腦化學會以難以察覺的方式，發揮其強大的影響力。大腦在無意識下塑造了我們。有些事情我們會因為其產生的反應，而非透過直接觀察才被注意到，比如棒球比賽中影響高飛球的重力。探索大腦內化學物質如何運作的最好方式，就是透過仔細檢查我們在行為上的蛛絲馬跡。

處理獎勵機制：任由我們的決策誤差擺布

　　當然，我們的行為方式與學習方式息息相關。我們透過觀察及實踐來學習，而大腦會記錄下這些過程。我們的老朋友多巴胺之於大腦如何將我們所學到的知識進行編碼，相當重要。使用研究這種現象的人的專業術語來說，大腦會透過追蹤所謂的「酬賞預測誤差」（reward predictions errors）來完成複雜的學習過程。這到底是什麼意思？

　　為了在世界上獲得某種動機，我們將觀察和經驗拼湊在

一起，開始一系列反覆試驗。無論是嘗試在地板上爬行這樣的運動任務，還是發出第一聲咕嚕以試圖說出第一個單詞，我們都會朝著目標努力。這些「試驗」是我們盼望結果證明能成功的預測。多巴胺幫助大腦編碼我們的預測有多準確。酬賞預測誤差本質上是我們預測的獎勵（實驗的成功）和自己實際收到的獎勵（我們離成功有多近）之間的差異。

它的作用如下：如果我們比自己預測的更加成功，我們就會獲得大量的多巴胺，記錄一個正面的預測誤差。如果我們如想像的那樣成功，多巴胺訊號就會保持在基礎濃度。如果我們不如想像的那麼成功，多巴胺訊號就會關閉（負面預測誤差）。基於無數的試驗，我們逐漸了解各種事物，使我們成為獨一無二的人。總而言之，根據多巴胺如何透過釋放這種神經傳導物質，系統性地獎勵和加強我們的計畫能力（我們對最有效的獎勵途徑所做出的猜測），我們被逐步地引導、愈來愈成功。

當我們還是嬰兒的時候，如果想小睡一下，直接閉上眼睛往後倒就行了；但如果你想吃頓飯，這樣做無濟於事。很快地，我們利用隨機試誤，學習如何操縱環境，與周邊的環境相處。爬行很快變成了站立和行走，稀哩呼嚕聲變成單詞，最終串成句子。這一切都是多巴胺差異爆發的副產品，這些多巴胺是我們不斷試誤的關鍵。

不只如此。我們不僅藉由多巴胺愉悅的變化，去學習如

何了解事物、動手做事和參與事物（正向強化），也利用同樣的大腦化學物質學習迴避事情。舉個例子，你知道課堂上某個問題的答案並舉手。但在舉手前，你把手放回腿上，你太緊張了，擔心聲音會顫抖、讓自己難堪。迅速放下那隻手會立即感到如釋重負。你的心跳穩定，呼吸也穩定。避免某些預期可能會不舒服的經歷，對大腦來說會誘發強烈的獎賞機制（負向強化），讓你以為自己比想像中的還要成功。所謂基礎的學習能力，就是透過一層層正向與負向強化組合起來的。

聽起來很簡單，不過等等，在我們這個星球上的現實世界可不是這樣運作的，各種獎賞並不完全對等，獲得這些獎賞所花費的時間也不完全相同。當我們有選擇的時候，傾向選擇更多的回報，而且希望能夠儘早獲得這些回報。你不覺得這聽起來就像是人性嗎？但是，如果獎勵的數量和獲得獎勵所需的時間有所衝突（現在獎勵比較少或者等一會兒後增加獎勵），我們的選擇就會變得更加複雜。

你還記得棉花糖實驗嗎？對於一些孩子來說，即便他們知道如果能夠多等個幾分鐘，就會得到更多的甜食，但吃棉花糖這件事情實在是太誘惑人了。我們所有人都傾向根據獎勵的重要性以及獲得獎勵所花費的時間，來降低獎勵的價值。價值較高，但給予時間較晚的獎勵，是一種自我控制下的選擇，而價值較小、給予時間較早的獎勵，被稱為衝動的

選擇。

　　大多數人會說，擁有苗條、迷人的身體，比狼吞虎嚥地吃下一堆又熱又鹹的炸薯條帶來的短暫愉悅更可取。但是前者需要時間和精力，而後者只需要動動拇指與食指。誰不喜歡等 10 分鐘後，就能得到 10 美元，而不是現在立刻得到 1 美元？但是如果我們必須等待 10 個月，才能得到報酬，情況會有所不同嗎？

　　腹側紋狀體（ventral striatum）是大腦中調控獎勵體驗、動機和動作的部分。為了生存，我們願意整天都不斷努力，而努力正是決策的產物。神經影像學研究發現，當我們做出決定時，腹側紋狀體會活化。這種活化會計算獲得獎勵的價值以及相對成本，如等待時間、所需的努力和成功機率。大腦這部分的腦區還會做其他事情。大腦會產生興奮訊號，讓我們做好消耗大量能量的準備，同時也會產生折扣的訊號，幫助我們只需付出最少程度的努力，確保不會付出不必要的努力。你應該還記得，大腦是一種對熱量非常敏感的器官。

　　當我們從盾型人和劍型人的角度來看這些變化時，就會變得非常有趣。這些幕後的變化，最終是相當偏頗、失衡的大腦化學，藉由影響各種事物的決策誤差所主導。渴望興奮的劍型人傾向做出更冒險、更衝動的選擇，更容易受到正向強化的引導，也更有可能忽視在時間和精力方面代價高昂的重要獎勵。相反地，盾型人因為討厭刺激，因此更能延遲滿

足。他們在決策方面遇到的麻煩，是過於喜歡逃避，以及負向強化容易使他們誤入歧途。前面提到那位想要舉手的學生（可能是盾型人，而且可能已經知道答案，否則不會想舉手），就被剝奪了可以增強信心的成功經驗。與其獎勵自己曾經試著去爭取某些機會（即便學生的答案可能錯了），抑制將手伸向空中（逃避）帶來興奮感的行為，反倒被強化了。

盾型人傾向高估負向後果而低估正向回報，劍型人則相反。還記得第二章中，那些面臨即將到來的考試的學生嗎？讓我們再次使用他們作為例子。兩者都必須權衡他們短期內挪用時間來滿足願望，與考試結果所帶來的長期後果。他們會選擇唸書，還是做一些更能夠立即滿足快樂的事情？問題是，延遲原本要用於唸書的（時間）代價是很昂貴的。兩者都關注他們缺少的東西以及延遲會帶來的損失。對劍型人來說，這個成本可能是犧牲幾個小時玩《要塞英雄》、看最新的電影或者是在社群媒體上閒逛幾個小時。延遲任何時間成本，都意謂著會缺乏某種獎賞體驗。

還記得，盾型人在做事時往往更加謹慎，不太願意冒險。這並不是說他們不像劍型人那樣，不喜歡有回報。盾型人也喜歡獲得回報。只是他們更加重視因追求獎勵而可能失去或不得不放棄的東西。他們不在乎放棄獎勵而可能失去的東西，更加在乎如果不放棄獎勵所帶來的後果。對獎勵的預期，總是與「如果我這樣做，那就很可能會發生」有關。在

做出決定前，預想成果的那段時間裡，盾型人和劍型人會以不同的方式思考未來的獎勵（感覺重要的東西）。盾型人會願意關閉電視，以獲得一些東西（避免在考試中表現不佳的可能更為重要），而劍型人可能會被不得不延遲獎勵是一種損失的想法所誘惑，破壞意志力。

多巴胺神經元無法區分預期性的獎勵和真實的獎勵。這些事件對大腦來說，具有同等價值，大腦也會以類似的方式對待它們。這意謂著我們會以預期的獎勵來制定計畫，成為決策的基礎。請記住，如果預測準確，多巴胺的反應就會消失；只有當獎勵超出我們的預期時，大腦才會產生多巴胺。我們的大腦會不斷更新對獎賞的預測，直到超乎預期的獎勵被降級成為常態時，大腦就不再因為預測誤差，突然釋放多巴胺。在我們每個人的大腦中縈繞的多巴胺，不僅驅使我們獲得獎勵，而且還驅使我們不斷增加獎勵。

作為人類，我們似乎天生就會爭取愈來愈多的回報。這種先天的設定可能是競爭天性的起因，也是驅動求知欲的理由，提供了我們更多生存和演化的價值。毫無疑問，這也是推動物質世界的引擎，是每一個成功的經營策略背後，根深蒂固的決策方式。每一次購買新車、新房或是新包包，甚至是換個新男友，即便舊事物還完全可用，背後都有決策誤差在影響我們的決策。同樣的變化也適用於另一個面向——恐懼動機。每一位恐怖和憂鬱的預言家、每個長生不老的承

諾、每個罐子裡的神奇面霜，都在回應某個對未來的預測。

在其他條件幾乎相同的情況下，大腦化學失衡對系統造成的無形影響，具有重要意義。因為盾型人對負向強化更敏感，所以傾向更加重視預測安全性較高的決策，而以獎勵為中心的劍型人，較重視有正向強化的預測。劍型人缺乏謹慎的性格，對他們發展社交技巧和自信心大有助益，但當他們想刷爆信用卡，買下另一件負擔不起的昂貴珠寶時，可能就會造成問題。一位盾型人，透過無視被喜歡的女性拒絕的預測，而在內心小心翼翼地計畫著，畢竟謹慎總是更加聰明的選項。顯然，劍型人與盾型人都可以從對方的策略中學到一些東西。

我們發現，對於那些自認為是盾型人的人來說，批判性地檢視他們的行為受到多少負向強化的影響，確實很有幫助。請記住，負向強化感覺很有效，因為它是暫時緩解某些會造成焦慮甚至危險情況的副產品。這往往會產生由安全感驅動的決策，卻不是健康或是建設性，甚至不是依照個人需求產生的決定。

更重要的是，這些決策甚至不夠準確。許多盾型人最擔心的事情就是——基於太少的現實經驗，做出不準確的假設。他們並沒有從經驗中學習到任何東西，所學到的只是重複逃避現實。沉迷於逃避可能具有建設性的體驗，會有兩個作用。它反倒會加強而不會減弱對那種體驗的恐懼，並讓你

錯過一些重要但對你有好處的學習經驗。

　　相對於盾型人需要更加積極、說走就走，劍型人有其他不太一樣的問題。他們需要學會說「停」和「不」，並更頻繁地停下來思考。劍型人沒有盾型人的神經系統，天生就內建複雜的過濾器，因此劍型人需要找到建立過濾器的方法。第一步需要意識到那些幾乎無須思考，就最有可能說「好」的時候。當你從內部識別出這些訊號時，試著對自己說一些像是「等待」這樣簡單的命令，就可以創造足夠的時間和必要的反思，來考慮行動的後果。

　　這樣做永遠不會把你變成盾型人。你不會成為一個憂心忡忡的人，而且總能玩得很盡興。我們還不知道有哪位劍型人在學著更加謹慎後，沒有獲得任何好處。但要做到這一點需要努力。對盾型人來說自然而然的事情，對你來說顯然是不自然的。但事實上，你覺得不自然的東西，實際上是一種非常有建設性的技巧，可以放入你的武器庫。

包容曖昧不明和二分法思維

　　沒有人喜歡模稜兩可。模稜兩可令人不安與混亂，需要太多精力和深思熟慮的權衡，來分析其中的細微差別。為了做出決定、形成想法並澄清觀點，我們都在兩點之間尋找最短的直線距離。我們想要一個確定的「是」或「否」，「黑」

或「白」，即便我們都知道，現實是由許多灰色地帶所組成的。模稜兩可會產生複雜的情緒。混合的資訊本質上就會令人不安。大多數人則透過某種方式，過濾掉這些時常令人困惑和矛盾的事件，以保持想法和感受的清晰度。

例如，我們來探討一下，該如何處理川普／拜登競選之後的政治分歧。 2020 年疫情的副產品，包括強烈的威脅和不確定的感覺，以及對我們人身限制的高度敏感。然後是總統大選，拜登獲勝，川普則否認結果，更多的不確定性疊加在既有的不確定性之上。雖然州法院和聯邦法院都以毫無根據為由，駁回了川普的競選團隊關於選舉舞弊的指控，但數百萬美國人和 70% 到 80% 的共和黨人認為，選舉的確被操縱和竊取。我們如何在那些無情轟炸的新聞中理出頭緒？劍型人與盾型人一樣，我們都是天生的分類者和標籤者。作為一個講故事的人，大多數人都會形成一些簡約的敘事方式，以對我們自己有意義，並符合自身態度和價值觀的方式來看待世界。

大部分人會從社群媒體取得新聞。臉書取得巨大成功的原因之一，是因為能夠讓使用者管理自己想要看的新聞來源。為了獲得（並保持）那些支持其商業模式的關注，新聞網站不再提供真實的資訊，而是想盡辦法討好受眾。社群媒體的使用者被灌輸他們想聽到的新聞傾向，證實並強化了他們的世界觀。這些新聞讓人感到欣慰（但不一定是真實的），

接著這些傾向逐漸成為我們的真理，讓我們在「另類」事實的池塘中自在地游泳。

我們的大腦會以非常不同的方式，處理「事實」和「可能性」。一字一句都很重要。處理「事實」類別的腦區，要比處理「可能性」的腦區更為活化。「可能」或「也許」這樣的名詞比「是」或「確實」所產生的皮質活化訊號要弱得多。這就是為什麼大腦在謊言重複夠多次後，便容易被謊言所誘惑的原因。

我們如何處理這種對現實的模糊地帶？在尋找解釋的過程中，我們傾向透過意識形態來過濾大量的資訊，並將各種解釋拼湊在一起，以支持特定偏見。這就是「確認偏誤」：將新證據詮釋成支持某個人的既有信念或理論的證據。

比起複雜的事物，簡單的事物更容易吸引我們，因為它使我們的世界看起來更能預測與確認。在 2020 年總統大選後，我們就清楚地看到了這一點。選舉的勝負有很多原因，即便人們可能發現結果並不符合他們的喜好，甚至到了相當震驚的程度。那些對 2020 年的選舉結果滿意的人，只是簡單地得出拜登已獲勝的結論，而那些不高興或認為結果難以置信的人，則必須弄清楚發生了什麼，並編造某種故事。這個故事是公然欺詐的指控。對許多人來說，不可想像的結果是因為系統性的投票操縱，這結論滿足了他們認為世界依然明確、有序的需求。我們需要理解各種事物，了解它們的因

果根源，讓我們自己生活在一個可預測的世界中。

　　但這種對秩序和確定性的需求，也有其陰暗面——扭曲現實的力量。事實上，最近的一項研究發現，一個人對世界秩序的需求愈高，就愈有可能將任何覺得不舒服的事情視為是故意捏造的假象。我們需要感覺好像在混亂中還有一定的秩序，而不願意將不喜歡的資訊也視為事實。

　　我們為了減少曖昧不明帶來的不舒服，會為各種元素貼上標籤，以符合我們認定的故事情節。任何好故事都必須有好人與壞人——英雄和惡棍。社會心理學研究發現，人們應付生活中缺乏控制的方式之一，就是將他們的不幸歸咎於一些模糊不清的事情。我們從歷史，或是最近在全球民粹主義和民族主義的興起中，再次看到了這一點。在我們的經驗裡，沒有什麼比擁有一個確定的敵人，能夠更有效地將不同的事件統整在一起，最好是一個運作上相當神祕且非常強大的敵人。

　　那麼這與大腦化學有什麼關係呢？雖然盾型人和劍型人對曖昧不明一樣厭惡，但會以略有不同的方式處理分歧。劍型人傾向將曖昧不明視為一種障礙，在他們直奔底線或得出結論的過程中，需要將其推到一邊。在事件所有的點都被呈現之前，他們就已經忙於連接每一個點。盾型人在遇到不明確的地方時，是放慢了速度，因為不明確通常代表了潛在的危險。他們也想減少混亂，但不會以錯過那些有可能使他們

處於危險之中的東西做為代價。

　　人腦喜歡清晰。曖昧不明使我們很難將事物分類到建立好的類別之中。一旦我們把東西分門別類，就無須再多想了。我們已經將其進行識別與分類並存檔。我們喜歡便利地將事物分成一堆堆類別，比如道德／不道德、對／錯、好／壞。

　　由於劍型人更傾向獎勵／目標驅動，所以他們傾向重視果斷，而非深思熟慮。那麼萬一不夠完美呢？他們不管，總之完成了！這種更加重視速度而非準確性的傾向，與他們無法容忍曖昧不明有關。曖昧不明、不夠清晰的背景資料和複雜的細微差異，是需要降低認知速度的瓶頸。許多劍型人更喜歡直接穿過這些暫停標誌，而不是將它們視為需要處理和納入決策計算的相關資訊，直接將其視為障礙。

　　需要一個真實世界的例子嗎？兩位同樣希望完成某項交易的人，正在讀合約中繁複的法律術語。雙方都希望能夠趕快結束這段過程，也都覺得大部分的文字都只是陳腔濫調。但只有其中一個人會花時間讀通每個段落，並找出其中用字有問題，導致無法簽約的段落。你要不要猜一猜，這是劍型人還是盾型人？

　　我們都喜歡明確的答案，模稜兩可的細節會使事情變得混亂。但是劍型人尖叫著：「他們在說什麼！？不能一針見

血嗎？一切都太複雜了吧。」需要切中要害的需求，將中間立場往兩側的極端推去。但很多時候現實不是非黑即白，不是只有這個和那個。有時，沒有明確的選擇，只有一層又一層混亂的潛在結果。

因為厭惡曖昧不明，導致了二分法的思維。英國哲學家亞倫・瓦茨（Alan Watts）只用一句話，就比一堆相關的著作，更能說明這種僵化的思維方式。瓦茨說：「這就像去商店買了一條麵包，回家時卻只剩下麵包皮。」有時，「魔鬼藏在細節中」這種老諺語，還是有其道理的。如果我們太急於得出非黑即白的結論，可能會錯過整件事情所包含的樂趣、微妙之處以及更深層次的意義。不幸的是，與麵包不太一樣，要完全消化完整的概念的確更具挑戰性。

如果你有劍型人傾向，可能會想暫停片刻，問問自己是否常常太快就對問題進行分類，然後繼續前進。你想要成為一個「讓我們直接切入正題」的人嗎？你經常會倉促地下結論嗎？如果你對這些問題中任何一個的回答是肯定的，請意識到自己的劍型人傾向，並試著讓自己放慢速度。急於前進可能會錯過對決策過程相關重要的關鍵資訊。當你自然地把事情草草地完成時，請深呼吸並提醒自己，多一點耐心和謹慎會增加更多安全性。

盾型人的人所陷入的困境則有點不同。他們往往會陷入整件事情的細枝末節中，而看不到明確的大局。如果你認同

自己有這些傾向，可能會嘗試找出那些時刻，並強迫自己回答以下這些問題：「沒錯，但這意謂著什麼？」或「以大局來看，這又有什麼關係？」你不希望陷入細節中，以至於無法採取必要的行動。

注意力與細節專注度

你我之間的某些人遠比其他人更要專注。那些思想遠大、風險承受能力強、行動迅速的劍型人，往往很容易分心。較為自我保護的盾型人則更專注，更注意細節。他們很自然地就能做到，這是他們時時刻刻保持警惕的副作用。當你時時刻刻用雷達掃描世界以尋找潛在危險時，集中注意力和注意細節的能力就會增強。

能夠集中注意力是有效認知處理中不可或缺的一部分，而此基本能力的一個重要方面與系統中適量的興奮有關。如你所知，大腦的活化程度是遺傳的，個體差異形成了我們不同的大腦類型與回應壓力的方式。了解專注力很重要的一點是它需要適量的興奮，才能有效地保持專注。一位患者曾這樣描述：「當我聽到有人開始解釋複雜的事情時，我發現自己分神了。」專注當然是關注細節的前提，如果不能專注，細節就會散亂，甚至無法看到或處理這些細節。當你的思緒在別處時，你會發現自己只是不斷翻著書，卻突然意識到自己根本不知道剛剛讀到的是什麼。如果我們的興奮太少或太

多，就會發生這種現象。安全舒適的刺激感，指的是我們能夠將中樞神經系統的興奮維持在一個相當微小的範圍內。

這類認知處理的基礎，自然而然地就會出現在我們面前。這不像學習騎自行車或彈鋼琴，這是天生的。我們要嘛就是天生擁有非常好的專注力，要嘛不是。我們從小就會知道這一點。如果你很難安靜地坐下來做作業，很難記住讀過的內容，或者很難讓自己在某個地方坐上一陣子（甚至打開書本），那麼你可能是一位劍型人。即使你可能曾經因為不夠有條理而被大罵一頓或是被警告，但這並非你的問題。錯誤僅在於你系統中漂浮的興奮量過於微不足道。當你在尋找足夠的刺激來保持清醒和投入時，當某個活動無法提供足夠的刺激來吸引你的注意力，你也很可能會分心。

盾型人因為有點過度興奮，往往非常擅長集中注意力，並關注當下相關的事情。他們非常專注，但不一定是出自他們的意願。真的，他們的專注力是天生的；他們將探索細節作為一種抑制興奮的先天策略，因為他們覺得自己了解的愈多，之後的未知就愈少，愈令人安心。

因此，當我們的興奮量恰到好處時，往往能更好地集中精神。但如同許多事情一樣，警惕程度小幅度上升（將其視為興奮）是好的，而幅度太大就不是了。研究發現，測試分數實際上會隨著焦慮因素累進而增加，但當焦慮程度變得更高且具有破壞性時，原本相同的分數就會下降。它遵循自然

界中常見的倒 U 曲線，恰如其分才是最好的。

專注力和注意力是盾型人寶貴的資產，除非活化程度上升得太高，過程變得雜亂無章。焦慮會導致有如注意力分散似的注意力中斷。在這種情況下，很難保持對外在世界的專注，畢竟內在已經有太多興奮的事情在騷動，需要被處理、理解和逃避。我們的頻寬就這麼寬，處於焦慮時刻，能用來關注外在世界的心思就所剩無幾了。

如前所述，許多孩子在學校被認為存在注意力不集中和煩躁不安的問題。常見的診斷是注意力缺失（ADD）或注意力不足過動症（ADHD）。從邏輯來講，一個在教室裡蹦蹦跳跳的孩子一定是過度興奮了，但實際上他們沒有過度興奮，反倒是缺乏興奮。為了回應這種缺陷，他們四處尋找增加興奮的方法，以便感覺正常、用他們喜歡的方式運作。

通常使用於治療注意力不足過動症的苯丙胺類藥物，如 阿德拉（Adderall）、德太德林（Dexedrine）和利他能（Ritalin），能夠提高大腦額葉皮質的多巴胺濃度，並顯著地改善注意力。現在還有證據發現，將多巴胺運送到大腦這些區域的轉運蛋白缺陷，可能會減少抵達額葉皮質的多巴胺數量，進而形成這些症候群中的注意力缺乏。如果不加以治療，這種神經傳導物質失衡會明顯阻礙劍型人的認知潛能。

而且如你所見，衝動與多巴胺失衡有關，這種變化加劇了劍型人難以保持注意力集中。這個醫學領域仍然存在爭

議，因為一些父母不願意給患有注意力缺失或注意力不足過動症的孩子「用藥」。但考慮一下這個論點：糖尿病患者由於胰腺產生問題，而無法產生足夠的胰島素，而患有注意力不足過動症的人由於大腦問題，無法產生足夠的多巴胺。在這裡，我們有兩個不同的器官，無法製造足夠的主要化學物質。這是類似的問題，類似的解決方案。

大腦是一個比胰腺更具有情感內涵的器官，這對孩子們來說是一個不幸的結果，因為大腦化學失衡，他們無法集中注意力、提高認知潛能。行為療法對於幫助那些有這些診斷的人也很重要，但要使治療盡可能成功，得先從重新平衡大腦化學反應開始。

專注困難和閱讀問題之間有某種程度的重疊。大約三分之一有嚴重閱讀困難的人，也被診斷出患有注意力不足過動症。但有趣的是，患有閱讀障礙的兒童還表現出一些其他的症狀。這種非常普遍的症候群，似乎不僅僅是閱讀能力有問題，還與隱藏的人際關係優勢有關。有趣的是，很多報告發現，一些有閱讀障礙的孩子也有著更精細的社交技巧。而且在最近一項比較了有閱讀障礙和沒有閱讀障礙的兒童的研究中，有閱讀障礙的兒童（基於核磁共振的發現）更容易表達情緒，並且在負責產生情緒和自我意識的關鍵大腦結構中，表現出更強的連結性。看起來許多患有閱讀障礙的兒童，可能擁有重要的社交優勢和更高的情商。

　　如你所見，劍型人往往更關注外在世界，對社交線索高度敏感，並且傾向喜歡速度和「是」之類的詞，而不是準確性和「否」之類的詞。很可能是因為他們的神經系統不那麼嘈雜，所以與身懷關注力的盾型人不同，劍型人可以集中注意力並專注於周圍世界的不同層面。或許盾型人更受內在驅動的關鍵，是在可能造成某種程度危險的情況下獲得細節，而劍型人可能不會將焦點放在避免某些潛在傷害上，而是放在獲得一些有好處體驗的可能性上。

　　劍型人與盾型人傾向以不同的方式看待體驗的價值。劍型人更加強調新奇／冒險、人際關係事件和可能導致正向結果的直截了當的結論。另一方面，盾型人強調熟悉和可預測的經歷，其中包含大量的思考時間，以及檢查正在處理的事情可能有哪些危險因素。讓我們在這裡澄清一下——某一組的優先順序不一定比另一組更好，它們只是因為不相同，而通常導致不同的決定、選擇和結果。

　　讓我們提醒一下，為什麼需要理解大腦興奮與個人的關係。最重要的一點是，我們要嘛喜歡它的存在，要嘛不喜歡，這些偏好體現在各種優點和缺點上。了解這些個性上的漏洞，可以讓你與想要解決的弱點互動，並將其轉化為優勢。

　　劍型人最大的弱點是傾向對重要細節視而不見，或者減少和遮掩他們後來後悔沒有事前考慮過的重要細節。我們做出的決定會產生後果，後悔一點意義都沒有，這些事情很大

程度在事前是可以避免的。有些練習對你可能會有幫助。一個是回顧性的，另一個是前瞻性的。

想一想你曾經做出後來後悔的決定。可以是任何事情，從不嫁給鮑勃到嫁給他，以及將辛苦賺來的積蓄投入到一項糟糕的投資項目中。看看你是否能想出 4、5 個適合那個類別的錯誤。對於每一個錯誤，寫下你在做出決定時，遺漏或裝作沒看到的細節。這部分盡可能誠實且詳盡地完成。

現在，進行練習前瞻性的部分。仔細閱讀清單中的詳細資訊，並試著提出共同和重複的地方。你把注意力放在哪裡了，錯過了什麼細節？把這個清單放在你可以回顧的地方，下次你有一個重要的決定時，把這個清單拿出來，確保自己不會重蹈覆轍。你的注意力錯放在哪裡了？哪些細節是你沒有去察看和意識到的？對於即將做出的決定，看看你是否可以使用此資訊，來確保你將注意力放在最有幫助的地方，並且不要忽視自己可能會掩蓋的重要細節。

雖然劍型人的注意力常常被追逐正向獎勵所吸引，他們可能對負面細節視而不見，但盾型人面臨著不同的困境。他們的重點是希望能避免潛在的危險，往往會錯過決策過程中的正向因素。他們不是被壞事蒙蔽了雙眼，而是往往對好事缺乏敏感性，對可能出現的負向結果過於警惕，以至於常常錯過正向的結果。儘管盾型人往往非常擅長集中注意力和關注細節，但對他們來說，挑戰自我，檢視某個情境的所有層

面也很重要。

對盾型人來說，有一項練習會很受用，那就是列出未實現的願望，或希望自己有足夠的自由才能去探索的機會。這個願望清單可以是任何東西，從「我當然想在市場不景氣的時候，買下那間房子」到「我希望那天晚上能更積極參與晚宴」。看看你能否想出4、5個這樣的願望。對於每一個願望，寫下你在避免什麼（聚焦的目標）。通常，這些逃避是為了避免可能的錯誤，或預期會有不舒服的感覺。

寫清單的時後，請盡可能具體。在為每一個項目做出決定時，你保護自己不遇上一些不利的因素，但也讓自己錯過了一些重要的有利因素。現在，寫下如果你說「好」而非「不」，可能得到的所有正面的東西。下次需要做出決定時，請記住這個小練習。請記得，你是一個過於謹慎的人。請嘗試改變一下，至少對同意該決定可能帶來的好處和缺點給予同等的重視。強迫自己寫下愈清楚的細節愈好，說明你在這裡獲得肯定的好處。我們不是要把你重塑成一個魯莽的人，我們希望的是讓你自己更平衡一些。

對反饋與前饋的敏感性

我們如何做出決定，是計算預測（前饋）和我們在行動之後得到的結果或反應（反饋）的複雜矩陣的結果。所有人都樂於做自己最擅長的事情，當劍型人的期望被清楚地描繪出來，並可以使用前饋準確地預測未來時，劍型人就處在舒適圈的中心地帶：將預期結果與過去經驗連結起來。相反，盾型人處於天生較高的興奮狀態，對反饋更加敏感。這並不是說他們完全不使用預測和前饋預期（他們也會使用），但比起劍型人，盾型人對這些預測的即時表現（反饋）更加敏感。因為他們已經習慣處理一連串持續的感官輸入，所以盾型人傾向更依賴當下（以及他們從中獲得的反饋）來塑造行為。正是他們無時無刻在檢視自己的言行，與他們對環境的影響之間的交互作用，使他們在需求不斷變化的情況下，也能有能力應付（且具有足量的刺激性神經傳導物質，例如正腎上腺素也有幫助）。

為什麼這一切很重要？我們的目標是希望能夠打造自然獲得的反應，同時也學習獲得可能有幫助，但並不那麼容易獲得的反應。由於劍型人更加注重獎勵，因此非常擅長預測正面的結果。他們透過對過去的行為進行分類來做到這一點，並在明確定義期望目標的情況下，能最有效地發揮作用。當然，當過去不能妥善預測當前的正向結果時，他們就會遇到麻煩。這種情況需要適應不可預測的變化。某些問題是即使環境發生了變化，劍型人也傾向重複做同樣的事情，

這是他們僵化的表現。另一部分是他們拒絕讓反饋成為循環的一部分，來持續改進和改變他們的行為。

在這方面，劍型人給自己最好的禮物，就是承諾密切關注自己在過程中意識到的微小變化（反饋），並相信利用這些資訊最重要的價值，就是能夠改善自己的行為。做到這點最好的方式，就是應用蘇格拉底式的內在對話。問問自己：我正在做的事情有效嗎？如果沒有，我看到了什麼可以用來修改正在做的事情，以得到我正在尋求的結果？這是自我詰問最重要的問題：有哪些細節我可以忽略，因為它們不符合我的計畫或是希望實現的目標？僅僅只是看到和動手處理或列入考慮是完全不同的事情。劍型人和盾型人的視覺能力沒有差異，但覺得眼中看到的細節有多重要或多切身相關就有差了。

德瑞克這個週末才剛從墨西哥拉巴斯釣魚回來。他和伙伴們玩得很開心，帶回了一百多磅的魚。幾天之內，他說服自己購買商業漁船會是一項非常有利可圖的商業投資。當他把這個想法告訴漁友時，每個人至少有一個理由說，這將會是一個非常複雜且令人擔憂的計畫。我們不會提他的漁友為什麼認為這次冒險可能會失敗的細節，但他們的確提出了不少很具體的細節。德瑞克毫不畏懼，繼續前進，買了一艘非常昂貴的船駛向了拉巴斯。一個月後，疫情襲來，旅遊業崩潰。我相信你也能猜到德瑞克的計畫最後結果如何。

就這次商業投資而言，德瑞克展現了非常高度的專注、計畫和組織。他缺乏的是願意評估無數與夢想背道而馳的詳細反饋。並非他沒有看到或聽到這些反饋，而是因為他沒有採用這些建議。他就是選擇性地忽略了它們。

盾型人在做決定時有不同的潛在缺點。由於盾型人的保護本性，盾型人傾向關注可能出錯的地方。他們的弱點在於過度重視負面反饋，而忽視正面反饋。當然，反饋只是資訊。當人收到反饋時，解釋和評估這些反饋是我們自己的工作。盾型人傾向在其他較為中立，甚至有時是正面的資訊或反饋旁，再加上一個減號。儘管他們很善於關注細節，但他們往往看不到其中那些較為正面與肯定的資訊。

安妮最近跟我們講了一個故事，講的是她在一次聚會上的經歷。一位迷人的、獨自站在那裡的男人吸引了她的目光。當她看到他害羞地看著她時，她正在和一個女性朋友說話。顯然，他對她很有興趣。這次，她回應了他的目光，朝著他微笑，希望他能過來。她不想顯得無禮，於是讓她的朋友繼續說著她的故事。安妮再次看了男人一眼，希望能引起他的注意。這位男人得到了很多反饋。雖然他收到了這麼多正面反饋，但他就是不太知道該如何處理它。可惜的是，也許這就是他們那天晚上沒有搭上線的原因。如果他覺得她的回應很正面，他就不得不冒險相信自己的感官。這傢伙肯定是個盾型人。

對盾型人來說，建設性的成長並不是對一般的反饋變得更加敏感，而是對正面反饋變得更加敏感。你的背後已經有了不少負面情緒。你所沒有的，是一個很好的雷達來收集正向的資訊。我們並不是建議你放棄悲觀傾向，而是建議你對相關的正面資訊，也應該賦予同等價值。

思維速度

丹尼爾・康納曼（Daniel Kahneman） 在其獲得諾貝爾獎的著作《快思慢想》（*Thinking, Fast and Slow*）中解釋了人類如何思考和做出決策的雙系統過程。系統一的思維是快速、單憑印象、直覺的，採用一種直接的反應來判斷該做什麼。該系統會不斷運作，產生各種直覺和判斷。我們的大腦非常享受無縫、連貫和情節簡單的故事，這些故事為我們的決策提供了資訊。當有一條更容易走的路時，人類很少會選擇較困難的路，這無疑僅僅只是因為輕鬆的路，消耗的熱量更少。但由於速度很快，系統一的思維通常會導致草率判斷、倉促下結論以及讓無意識的偏見做出錯誤決定。正是我們大腦中的系統一草率的思維傾向，讓陰謀論如此地誘人。人類總是希望建立清晰又易於理解的故事，為經常混亂的各種事件和情況，帶來令人欣慰的秩序。沒有什麼比混亂更令人不安的了。毫無章法意謂著混亂的隨機性，很容易讓人感覺失控。每個陰謀論的核心通常都是對一組事實賦予過於簡

單的解釋，只要選擇相信簡單的版本，就會有更大的控制感。

我們通常只有在遇到問題或某些意料之外的狀況時，才會回到系統二來思考。此時，我們會有意識地放慢思考，以採取更加審慎、批判的眼光看待問題。速度較慢的系統二思維更具分析性，需要考慮更多數據。

你可以想像，了解盾型人與大腦興奮的關係後，就會知道盾型人比起劍型人往往更願意花更多的時間在速度比較慢的系統二。為什麼？因為盾型人更傾向避免傷害和保護，他們對系統一快速、簡單、以目標為導向的思考，總是抱持懷疑態度。他們更加重視負面風險的重要性，並傾向更仔細地尋找遺漏的相關資訊。相反地，劍型人往往不太關心負面結果，而更注重提高興奮的程度。事實上，正是他們天生對興奮的需求，才會造成那麼多的盲點，鼓勵他們在不知不覺中過於重視速度和表淺的關聯性，而非準確性。

盾型人不一定就比劍型人對分析性思維更感興趣，他們只是出於本性被迫這樣做。事實上，他們不得不這樣做。這對他們既有利又不利。他們在拼湊細節上可能非常精細，但往往也會產生很多偽陰性的錯誤。然而，比起忽視偽陽性而犯錯，他們較不在乎偽陰性的錯誤。這當然與他們過度高估負面後果，而低估正面鼓勵有關。

由於盾型人無法好好地使用血清素來抑制大腦的興奮，

因此無法輕鬆自然地平靜下來，這會導致焦慮和危險的感覺。盾型人的杏仁核比劍型人更加繁忙。繁忙的杏仁核會導致更多的偽陰性訊號，以及更頻繁地處在高度警惕和高度興奮的狀態。盾型人很早就知道，只要可以，他們更喜歡關注內心世界，好好地控制大腦不愉快的興奮狀態。這就是為什麼他們喜歡在生活中安插好好思考的時刻，他們可以安靜下來，暫時遠離外在世界。

建立常規

　　劍型人熱愛建立各種常規，執行各種例行公事會增加大腦的興奮程度。他們在預期完成各種例行公事時所增加的多巴胺，提供了執行的動力。

　　由於大腦過度興奮，盾型人傾向於關注他們當下的感受。不幸的是，對當下的關注並沒有能像劍型人一樣激勵自己建立健康習慣。讓我們以制定一個運動計畫做為例子。盾型人不會將注意力集中在完成後的感覺上，而會將注意力集中在當下立即的感覺上，例如「我現在不想做這件事」或「這聽起來是個既繁重又麻煩的工作，而且也太熱了吧！」對於盾型人來說，鞭策通常才是引起他們注意的激勵因素。當你聽到醫生說：「你必須減掉 9 公斤並開始運動，否則就會心臟病發作或中風」，這種理由才會是盾型人的動力來源。

我先說清楚，常規與習慣不太一樣。你我都會不自覺地重複某些行為，無論這些行為是否有好處，卻自然而然地就會養成某種習慣。而常規是我們必須刻意建立的事情。我們會在習慣形成後注意到自己有這些習慣，但常規通常需要一些計畫和刻意為之。常規就像習慣一樣，不好也不壞，既可以是健康且具建設性的事情，也可以不是。你可以將常規視為有意識養成的一種習慣。劍型人渴望找到方法將各種行為鏈接在一起，進而獲得使大腦興奮的獎勵。請記住，多巴胺會在期待獎勵時釋放。給劍型人一個預期會有多巴胺注入的方式，他們就會想盡辦法去做到。

建立常規就是其中的一種方法。為自己設定一些目標並實現它，即便是一些有點意料之外的、單次性的經驗也都被證明是有好處的，能夠啟動常規的模組。大腦會透過鼓勵重複來表示認可，而重複（對於劍型人）往往是增強興奮的行為。大腦無法區分好習慣和壞習慣，它們都是機會均等的行為。大腦在重複處理各種連續事件後，所引發的瘋狂線上購物行為，之於大腦的獎勵程度就有如在晚上六點爬上跑步機一樣，對某個人來說可能會是相當恐怖，對另一個人的健康則可能非常重要。此時，劍型人的核心挑戰是要利用前額葉皮質提供的判斷，來確認新常規的前進方向。

通常，我們每天的生活會以一種隨意的方式組合，將一堆健康和不那麼健康的日常活動混在一起。另外，前額葉皮

質也常常一想到要放棄一些令人興奮的常規活動就會陷入癱瘓，即便我們知道這令人相當挫折。

以下是劍型人可能會用來評估他們的常規是否具有建設性的一種方式。我們要求患者花一週的時間，將他們在醒著的時候做的所有事情都記錄下來，然後回過頭來看看有沒有重複的模式。建立這種意識是找出哪些模式具有建設性，哪些模式沒有建設性的第一步。在本書之後的章節，我們列出了一些具體的指導方針，（專門針對劍型人的優勢和先天傾向而設計）用在飲食、運動、睡眠和情緒調節（自我安慰）方面建立健康的常規。

盾型人並不擅長建立常規。因為他們並不想要讓大腦太過興奮，所以他們沒有像劍型人一樣，有相同的動機建立獎勵驅動的常規。盾型人與依賴過去經驗來判斷當下的劍型人不同，盾型人傾向活在當下。他們並不是仰賴什麼禪宗般的技巧，純粹只是因為保持警惕讓他們感覺更加安全。由於他們的高度警惕，他們傾向維持「我得想想如果我做這件事的感覺如何」的心態，而不是以一種願意建立常規的友好心態：「不管我想不想做我都會做，因為我知道做完這件事情會讓我感覺很好。」

並不是說盾型人不會建立常規，而是他們建立的常規，並不總是很健康。阿薩下班後沿著熟悉的路線回家，把車開進了一家酒類商店的停車場。他走出車門還不到兩公尺，店

員就拿出伏特加和一包薄荷糖放在櫃檯上。阿薩對店員咧嘴一笑，一邊掏出錢包一邊說：「班，我不確定這麼容易被你猜到是不是件好事。」回到車裡，阿薩擰開瓶蓋，從瓶子裡喝了一口。他打開收音機，聽著音樂，小口啜飲，直到酒瓶空了。把瓶子扔進附近的垃圾桶後，他回到車裡，往嘴裡塞了一些薄荷糖，然後發動了引擎。再次開車時，他想著現在要怎麼做才能在晚餐時喝上幾杯酒，而不會受到孩子們的白眼，也不會聽到妻子說他飲酒過量的警告。是的，這是阿薩的日常生活，但實際上這種重複的行為只是一種自我安慰的儀式，而且絕對是不健康的。

盾型人也可以從爬梳日常行為的特殊模式學到一些東西。我們建議至少觀察一週自己醒著的時候在做些什麼。觀察的這段時間，通常就足以梳理出一種模組化的常規。你認為自己的日常生活中有多少行為是健康的，有多少行為是不健康的？你認為有多少模式／常規是為了避免不適感而設計的？你多常發現自己說：「我應該這樣做……」，卻又同時找藉口不做？這些藉口是否與你預期在執行這些常規時的感受有關？具有建設性的常規，通常令人不太舒服。喜歡避免不適感的盾型人傾向拖延任何可能造成痛苦的事情。但請記得，痛苦只能拖延，卻無法避免。拖延痛苦的事情（例如不運動）只會導致久坐不動的生活方式與可預期（和痛苦的）健康問題。

　　常規，無論是建設性的還是破壞性的，除非你挑戰它，不然往往都是一體兩面。這並不是說我們不能將健康與痛苦分開。確定什麼對我們有用並不是問題，放棄行不通的東西才是關鍵。在接下來的章節中，我們會鼓勵你努力打破那些不符合最大利益的常規。對於劍型人來說，這意謂著要放棄那些僅僅為了創造興奮，而不是為更大利益著想的常規。關鍵是學會容忍較低的興奮程度，以及放棄不健康的常規所產生的不適感。對盾型人的要求則不太一樣。你必須願意相信，健康的日常生活會彌補現在為了建立常規的不適感。我們會向你展示如何利用大腦內化學反應的自然傾向來處理這些事情。

第四章

大腦類型對工作的影響——檢視實現抱負、成功和決策的障礙

我們每個人大腦內的化學反應如何在幕後發揮強大的作用，並從根本上影響我們的工作與職涯。

接下來，我們想要繼續探索這兩種大腦類型如何影響日常工作，以及我們的職位、角色和職責與大腦中隱性的神經化學機制有何關係，又會如何影響我們的成功。大腦類型的內在特質讓我們遭逢壓力時會做出反應，然而沒有什麼比工作對我們更有壓力的了，有時工作可能是赤手空拳、適者生存的修羅場。

我們都知道讓職涯更加成功的外在因素有哪些，例如接受教育或是提升技術，但接下來是檢查工作有哪些重要的內在因素，這些因素會受到我們大腦中化學物質的影響。渴望、專注與付諸行動的信念，或者是我們所熟知的「野心」——就是一種顯著的人類特質。

野心和成功的障礙

　　野心和成功是相輔相成的動力。雖然有野心並不能保證一定會成功，但沒有野心，通常很少會成功。對某些人來說，野心是由長期的激情或欲望所激發，而對其他人來說，野心是受恐懼和不安全感所驅使。想要和需要是一個強大的組合，雖然兩者的比例可能相差很大，但多數人都會同時受到兩者的激勵。

　　以傳統標準來衡量，沒有野心（也就是我們對目標的持續動力）就很難成功，但人們並不總是從正面角度看待這種追求成就的動力。事實上，在一些東方傳統文化中，野心勃勃可能會被視為是一種負面特質，它把我們束縛在世俗的追求中，並阻止我們體驗更多的寧靜、智慧和精神生活的美好。即使在今天，我們也只將野心分為「健康」或「不健康」兩種。健康的野心通常意謂著在不造成太多犧牲或傷亡的情況下，發展自己的天賦；不健康的野心可以看作是一種赤裸裸的競爭，貪婪而無視這種野心對自己和他人的破壞性後果。

　　不幸的是，科學並沒有為野心提供太多想法，因為它並沒有在學術研究方面產生太多影響，很大一部分是因為我們還無法明確定義野心。以下是我們確實知道的一些事實。在MBTI 的問卷中，目前觀察到外向者和內向者之間差距最大（你可能會將此配對理解為劍型人與盾型人）。在外向者中，

85% 的人認為自己野心勃勃，並將自己定義為具有野心的人；而在內向者中，此一比例僅為 67%。一項研究調查了內向者和外向者的員工三年內的晉升率差異，發現被評為更有抱負的人比不那麼有抱負的人更頻繁地晉升。其他研究將樂觀和積極主動的人格風格，與成功和滿足的客觀衡量標準連結起來。在這裡，劍型人要加一分。

那麼，我們如何被塑造成能夠適應這個充滿挑戰的世界呢？我們以父母和大家庭為榜樣，我們被他們的言行、對我們的期望所左右。當然，我們的認知效率程度、恐懼、教育和社經背景會影響我們達成野心，我們的憤怒、嫉妒、競爭、活躍程度、性衝動和對自己最深的感受當然也會影響。在這些複雜的變化之外，還有大腦中各種化學反應的影響。劍型人與盾型人雖然往往具有模組化和可預測的性格優勢，但也可能成為野心和成功的障礙。

在最近的一次回顧中，賴瑞感嘆自己雖然對學生自治會很感興趣，但他從未抓住機會參加競選。他帶著些許悲傷的聲音說：「我記得我曾經想去選其中幾個職位。我甚至寫下我想發表的演講內容，但最後我總是太焦慮，以至於無法堅持下去。」賴瑞缺乏野心嗎？我們認為不是。他當然希望承擔那些考驗自己的風險，但是卻無法付諸行動。他的血清素濃度過低使他放棄了他的夢想，剝奪了他取得這個可能會提升自我形象的經歷。相反，他的不自在讓他逃避挑戰，造成

一連串的後悔以及他希望他接受了、最終卻迴避的挑戰。

讓我們仔細看看，盾型人在實現夢想的道路上所設下的障礙。

盾型人為何無法達到目標，並阻礙自己成功

當我們的神經系統高度活化到令人不安，使我們總是喜歡逃避、規避風險和抱持悲觀主義時，我們如何學會處理像野心這樣模糊的事物？這並不容易，但藉由理解和努力還是有可能的。作為一種保護機制，盾型人傾向控制他們的渴望，尤其是那些需要增加壓力，暴露在批評、情緒衝突下和需要冒險的願望。他們並不是沒有成就和超越平凡的夢想，只是有時會破壞和削減弱自己。

抱負愈高或愈複雜，不確定性就愈大。面對充滿泥濘的關鍵路徑和不確定的結果的前景時，劍型人通常是非常樂觀的。他們更有可能說：「當然可以，為什麼不試一試呢？」盾型人討厭不確定性，並且可以敬畏地看著劍型人與之共舞，有時甚至似乎很享受它。盾型人在不確定的情況下預見到危險，而劍型人天生的樂觀態度使他們能夠更包容未知。我們都生活在一個機率世界中，但盾型人更有可能過分強調最壞情況的成本，進而影響他們的決策。

那麼盾型人如何檢查他們有多少野心？首先，讓我們將

工作抱負，先定義為設定一個具體的目標，並聚集推動實現此目標的能量（或者我們可以簡單地稱為：追求你想要的東西）。對盾型人的野心進行任何形式的檢驗，都需要找出他們的野心與成功三大障礙的影響：**逃避、迴避風險**與**悲觀主義**。

逃避：重構興奮的大腦。我們已經討論過盾型人如何藉由持續維持興奮的程度，來調節麻煩且吵鬧的神經系統。同樣的過程，也定義和限制了野心的範疇。

這是一個很好的練習，可以讓你了解自己與興奮的關係是否會干擾你的野心，並可能限制你的成功。想一想你要完成什麼，如果你能確定在整個過程中感到放鬆和舒適，你想嘗試做什麼。如果你不急於去追求它，你會怎麼做？不要只在腦海中保留一個流動式清單，寫下來。慢慢來。建立一個合適的清單可能需要幾天時間。提醒一下，你清單上的項目不應該是「如果我能保證不會失敗的話，我會這樣做」。失敗是任何複雜過程的必要組成部分，應該接受失敗並從中吸取教訓。失敗是否會缺席，永遠無法保證。事實上，它們的存在通常會幫助你發現你正在脫離舒適圈並挑戰自己。請將其框定為：「如果我可以在不緊張和不舒服的情況下做某事，我就願意做那件事。」

感到緊張和不舒服只不過是興奮的副產品，這些感覺只是激發身體的化學物質的活化和主觀體驗。對於盾型人來

說，過度興奮會透過邊緣系統發送訊號，抑制獎賞迴路並觸發警報迴路。盾型人對這些訊號的詮釋方式是可預測的，因為詮釋方式會導向結果。這些化學訊號可以被視為單純的強烈感覺或危險訊號。將這些感覺標記為危險的會導致一些不幸的選擇。當盾型人對這種體驗說「不」的那一刻，他們會感到如釋重負，這種感覺就是對逃避行為的獎勵，他們會將這種感覺銘記在心。

逃避是一種減少興奮和期待的策略。在認知行為療法中，我們教導逃避型的人在興奮時變得更加自在。這樣做的一種方法是模擬過度興奮的感覺。你可以透過至少 1 分鐘短促、有力、快速的深呼吸來做到這一點。這樣做會帶來焦慮症的症狀，儘管這種症狀非常短暫。做這個練習的目的很簡單，透過在大腦引起焦慮情緒的可怕嗡嗡聲，你了解到焦慮只是一場化學風暴，如果不繼續煽風點火，它便會自行結束。我們還了解到自己可以控制這些感受。透過誘導體驗，我們開始明白自己帶來了這些高度興奮的狀態，而且它們並不危險。

這裡的祕訣在於，學習將有危險的感覺重新轉為創造與控制的機會。盾型人經常讓人感到焦慮。在你跨過那些覺得或預期會產生焦慮的時刻，試著重新建構體驗。有些人用「哦，這只是一場大腦裡的化學風暴」來解釋這種感覺，而某些人則使用「強烈又有趣」或「我好興奮」之類的說法，

這也正是神經系統中正在發生的事情。重構的價值在於，隨著時間的變化和實踐，我們對這些感受的理解、解釋（尤其是興奮的激增）會積極地改變與那些不舒服的感受的關係。這種改變的效果增加了更多我們覺得舒服的事情，而減少了逃避行為。

回到你寫下的清單中，會很舒服和放鬆的那些事情。從這個清單裡選擇一些項目，並暫時考慮一下如果說「是」，並接受這些體驗的具體結果（想法愈詳細和具體愈好）。記下你當下的感受。如果說「是」的想法讓你有點焦慮，那是很正常的，因為你正在考慮做一些平常不會做的事情、一些新的事情。考慮嘗試新的事情理所當然地會興奮。每個人都是一樣的。你可以對自己說：「這些都是正常的興奮感。」這個練習不該只做一次。這是一個你可以做好幾天的練習，每次都可以從你的清單中選擇一些更具挑戰性的項目。當然，這裡的測試方式，就是挑選其中一件事情並為它投入你的活力。快去做吧！

你可能會發現，另一個有幫助的事情是建立「逃避紀錄」。「逃避紀錄」應該包括所有你試著逃避，但實際上可能對成功有好處的事情。

首先，寫下與工作相關的逃避行為。例如拒絕主動承擔某些職責或特殊專案，是上司所樂見的，同時也是可行但充滿挑戰的。接下來，列出引發逃避行為的身體、情緒和情境

觸發因素。這可能包括各種行為，例如面對一項任務時就會覺得反胃、想到你的工作受審查就會恐慌、或者突然收到下班後社交聚會的邀約等等。然後記下你盡可能逃避後獲得的回報（舒適或解脫的感覺，無論多麼短暫）。記錄的時候，殘酷但誠實地面對自己是很重要的。無論有多麼短暫，逃避會藉由減少興奮來給予獎勵。

此時，你對那些欺騙自己、妨礙目標實現的偷雞摸狗的方法愈來愈熟悉了。此時就可以繼續列出你一直在乎的逃避行為，並將它們從「如果我不得不這樣做，心情上其實還好」到「心情會極差」進行排序。你可以把這個當成一項挑戰，先從清單最上方的行為開始處理（也就是「心情上其實還好」的那些行為）。

你可以試著練習擴大自己的舒適區，並學習如何容受一些不熟悉但又不至於會想要逃避的情緒。掌握了這些「心情上其實還好」的情境後，再繼續進行下一個逃避清單中的行為。

改變你的風險狀況。盾型人會自然而然地關注障礙而不是滿足，關注預期中的情緒不舒服而不是快樂。這一點在他們與野心的關係中表現得最為隱蔽。當然，雄心不僅僅是完成任務和專案；它甚至不是技能組合，無論它多麼豐富和令人印象深刻。志向是一種態度，是關於相信自己，意識到自己的價值並付諸行動。是的，這與你的風險狀況有關。

事實上，大多數人並沒有仔細考慮自己的個人風險狀況。我們只是在不知不覺中表現出來。對於大多數盾型人來說，厭惡風險是天生的。從嬰兒期開始，他們嘈雜的神經系統就會向大多數會提高，甚至可能提高興奮程度的事物發出危險訊號。早在解釋性語言形成之前，他們往往會列出一份清單，其中大部分是無意識的，在許多情況下，關於什麼是威脅和什麼不是威脅的假設多半是錯誤的。不幸的是，隨著年齡的增長，我們會隨時帶著這些不準確的假設，甚至到成年。這些不準確的威脅假設通常未經檢驗，卻會影響我們對風險的評估。

未經檢驗的風險評估最糟糕的地方在於，它限制了我們在世界上的體驗，甚至影響了像是自信心和自尊等基本事物。盾型人知道他們很難接受合理的風險，但多年來，已經有很多人想出了各種複雜的藉口和方法，來解釋自己的行為。

約翰在一家大型汽車修理廠從基礎開始培養自己的技能。隨著時間，他修理擋泥板和使用噴漆槍的功力不輸任何員工，很快就被升為保險公司的估價師。約翰是一個很努力存錢的人，他將薪水很大一部分存入了共同基金投資帳戶。儘管他沒有接受過高中以外的正規教育，但他雄心勃勃、聰明伶俐，而且從一開始就立志要擁有一家自己的汽車修理廠。就在大蕭條襲來之際，約翰已經存夠了足夠的錢來實現

創建自己公司的夢想。在洛杉磯，商業地產受到重創，約翰的妻子鼓勵他抓住時機，買下他早就看中的一處房產——一個完美的地點，以低廉的價格進入市場。

約翰和妻子坐下來，在他們計算了數字之後，一切都發出了正面的訊號。他終於可以實現夢想了。可是約翰每次進入託管帳戶後又會退出，因為他擔心財產價值會繼續暴跌。幾年來，約翰多次這樣做，每次都與不同的商業房地產經紀人合作，所有這些經紀人最終都討厭與他合作。可悲的是，他眼睜睜地看著房地產價格下跌，然後反彈，他卻猶豫不決，無法讓自己說「好」並認真對待。風險太大了，現在他感到憤怒和後悔。

野心不是因持續變化中的風險狀況，受到邏輯或良好的商業頭腦而削弱，而是因為大腦化學反應。它並非像失去商機那般明顯，而是更加細微。例如，未能與你的上司溝通，以了解你為工作帶來的好處以及你的價值應該得到的認可。我們在與一家製藥公司的主管克萊兒交談時，她說曾接到一個人力資源部門的電話，要求她指出她認為哪些高級管理人員存在離職風險，哪些她確定沒有。只有那些被認為如果不加薪就可能離職的人得到了加薪。這裡的教訓是什麼？當然，這並不是說公司重視被動和恭順，也不代表公司沒有建立自己一份很敏感的風險評估表。相反地，他們重視那些在應得和適當的時候勇於站出來承擔的人，並尊重他們為團隊

帶來的價值。

　　並非所有風險狀況的改變都如此抽象。柯林希望被人看到和認可，但他害怕風險、害怕讓自己受到批評的恐懼阻礙了他。他擁有加州大學洛杉磯分校的 MBA 學位，在一家國家銀行工作，是該銀行有史以來最年輕的投資組合經理。在與首席投資長的員工會議上，柯林經常認為自己有些具說服力和有價值的話要說，但他很難舉手分享想法。事實可能是他確實有更好的答案。一直以來，他也做了不少功課。但沒說出口的是，他對自己的知識和技能甚至有些自負。即便他如此自負，也無法克服在這些員工會議時增加的社交焦慮，打從門一關上，這些焦慮感就開始滲透，並癱瘓了他。逃避，一直是柯林處理不舒服時的預設策略，阻礙了他實現為自己設定的所有目標。

　　對於像柯林這樣的人來說，一系列以認知行為療法為基礎的個人化策略，能減少逃避和厭惡風險的行為。以下是我們為柯林設計的練習：

　　第一步：定義目標。柯林首先需要清楚說明他的目標。他寫道：「我想在員工會議上表達和捍衛自己的觀點。」請注意，這種說法與「我想在員工會議上表達我的意見時，感到自在和自信」有很大不同。自信是勇敢行為後的獎勵，而不是先決條件。

第二步：確定動機程度。要求柯林以 1 到 10 的等級評估他的動力程度。明確說明優先事項非常重要，不冷不熱的動機沒什麼用。畢竟，這裡的重點是學會包容一些以前逃避過的不適感。

第三步：風險評估。 柯林建了 2 個清單：一個用於威脅（可能的負面結果），另一個用於價值（可能的正向結果）。柯林有 7 個項目是正面的，但只有一個是負面的：「我的聲音可能會顫抖，讓我腦子裡一片空白。」

第四步：重構。柯林被要求將預期的情緒重新解釋或定義為興奮，而不是焦慮。

第五步：排練。柯林不但在腦海中練習了 5 次想說的話，也另外放大聲量排練了 5 次。他從鏡子前開始，接著他的理髮師聽過了一個版本，當他在去上班的火車上假裝玩手機時又排練了一次。

第六步：逃避的行為和勇敢的行為。就在員工會議之前，柯林深吸了一口氣，告訴自己的大腦又要興奮了。身為盾型人，他的大腦自然早就興奮了。如果讓他冷靜下來，那反倒不符合他的感受，而且令人不安。讓他興奮起來才是自然的情緒狀態。

第七步：固化。在一次成功的員工會議之後，柯林完成了非常重要的步驟：刻意強化。正面結果需要以某種方式被

好好地記下來，這樣我們才能永久記住這種感覺，並在未來能夠拿出來用。這就是我們慢慢重新連接大腦的方式。有些人發現給自己寫便條很有幫助，而某些人則只是大聲對自己或其他人講述這個故事。柯林的狀況是，他會全神貫注地抱著他的狗，講述自己的成就。

對風險的容忍度低，有時會非常不愉快或尷尬。但逃避風險並不完全是痛苦的。透過提高他們的威脅偵測感知，盾型人會怪異地既有安全感，也同時感到焦慮。這種安全感是有好處的。這正是這種變化如此持久且不易改變的原因。

盾型人在野心方面要考慮的事情是，確保逃避風險對自己有利而非不利。風險與評估和管理結果有關。就心理層面來考量，風險與不確定性和我們對模糊地帶的容忍度有關。在選擇職涯時，就像生活的其他領域一樣，盾型人會不自覺地傾向選擇規避風險，以及需要能夠容忍不確定性的職業。換句話說，他們更有可能逃避選擇，認為承受少數風險是一種資產的職業。

例如，在一項針對外科醫生與內科醫生的研究中，外科醫生比內科醫生對確定性的需求要高得多。內科醫生在解析有時令人困惑的大量數據時，還能夠事後驗證，這對患者有利。但相比之下，外科醫生（他們更可能是劍型人）承擔不起太多的事後猜測，否則他們連第一刀都下不了。你可以想像車手必須踩下油門的那種確定感：「我會撐過這場比賽。」

對於某些職業或是特定職業的市場中，規避風險也是一種資產。請你務必做出明智的選擇。

除了職涯的選擇外，盾型人如何處理結果也會影響他們表達抱負。我們的抱負貫穿了我們的一生。野心最不可或缺的激勵因素，我們需要因我們帶來的價值而被看到和受到認可。其中一些應該可以在我們的內心裡完成，但除了極少數的例外，野心終究需要在外在世界獲得某種回報。為了獲得野心的果實，我們需要展現自身的獨特性和天賦。我們需要相信自身的才能，而這需要冒險並對合理的風險說「好」。記得，柯林就是這樣做的。他冒著大聲說出自己的想法的風險，而這些風險為他帶來了回報。

盾型人需要更有自信並瞄準更高的目標，選擇變得更有抱負。他們需要學會將對自己的信念付諸行動。這需要他們能了解，條件反射性地說「不」的傾向是會弄巧成拙的，更重要的是這麼做往往不夠準確。當需要冒險時，盾型人的中心任務是找到方法來說「好」。說「好」能夠確認這件事情的價值並付諸現實世界的行動，會增加被人看到和做出相應判斷的可能性。

正如我們給柯林做練習時所指出的那樣，勇氣不是我們在採取行動之前所需的特質、不是最終想要的結果，也不是靠幻想就能得到的。**勇氣是勇敢行為的獎賞。**

為自己採取一些可能會推動你前進的行動，完全取決於你。這些通常是可怕而勇敢的行為，並且會讓人回想起勇敢的感覺。這是一種很好的感覺，它會引領其他勇敢的行動，進而形成一個積極的正面循環。

悲觀主義和懷疑的負擔。愛蜜莉亞・艾爾哈特（Amelia Earhart）24 歲時，天空上的一位飛行員發現她和一位朋友站在田野裡，於是朝他們俯衝過來，原本大概是想嚇唬他們，看他們逃跑。當飛機從他們頭上俯衝過去並開始爬升時，全神貫注的愛蜜莉亞說：「我相信那架紅色的小飛機，呼嘯而過時對我說了些話。」當然，它說的絕對不是：「我永遠做不到！」正是那個記憶鮮明的時刻，改變了她的生活和航空史。事實證明，艾爾哈特不是她那個時代最偉大的女飛行員，也不是最偉大的航海家，但她排除了一些經常阻礙盾型人去追求野心的東西，也就是喜歡自我懷疑的性格。她知道自己想要什麼，並以明確的目標和熱情去追求它。

有趣的是，思考我們想要完成的事情並著手完成它們時，懷疑並不一定就是負面的行為。在一項針對學生的實驗中，一組被要求說「我可以」，另一組則被要求說「我可以嗎？」。這些學生被要求在知道他們將要執行的任務之前，盡可能地說出這些詞。然後給他們一個新的單字，要求他們重新組合該單字的字母，想出其他新單字。你認為哪一組的表現更優於另一組？不，並不是「我可以」小組。沒錯，你

說得對，說著「我可以嗎？」的那一組反倒遠勝過另一組。提出這樣的問題反而會讓人充滿決心，成為一種肯定的內心聲音、一個說「是」的答案。我們待會兒也會看到更多關於建設性懷疑的例子。

正如我們所指出的，盾型人傾向悲觀。出於保護天性，他們會超前思考，對隱藏問題的可能性進行思考和預測。好的一面是，這些傾向的確幫了大忙；他們的預測常常使自己免於犯下各種錯誤。缺點是他們過度的保護天性也會產生負面影響，會扼殺和阻礙養成抱負時的重要想法與感受。

叔本華、尼采和卡繆是歷史上最悲觀的哲學家，他們也都找到了讓負面思維模式為他們服務的方法，但並非所有人都如此幸運。我們懷疑他們的悲觀情緒可能是天生的，他們負面的想法和結論可能在不知不覺中受到了血清素失衡的影響。「不知不覺」是這裡的關鍵詞，因為大腦化學無法解釋的部分，就足以將原本中性的重要想法，轉變為負面的。

邏輯和檢視過往經驗也可能會建立對事件或過程的負面看法。即便過去經驗不那麼負面，失衡的血清素也會讓人處於負面傾向。意識到每個人的大腦中具有隱藏的影響因素（個人大腦化學），能夠解放我們的思維過程，減少產生偽陰性錯誤。檢視受到無意識驅動的悲觀想法和感受，以及它們與我們在生活中打算做的事情的關係，可能會相當有啟發與幫助。

也就是說，事實上，當我們對結果感到焦慮和擔心時，更正面的勸告並沒有多大幫助。事實上，試圖強迫維持正面想法是絕對會失敗的做法，通常只會讓這個人更加焦慮又會因為自己的感受而尷尬，是種雙重打擊。

但盾型人會十分在意。有時，某些負面想法會帶來一些代價。許多研究正在探討防禦性悲觀主義這種特殊負面思維的影響，得到了大量有趣的證據。本質上而言，防禦性悲觀主義是一種策略，在這種策略中，人們預設未來的事件會很糟糕（即使過去類似的事件進展順利），對結果的期望值很低，並詳細列出所有可能出錯的地方，以便能夠提前計畫和避免錯誤。

請記住，焦慮的感覺是大腦皮質活化或興奮的意識，採用防禦性悲觀主義，能夠將那種蠢蠢欲動的感覺用在更具建設性的用途。感到焦慮時，我們有兩種選擇：讓焦慮在我們的腦海中盤旋，或者抓住那種能量，並利用焦慮來系統地排除故障，彌補所有可能讓事件脫離正軌，造成災難的小障礙。

在疫情期間，我們懷疑很多盾型人已經自然地實踐了防禦性悲觀主義。注重各種細節無疑挽救了不少生命。事實上，為了防止負面結果，提前做好準備對健康也有一些真正的好處。當然，在疫情期間，盾型人比劍型人更加焦慮，他們也是最有可能洗手、消毒物體表面和戴口罩的人。

　　一項追蹤焦慮的大學生的研究發現，那些實行防禦性悲觀主義的人更為自信，也具有更高的自尊，這可能是因為比起沒有採用這種悲觀主義策略的人，盾型人更能想像、預測和避免較多的負面結果。

　　對於那些也想跟著練習一下的人，也可以嘗試這麼做。在你進行下一次的活動前──假設是必須做的簡報好了──你可以列出所有讓這個體驗更加完美的小細節，然後描述這些細節可能會出錯的原因。即使是最理所當然的項目，也應該列在這個清單上，比如「我的車鑰匙放錯地方了」或「我想穿的襯衫上有污漬」。寫下所有從「忘記確認到達目的地所需的時間」到「車內沒有足夠的汽油」到「我的筆電和手機沒充電」到「我的 PowerPoint 投影片排序不正確」到「現場突然停電，我沒有任何科技產品可以用」。強迫自己完成這份書面的突發事件清單，是一種減少焦慮的預演，透過想像自己度過最壞情況的樣子，你會更加安心，並準備好迎接未來的一切。

　　提醒，對於盾型人來說，他們在生活中想要取得成功的領域最常遇到的絆腳石就是逃避傾向、過於厭惡風險以及被負面想法阻礙。這裡要記住的重要一點是，這些傾向與邏輯、你的天賦、能力、潛力，甚至現實都無關；它們是你大腦化學反應的產物，是隨機的運氣問題。你不需要讓這些傾向來定義自己。簡單地辨識這些恐懼的來源，可以很大程度

地獲得緩解。

另一個解放的環節則完全取決於你。學會發現自己逃避面對挑戰的時刻，試著嘗試這些方法並感受大腦的興奮。這只是大腦興奮，只是大腦中獨特的化學反應在跟你對話。這並不危險。沒有人會死於興奮。危險的是，純粹只因為討厭大腦興奮或是逃避做決策，而不是因為自己的邏輯、欲望或是自我信任，往往會錯過成功的機會。

過於謹慎、被動、逃避風險也是如此。擁有危機意識不等於會產生不好的結果。這些都是你我聽過的陳腔濫調：沒有冒險，沒有收穫。盾型人往往冒的險太少，因此，他們的收穫往往與膽小的限制成正比。這種逃避風險的心態不是基於推理或理性思維所造成的，而是由於系統中漂浮的血清素太少。擁有風險概況雖然很重要並具有很大的生存價值，只是透過輕微的大腦化學失衡來設定危險閾值，並不是最明智的策略。在工作中劃出幾個領域，並在這些領域接受一些評估過的風險，有機會帶來某種正面的回報。

另一個可能有用的練習是，在你的生活中選擇一個認為總是「謹慎行事」的人——顯然是一位盾型人——並列出那些你認為可能阻礙他們的逃避行為。你能從這個人身上認出你自己嗎？是不是覺得自己在照鏡子？這個練習不是要你去評判別人，而是要更清楚、客觀地看待自己的行為。這可能會讓你覺得很不好意思，甚至覺得自己的樣子很好笑，但

我們的目的是要幫助你，更好地了解自己和你的行為。

現在來討論負面想法。事實上，如果你是盾型人，負面想法自然無處不在。會削弱我們的並不是負面思想的存在，而是當我們讓自己被負面想法的存在所定義，並允許它們塑造和侷限我們的體驗。生性悲觀的人可以嘗試使用我們之前描述的練習來控制那些侵略性的想法。你永遠不會成為一位單純的樂觀主義者，這完全沒問題。但你也不必讓生活被厄運和憂鬱的傾向蝕刻，成為可能會自我實現的預言。將威脅評估能量化為你的優勢，你可能會發現自己的信心隨著你的經驗而增加，甚至會發現一路上有幾個意想不到、陽光燦爛的地方。

我們都喜歡掌控一切。可能沒有比這種需求更原始的了，它從一開始就激發了生命。學會理解和更好地容忍（是的，駕馭）自己的大腦化學反應，是為生活帶來真正和可持續控制的先決條件。

劍型人的野心和成功的障礙

正如我們提到，愛蜜莉亞・艾爾哈特並不是技術最嫻熟的飛行員或航海家，艾爾哈特甚至不是最好的溝通者。她在確保自己擁有所有正確的無線電零件並知道如何正確使用它們時，遇到了一些嚴峻的挑戰。但無論她在技術敏銳度上有

什麼不足，她都用純粹的渴望、信念和勇氣來彌補。擁有一位職業是公關的丈夫也讓她在宣傳個人事蹟時如虎添翼，而且兩人成為了絕佳搭檔，創造一個非常引人注目的職涯。我們說引人注目了嗎？是的。艾爾哈特並沒有從幕後被推上生活的舞台，她從陽台上跳了過去。飛行之於她如同全壘打一樣，不偏不倚，正中紅心。在飛行的早期，每當她的輪子離開地面時，興奮、不確定和危險就伴隨著她。衝動控制和仔細計畫充其量只是中等優先事項。乏味的核對清單、試飛和對細節的注意並不是她關注的。當然，這些並沒有使她成為傳奇、陷入神祕事件以及過早身亡。

愛蜜莉亞・艾爾哈特顯然是位劍型人，如同許多劍型人，她也擁有那種引人注目的特殊魅力。她可能沒有的是一個充滿警惕而嘈雜的杏仁核，所擁有的就像其他劍型人一樣，一個非常敏感的獎勵中心。

大腦的獎勵中心受到我們的老朋友多巴胺的刺激。沒有多巴胺，我們就無法生存。如果我們不能找到偶爾獲得它的方法，那麼我們的存在就像生活在岩石上的青苔一樣有趣和愉快。問題在於我們的大腦不能區分好的獎勵和對我們沒有好處的獎勵。

作為獎勵迴路的一部分，有一組專門的神經元組成所謂的激勵顯著迴路（發出欲望／想要訊號的多巴胺神經元網路）。正是由於這種神經元網路，劍型人才會遇到麻煩。由

於缺乏足夠的多巴胺，他們比盾型人更容易放縱自己的衝動，難以延遲滿足，並因對新奇事物的渴望而分心。這些傾向包括實現他們的願望、事業成功和準確決策的挑戰。

付諸行動時，這種對多巴胺的反射性追求會導致大腦被劫持，進而導致藥物、食物、性和賭博成癮等強迫性行為。但是，即使這些與多巴胺相關的動態變化並不那麼劇烈，劍型人也會遇到一些問題，嚴重妨礙他們處理工作和做出日常決定的方式。

求新求變。盾型人經常躲在熟悉的舒適環境中，並可能實際上厭惡新奇事物。另一方面，劍型人可以被他們對新奇的需要所驅動。任何人都可以——讓我們想像一下演員威廉·沙特納（William Shatner）——他試圖獲得太空人計畫的資格，並沒有因為小時候從樹上掉下來的經歷而被影響，而是逐漸找到更令人興奮的方式來創造挑戰。對新奇事物的厭惡讓盾型人有足夠的時間在腦海中思考，而劍型人則需要外在世界來保持他們的刺激。

多巴胺會因對獎勵的預期而被釋放。這裡的關鍵詞是「期待」，因為正如你所記得的，多巴胺是激勵者，而不是欣賞者。多巴胺促使我們做自己所做的事情，但它是沉默的，並且在我們擁有這些事物之後過河拆橋，無所謂欣賞。體驗的樂趣都是預載的。正如你所看到的，並不是所有的體驗都會受到多巴胺的刺激（坐下來報稅），只有想著一種新

的有趣的體驗才是。正如你可以想像的那樣，有點缺乏多巴胺自然會使新奇成為裝滿 M&M 巧克力豆的袋子。新奇感和皮質活化密切相關。做同樣的舊事是行不通的。如果你想提高興奮度，找點新的事情來做。但正是「找新事情做」會給劍型人帶來麻煩。

小時候，許多劍型人被認為注意力不集中。劍型人的小孩在閱讀時，眼睛經常會被窗台上嗡嗡作響的蒼蠅吸引。大人稍微複雜一些，在工作時可能會常常偏離正軌，並在購物網上花大把時間才能回來，或者對彈奏吉他的時光過於懷念，開始搜索所有的老朋友以再次重組樂隊。

38 歲的薇拉一直渴望成為暢銷作家。她也的確具備了所有條件，成功卻遙不可及，讓她驚訝與失望。基本上她是自學成才，有一搭沒一搭地完成了正規教育。她曾在英文系學士課程上投入長到不堪回首的時光，最後仍然沒畢業。之後她自學了基本知識，並讀完了當時所有引起她注意的資料。她二十多歲的時候一直在告訴自己要完成學業，而三十多歲的時候選擇了一系列無趣的工作，也因為這些工作毫無挑戰性，所以她可以把精力投入到更具熱情的工作中，也就是寫作生涯。

她的確也持續寫了一陣子，的寫作功力受到認可且得到必要的讚賞。當然，這些都不是什麼新鮮事。她的生活就是寫作，寫作就是生活。靈光一閃的時刻之間穿插著很長的寫

作障礙痛苦期和過多的香菸。薇拉認為自己就是一位直覺型作家，極度仰賴繆斯女神。但她等待繆斯女神到來的過程，實際上只是各種放縱和逃避，逃避做一些她已經開始，但發現自己無法完成的艱苦工作。

有趣、聰明又憤世嫉俗，她已經起了一百個頭，卻沒完成任何一個。她筆下的角色有著清晰而多彩的設定，卻只存在於一本散落在她公寓四處的筆記本裡。在她的夢中，她將這些精彩的角色帶入生活，並看到他們在一個層次分明、精心策劃的故事中掙扎和成長。她每天都會打開筆記本，那些空白頁很快就會被她另一個想要探索的新想法或事情所填滿。

直到最近，薇拉才開始想要處理讓她總是沉迷於新奇事物而導致分心，讓後續工作更加艱難，並使她的職業生涯停滯不前的大腦化學物質。她第一次抵制開始新活動的誘惑，並強迫自己完成詳細大綱。這是她第三位經紀人在聽了她滔滔不絕地為了其中一個角色做的設定和故事背景後，要求她做的事情。但那已經是一年多以前的事了。薇拉希望經紀人還記得她！無論最後結果如何，她都對自己在開始調節注意力方面取得的進展感到興奮。

新鮮感很容易引人注目。我們的大腦喜歡忽略陳舊與熟悉的事物，而專注在新鮮事物上。我們對新鮮事物的關注有著相當重要的演化意義，因為這些強大的訊號會攜帶著重要

的資訊，提醒我們注意可能的危險和回報。當新事物出現並關注它時，我們的大腦會釋放多巴胺，發現這裡可能有一些有價值的東西需要學習。

正如我們所說，多巴胺讓欲望變得更加重要和緊迫，進而產生行動。但是想要多巴胺注入並不一定需要「喜歡」所帶來的結果的這種欲望。換句話說，我們可以「想要」一些我們知道即使在得到它時不一定「喜歡」的東西——這是一種脫節的欲望。薇拉不喜歡自己容易分心，即使她的注意力很容易轉移到其他地方。

說實話，在當今世界，注意力分散對每個人都是一個挑戰。大多數人的注意力持續時間愈來愈短。行銷人員肯定知道這一點。電視廣告的編輯方式在技術上盡可能地愈來愈具操縱性。簡單來說，他們會使用測量眼球注視方向的掃描器，一旦眼睛厭倦了廣告的內容而移開視線，他們就會進下一個廣告。人腦的可塑性驚人，這意謂著大腦有能力根據輸入和刺激來適應和重組神經元。不幸的是在過去的幾十年裡，正是我們自己讓大腦愈來愈不專心。

微軟的研究人員使用腦波圖（EEG）對受試者進行研究，以分析大腦活動。他們發現，自 2000 年以來，普通人的注意力持續時間從以前的 12 秒下降到 2013 年的 8 秒。即使是金魚也能一次集中注意力 9 秒！自從微軟進行研究以來，我們只能推測自己的注意力持續時間在這些年裡發生了

什麼變化。可悲的是，現代技術似乎重塑了我們的大腦，使我們的注意力持續時間變得更短。研究發現，我們傾向花更多的時間尋找隨機話題，但缺乏深度和耐心思考。

　　這給我們所有的人都帶來了一些問題，尤其對劍型人來說特別明顯。想像一下，你正坐在辦公桌前，努力做出一連串複雜的決策，這個結論將會有重大的影響。任務很複雜，你可能會有點不舒服並且不斷深呼吸。突然，一條訊息出現在你的螢幕上。你得救了。這是一位老朋友的午餐邀請。你回應了這條訊息，轉而檢查你的電子郵件。不知不覺中，你已經在看你最喜歡的新聞頻道。你告訴自己看一下就好。突然，有個標題吸引了你，促使你想要繼續看下去。多巴胺在大腦裡流動，你原本的工作現在已經消失得無影無蹤，被好幾個視窗蓋掉了。

　　劍型人的大腦很容易被新奇事物綁架。新奇會刺激多巴胺釋放，說：「嘿，看一下吧！這裡可能有適合你的東西」。如果我們生活在穩定的環境中，那麼就必須認真地思考緊急事件。但在我們的現代社會中，只要按個按鍵就能找到新奇的事物。這有可能會激發薇拉產生新想法嗎？是。是否也會引導她沿著一條不斷分支的資訊鏈走下去，這條鏈上會有無窮無盡的其他新想法、思考和內容有待探索？這個問題也是肯定的。這對薇拉來說，是否令人興奮？是。但對她有用嗎？這就不一定了，部分問題在於大腦不一定喜歡它想要的

東西。昨天讓薇拉興奮的事情，現在感覺更熟悉了，她開始意識到這個想法中的漏洞，以及深化和充實這個想法所需的繁瑣工作。可悲的是，薇拉今天的大腦卻不喜歡它昨天想要的東西。

科學發現正念冥想對大腦有好處，因為它有助於維持神經元和大腦的健康。這對像薇拉這樣的人很有幫助。在連續 6 週，每天冥想 20 分鐘後，她發現自己不再那麼容易分心，並且能夠將注意力放在她想要的地方，並保持更長的時間。

延遲滿足和衝動控制。這兩種行為在許多劍型人中時常混在一起，成為實現目標與工作成果時的隱藏障礙。在我們以清晰的思維充分了解內在的各種機制，及其如何產生作用和阻礙的情況下，在選擇的工作中取得成功已經相當棘手。不過，多巴胺失衡的結果並不會立即展現，因為它們只是「我們過去和現在的樣子」。這點沒錯，神經系統活化時出現短路是很自然的，而且會成為我們人格的一部分。我們要做的是分辨出哪些是根據邏輯和理性做出的決定，而哪些是受到大腦化學影響的決定。

因為劍型人對獎勵很敏感，所以他們很難延遲滿足感。儘管薇拉沒有什麼具體的成就，但她的野心很大。從她上高中的時候就有個目標，有一天能寫出一些超越於那些有趣、淒美、探討人性的草稿。可惜由於她處理大腦興奮的方式，事實證明要她投入必要的時間來達成目標並不容易。

「我是短跑選手，不是馬拉松選手。」她告訴我們。「你知道的，我一直想寫一部長篇小說，一部人人都想讀的長篇小說。哦，當然，我知道我是個夢想家，對吧？每個作家都希望如此，但我在寫到第五頁之後，就喘不過氣來，不得不起床擦擦窗戶或找個房間開始吸地板。按照我喜歡的方式寫作，意謂著我必須將整個故事規劃出來，強迫自己坐下來，不僅要從頭到尾思考，還要實際寫下來。然後當我完成規劃後，我還必須重寫一次。這一切都太可怕了，光是想像就讓我想把被子拉到頭上。」

能夠放棄短期利益，以獲得長期、更豐厚的回報，是一種非常寶貴的能力。我們在棉花糖研究中描述了兒童版本的延遲滿足。當我們在得到想要的小東西（禮券），和需要等待 2 到 4 週才能收到、更有價值的東西（更多的禮券）間做出選擇時，成年人的大腦會發生什麼事？使用大腦成像，那些尋求立即獎勵的人，在大腦的獎勵中心有更多的活躍性；而那些選擇等待更大獎勵的人，前額葉皮質更活躍——意謂著大腦迴路進行了更深思熟慮的判斷和決定。雖然研究中的對象沒有確定是盾型人還是劍型人，但你可以非常確定那些選擇立即獲得獎勵，點亮大腦中獎勵中心的人，肯定是劍型人。

我們從感官接收到的資訊——視覺、聲音、氣味以及對獎賞的期待——會提高大腦中的多巴胺濃度。大腦中的

多巴胺濃度較低會使我們的行為更加衝動。對於薇拉來說，如果她能快速完成某件事，很難不立即獲得多巴胺的刺激，因為這是她已經習慣的策略，可以用來調節大腦中無聊和不舒服的情緒所帶來的煩躁不安。

可惜的是，當薇拉看著她的朋友們制定長期目標並找到實現這些目標的方法時，她總是覺得自己有些不對勁。她把自己的掙扎簡單地歸咎於懶惰，但實際上這些問題與懶惰無關。儘管如此，薇拉不僅事業停滯不前，而且她認為「性格缺陷」是自己不成功的原因，也因為這樣剝奪了她的信心，減弱了對自身天分的信任。

當我們解釋她所看到的失敗的根源時，她如釋重負。薇拉想接受挑戰，以不同的方式處理她的大腦化學反應，事實證明，她是一個積極且有效率的學生。我們給了她一個練習，其他的劍型人可能也會覺得有幫助。薇拉承諾在一週內做三件事。首先，她答應在晚上 11 點關閉手機，早餐後才能再次打開。第二件事，是在下午 6 點之前不沉迷於社群媒體或瀏覽新聞網站。一點也不奇怪，這釋出了大量的空閒時間。除了每天的冥想之外，練習的第三部分（也是最困難的部分）是在她什麼都不做的情況下，每天給自己兩次獨立的 10 分鐘。什麼都不做，只是舒適地坐在椅子上，雙腳放在地板上，雙手放在膝蓋上，閉上眼睛。雖然這聽起來可能並不多，但對於劍型人來說，這種練習並不容易。對薇拉來說，

這項練習的目的，是要度過一段不同的沉思時間——一段刻意沒有外界干擾和刺激的思考時間。

也許你會想知道，她現在已寫出 150 頁的小說（這比她就任一故事線所寫過的分量多了大約 140 頁），而且每天都變得更加茁壯。並不是誘惑不再伴隨著多巴胺的釋放而出現，而是她學會了稍微適應和接受。她學會了簡單地記下這種感覺，且繼續正在做的事情。

速度、持久與錯誤。如你所見，潛在獎勵的甜蜜誘惑能夠增加對風險的容忍度，因為劍型人對獎勵敏感，使得他們處理風險的態度與盾型人不同。你可以看到承擔可控的風險有多麼地重要，不過要是風險太高就會出問題。將野心轉化為成功，需要堅持在一些關鍵道路上。不幸的是，風險偏愛那些看似發生機率很低的捷徑。「緩慢而穩定」不會是任何我們認識的劍型人的座右銘。以準確性換取速度是劍型人很容易採取、快速解決問題的方法。在關鍵道路上的每個環節，成功都需要準確性和對細節的關注。為了快速完成任務，往往會犧牲對細節的關注、耐心和準確性。但是對於劍型人而言，不只準確性是個問題，毅力也是。劍型人和盾型人兩者同樣聰明，但是隨著難度的增加，盾型人往往會更加堅持完成任務。目前尚不清楚劍型人是分心、無聊，還是只是單純累了，但他們往往會在難度愈來愈大的情況下放棄，而盾型人則會頑強地挺過去。

　　不管我們具體目標是什麼，非受迫性失誤都是成功的大敵。在盾型人傾向犯下偽陰性錯誤的地方，劍型人犯下更多偽陽性錯誤。由於劍型人容易受到刺激的驅動並對於獎勵敏感，並在思考之前採取行動。盾型人的個性則比較謹慎，往往會先思考再行動。這種關鍵差異是劍型人性格上的缺陷。他們更常關注可能得到的東西，而不是計算可能會傷害他們的那些部分。這些是造成偽陽性錯誤的源頭。

　　我們發現對劍型人最有幫助的是，面臨任何具有重大或深遠影響的決定時，在這個過程中強制休息一下；不是檢查什麼是正確的，而是檢查什麼是可能出錯的。劍型人因為迷戀刺激，很自然地會加快進程，因為他們心中多半已經有既定目標，持續往前進才夠刺激。正是在這種興奮的鼓動下，他們可能錯過盾型人已經看到的警告。對警告視而不見會導致嚴重的錯誤，進而阻礙成功。

　　讓我們大大地後退一步。究竟什麼是成功呢？顯然廣義來講，成功是主觀的，可能意謂著很多不同的事情。但如果就成功與工作的狹義角度來看，我們將成功定義為一種滿足好奇心、才能和獲習的技能組合，且與我們對工作成果的認知一致的狀態。當然，即便是這個定義也很特殊且主觀。簡單地說，所謂工作上的成功可能只是在精神上沒有抱怨或後悔，並且喜歡你正在做的事情。

　　在文化、地緣政治和經濟變化如此迅速的時代，很難衡

量成功的定義，因為如今的成功看起來像是一個變動的目標。我們的願望實現了嗎？我們正在實現自己的目標嗎？我們所感知的價值和反映它的報酬之間是否高度契合？我們的工作有吸引力嗎？我們所做的事情是否有內在的滿足感？一、兩年後我們的價值將如何被評估？當然，我們可以提出更多的疑問，但很明顯，我們與工作的關係很複雜。

我們的願望是你能夠以所期望的方式取得成就，並且依自己所設定的成功標準來評估成就。我們在這裡可以提供幫助的是傳授一些無價的軟技能——這些技能不但需要與大腦中的化學反應配合作用，也常常需要對抗這些化學反應。任何準備充分的戰士都不會只帶著盾或劍就離家去打仗。為了取得成功，我們需要良好的進攻能力，也需要具備防守的能力。我們發現有幾件事非常有幫助。盾型人可以從劍型人的自然傾向中學到一些有價值的東西，反之亦然。大腦化學的差異是強大的影響因素，但絕不應被視為限制。這些我們天生具備的影響力主導著事物的發展，但絕不會將事物排除在外。

盾型人更持久。他們不像劍型人那樣地輕易放棄並選擇其他選項。劍型人應該提醒自己不必現在擁有一切，並且需要質疑自己的退場策略以確保他們是基於邏輯和理性，而不是因為無聊和疲勞而放棄。有時，等待更為明智。對盾型人來說，是否只是你們的大腦化學反應導致了憂鬱和悲觀？學

會多抓住幾次機會，並相信你能夠處理更多恨不得逃避的高度興奮狀況，相信自己的能力，將其展現出來並賭上自己。多一點享樂主義不會殺了你，它會讓你感覺很好。

劍型人似乎擁有一切，魅力、樂觀和與人相處的自在。你的劍型人能夠很有效地達到目的，不過有時會過於咄咄逼人。你可以透過強硬的手段來讓別人跟隨你。但研究發現，如果建立共識是領導策略的一部分，那麼你的自信就會成為阻礙。而對於盾型人，是時候讓你們表現得更大膽一點了。雖然你擅長建立共識，透過冒著暴露更多想法和觀點的風險，能幫助你成為更有效的領導者。

劍型人應該問問自己，對獎勵高度敏感的特性是如何影響自身決策的準確性，盾型人則應該檢查自己的逃避傾向是如何阻礙自身。想像一下，倘若能朝著與本能相反的方向前進，或許會帶來正面的回報。勇敢接受並擁抱這種傾斜，那些阻礙你的僅僅是幾種流動於體內的化學物質而已。

我們知道這些建議並不容易。之所以不容易，是因為你的大腦中的化學物質已經養成了習慣，伴隨了你很長的一段時間。但這並不代表著這些建議不值得嘗試。另外一種大腦類型有哪些特質是你相當羨慕或覺得難以達到的？你願意挑戰並獲得更大的自制力嗎？接受挑戰，看看你能用它來做什麼；隨著時間，看看它給你帶來了什麼。請記住，跨出一小步是好的，因為它們通常會讓你跨出更大一步。

第五章

不同的大腦類型——適應工作場合不斷變化的需求

　　大腦化學失衡如何影響某些重要的「成功因素」，讓我們在這個不斷變化的時代得以生存。

　　疫情帶來的各種挑戰仍餘波盪漾，病毒像海嘯般地席捲了我們，在短短幾個月內留下了 10 年份的變化。技術一直是變革的驅動力，而病毒為其噴灑了加速劑。當我們突然不得不遠端工作時，多數人都不得不培養新技能。商務旅行變成了 Zoom，會議變成了電子郵件，而電子郵件又變成了即時訊息。勞工的就業方式也發生了變化。全國 1/3 的組織已經用臨時工取代了全職員工。由於這一切，我們比以往任何時候都受到更嚴格的審查。我們發現檢查電子郵件、聊天和電腦使用情形的監控技術愈來愈普遍。是的，我們的老大哥、大姐，說不定現在就正在看著呢！這些變化並不會很快地銷聲匿跡。在一項對數百名商業領袖進行的調查中，40％ 的人認為他們的公司已經做出了解封後仍舊不變的決定，像是增加在家工作的時間並更關注數位服務等。

　　那麼，我們如何才能在這場雪崩般的混亂中不被淘汰呢？我們相信其中的一種方法是確保競爭力，而這需要適應

並融入不斷變化的潮流。要做到這一點，我們需要獲得任何一丁點能用上的知覺能力和努力。我們訪問了大量的企業家和領導者，整理了現今各大企業最重視的性格清單，這些「成功因素」是責任感、靈活度、信心、紀律和自我管理。我們都了解這些人格特質，也知道為什麼這些特質如此寶貴，所以我們不會花很多時間來定義或描述它們。反之，我們要探討的是如何才能始終如一地體現它們。大腦化學物質失衡給這些可變動的人格特質帶來了可預見的挑戰。掌握這些人格特質與專業能力、專業知識或技術能力都無關。這些軟技能不是靠期待、企圖心或希望就能獲得──這些人格特質需要仰賴行動才得以展現，也就是我們實際正在做的事情，也正是你我每天工作的方式。

責任感

　　從表面上看，有責任心似乎是一種合乎邏輯且顯而易見的人格特質。責任制是人們容易理解並設定責任範圍的方式，預設了我們如何影響和塑造周邊環境的能力。你可能是那幾位在工作中肩負責任的人之一，且大多數有良心的人都會這樣做。不過，我們可能會遭遇到麻煩的地方**正是**我們所要負責的部分。這需要每個人保持誠實和清晰的頭腦，而這可能會被大腦化學失衡所減弱。聽起來很簡單，對吧？好吧，當你不只看到表面的話，情況並非如此。

　　當被問到「誰認為自己有責任？」時，盾型人的吉姆會是第一個舉手的人。他是那些最勤奮的人之一，一位顧家的男人，一位你知道在需要的時候能夠依靠的人。他的公司以及整個行業在疫情期間經歷了嚴重地縮減，他所屬的小組業績仍然落後，已經連續 4 季都沒有達到目標。吉姆非常認真地對待他的職涯，不僅持續投資自己在崗位上生存的能力也很照顧下屬的福利。你會喜歡他的。他是那種會看著你的眼睛，問你感覺如何時會讓你覺得他很在乎你的回答的人。疫情封鎖期間在家工作時，他對病毒的擔憂讓他的家人保持高度警惕。

　　現在吉姆回到辦公室與一半的團隊一起工作（另一半仍繼續遠端工作），看起來他好像已經盡了一切的努力。但他其實真正做的是犧牲了團隊的效率來演出一場獨角戲。他會說他之所以會實施微觀管理，是因為當團隊都開始遠端工作時，他覺得失去了控制感，保持連結變得更加困難。也就是因為他這麼做了，在經濟低迷的情況下業績還撐得住。但這並不是全貌。吉姆有一個盲點。作為組長，他一直謹慎地為下屬設定合理的目標和激勵措施。然而，儘管他做出了努力，他的團隊仍然表現不佳。他沒有退後一步並放眼大局，而是選擇繼續用微觀管理讓自己管得更多。失敗在於他沒有正確地分配責任。他的事後猜測和介入並接管最好留給其他人勝任的項目，使員工士氣低落，導致他們變得沒有動力，愈來愈傾向放手讓他接管。焦急的干預使得吉姆對失敗的恐

懼成為一種自我實現的預言。

　　逃避是吉姆微觀管理的原因。儘管他參與了團隊一半以上的招聘，而且一直是一位積極而嫻熟的指導者，但他很難相信下屬的能力，也很難讓下屬自然地從失敗和錯誤中學習。合理分配職責和鼓勵自主性只是他嘴上說說，但很少實現的事情。事實上，吉姆對焦慮和失敗的恐懼優先於團隊的成長和生產力。當他用以減少焦慮的策略與工作和控制權有關時，後果就不太可能會好到哪裡去了。

　　吉姆一直是個焦慮的人。當我們焦慮時，會很自然地問自己為什麼。用自己的方式處理這種痛苦、不舒服的方法是很正常的，也是負責任的。但試圖透過控制周圍的人來減少你的焦慮就不是了。當我們向他指出這一點時，吉姆非常不高興。但僅僅透過這點，真相就水落石出了。他談到放棄控制對他來說有多麼困難。很快地，他就坦承了這種控制狂傾向如何影響他在家裡與孩子們的相處，這點讓他的妻子相當沮喪。

　　我們讓吉姆建立了一個試算表，將每位下屬從最弱到最強進行排名。對於每位下屬，他提出了一個合理的任務，讓他們能夠獨立完成。這對吉姆來說是一項壓力很大的任務，因為分配責任時需要他打開令人焦慮的信任鴻溝。對於每項作業，他都要寫下可能會發生的「最害怕的事情」，並給予 1 到 5 分，表示成功完成的程度。

　　他需要一些鼓勵才能真正踏出第一步。但他在這個為期三個月的專案過程中發現「最大的恐懼」發生的機率最低，令他驚訝的是 4 分與 5 分是機率最高的結果。

　　事實上，我們要為夥伴的成長和效率負責是不可能的，我們只能為調節自己對於失敗的焦慮和恐懼負責。你會每隔多久一段時間，自我揭露並了解自己的情緒動機？如果你是盾型人，你能確定自己的焦慮程度或逃避傾向不會影響你對團隊的責任？你多常透過將壓力包裝成其他東西，來調整自己的壓力水平？你會多頻繁地挑戰焦慮和恐懼？這些都是讓吉姆苦苦掙扎的問題。當他了解自己對於下屬的行為在一定程度上與大腦特定的化學物質有關，他大為寬慰。我們不確定更深入的自我洞察力是否讓他有了信心，能將自己的疑慮摒除，但我們確實知道在他這樣做了之後，他的焦慮水平逐漸降低，取而代之的是他對於團隊能力日益增加的信任，而先前他從來無法想像。

　　艾蜜莉是一位劍型人，擔任一家大型保險公司的總法律顧問，她對責任制有著截然不同的看法。她有憤怒控制的問題。當事情對她不利時，矛頭就會指向別人。她職業生涯的隱患之一，就是失去了周遭的信任和忠誠，以及破壞與他人寶貴的關係。除了她的地位，她也本身散發著一股令人害怕的氛圍。大家會盡可能地避開她，只有在不得不的時候順從她。艾蜜莉對於無論是真實還是想像中的缺陷，採取的防禦

措施就只是四處尋找應該要歸咎於誰。奇怪的是，她從不怪罪自己。

　　當艾蜜莉感到壓力時（她大部分時間都處於壓力之下），她會用憤怒、誇張，有時甚至是殘忍的評論來釋放緊張的情緒。盾型人容易自責並內化他們的錯誤，劍型人則傾向對外在世界尋求解釋。儘管劍型人以興奮皮質為樂，但當程度高得令人不安時，他們也會無法接受，並開始尋求減少和釋放這種興奮感的方法。艾蜜莉一天中的大部分時間都在高興奮狀態中度過，神經生理所影響而讓她無法承擔責任。

　　我們要求她填寫責任問卷中關於自我控制／情緒管理的部分：

我注意到自己在工作中感到很煩躁且憤怒
絕不□　很少□　有時□　頻繁地□　大多數時候□

我必須承認，我確實傾向將工作中的問題歸咎於其他人
絕不□　很少□　有時□　頻繁地□　大多數時候□

我相信自己是對的，即使其他人可能不同意我的看法
絕不□　很少□　有時□　頻繁地□　大多數時候□

其他人的不足似乎阻礙了我
絕不□　很少□　有時□　頻繁地□　大多數時候□

比起讚美他人，我更常批評別人
絕不□　很少□　有時□　頻繁地□　大多數時候□

比起關注自己的過錯，我更常關注別人的過錯
絕不□　很少□　有時□　頻繁地□　大多數時候□

　　艾蜜莉對她的結果感到難過，但並不訝異。就在她參加測驗的那天，艾蜜莉再次對助理大吼大叫，因為助理沒有提醒她，害她錯過了一個重要的電話會議。她尖叫地說：「你必須更加積極主動和負責任。別以為你能逃過一劫！」當艾蜜莉氣呼呼地回到她的辦公室時，她看到了助理的訊息和電子郵件，提醒她查看電話會議的日曆。需要承擔更多責任的是艾蜜莉——而不是被誣賴的助手。

　　看到她回答「多數時候」的頻率很高，這給艾蜜莉敲響了警鐘，當我們解釋說是她的大腦類型影響了她行為時，她才略微感到安慰。但這種認識足以讓她接受我們的建議，幫助她重新控制自己的行為。儘管艾蜜莉無法改變大腦化學反應，但她確實學會了控制它並更控制自己的憤怒。除了致力於一個月的簡單正念冥想技巧外，艾蜜莉還同意了一項情緒調節策略，這是專為尋找外在方式釋放壓力的劍型人所設計的。該策略的目標是透過有意識的自我控制，將控制點從外部轉移到內部。

　　以下是我們讓艾蜜莉進行的策略要點。這裡設定的目標，目的在於增加她選擇的自由。讓憤怒的情緒表達，不須是反射性的。當艾蜜莉覺得憤怒這位老朋友又要跑出來的時候，我們要求艾蜜莉執行以下操作：

　　一、意識到負面情緒的衝動（默默地注意自己的感受以及希望向外投射情緒的現象）。

二、提醒自己，這種意識、這種停頓，是一個機會和可以做些什麼的時刻。

三、刻意地從反射性的行為轉為選擇性的行為（只要知道我們能夠表達憤怒，就會讓我們意識到自己不一定非得這樣做）。

四、練習克制憤怒情緒（面對解決問題的挑戰，不必訴諸憤怒、責備或諷刺）。

艾蜜莉還制定了一系列目標和獎勵（激勵劍型人的最佳方式是提供獎勵）。她記錄下每一次有意識地克制憤怒衝動的實際例子。第一個目標設定為連續 10 次克制典型的憤怒推託和抱怨。一路上有好幾次重新開始，但在嘗試了第三週後，她獲得了第一個獎勵——按摩。為了擴大她延遲滿足的能力（對大多數劍型人非常有幫助），我們將標準提高到連續 20 次克制情緒爆發，才能獲得她的下一個獎勵——在水療中心度過一個愉快的週末。

這個過程對艾蜜莉來說非常有趣。令她驚訝的是，當她意識到她開始克制對他人的批評時，她愈來愈有控制力（與她擔心的恰恰相反）。更重要的是，艾蜜莉意識到自己在工作中的努力，竟以她意想不到的方式得到回報。當她的孩子問：「你為什麼對我們這麼好？」她知道有些非常重要的事情已經朝著更好的方向發生了變化。

那麼，你可能想知道，艾蜜莉對於大腦中不斷累積的興奮感又做了什麼？有趣的是，指責會造成一種獲得控制的錯覺。只有當艾蜜莉開始有意識地使用抑制大腦興奮的方法時，她才獲得了真正的自我控制感。她了解到，克制憤怒爆發的表達方式對自己有鎮定作用。「我覺得如果我不脫口而出，憤怒就會爆發。矛盾的是，花點時間讓自己選擇做一些不同的事情，會讓那種可怕的緊張情緒得到了緩解。」實際上，她現在不僅對周圍的人，而且對自己都感到更加有負責感。

焦慮和憤怒扭曲了責任心，兩者都與高程度的興奮有關。盾型人將其解釋為焦慮並將其內化，而劍型人將其解釋為憤怒並試圖釋放它。這兩種高興奮狀態都是清晰度和責任制的障礙。為了進行「責任制檢查」，盾型人應該確保邏輯和理性是決策的真正基礎，而不是試圖調節不舒服感。劍型人可能會檢查憤怒和責備在他們的工作中扮演的角色，認為自己既是根源又是解決方案。

靈活性

綜上所述，盾型人在成長過程中比大多數的劍型人更容易有情緒反應。通常不舒服的情緒高敏感狀態可能會使他們保持一種基本的低層次焦慮。大腦中活躍的杏仁核使得他們能夠時刻對自己在一天中遇到的感官、認知和情感需求做出

回應。要有效地進行這些轉變，他們需要從早期開始學習如何在事件之間流暢地轉換。這對當下變化的回應（他們變得擅長於此）使他們能夠學會靈活適應（或者更像是強迫他們變得靈活）。正是天生的反應性讓他們大多數情況下都表現出靈活性和適應能力，但也有一些例外。

莉蒂西亞是一家頗為成功的美髮沙龍店主管。她在店內有著自己的私人區域，專為那些願意為了她的客製化服務，以及喜歡她用心準備的卡布奇諾或濃縮咖啡支付更多費用的人（主要是女性）理髮。作為一位單親媽媽，即使她深愛著她的兩個小孩，她還是選擇將他們放在日托中心，因為她認為自己處於事業的巔峰。

在新冠疫情暫時停業後，她進入了求生模式，等待疫情過去，期望一切在結束後都會保持不變。然而事實並非如此。她以為所有舊規則和流程都會保持不變。儘管舊模式曾經有用，她也以為一切照舊，但事實並非如此。通常她性格隨和、願意配合，但突然間她發現自己易怒，更加焦慮，感覺失去了控制。

客戶已經習慣了待在家裡，但許多人仍然很不安。她接到一些要她到他們家的院子剪頭髮的請求，甚至連員工的客戶也打電話來試圖安排到府理髮。莉蒂西亞一直與她的員工保持友好且合宜的關係，而當他們也開始提出要求時，她的焦慮不斷增加。她的員工已經習慣了被隔離的生活，而要恢

復全職回到沙龍工作的期待，使他們要求更有彈性的工作時間，並期望完成一些客戶要求的到府服務。她一直以能夠適應各種變化而自豪，但現在一切似乎變得自由而混亂。

盾型人在感到即將失去控制並且不得不改變他們的風險狀況時，就會失去靈活性。莉蒂西亞平常把牽繩放得很長，沒想到當她走到牽繩末端察看時，才發現它早就斷掉了。薪資單必須調整、管理預約的方式必須更加靈活，就連她期望員工待在沙龍的時間現在也受到挑戰，一半的員工反抗，拒絕戴上客戶期望他們應該戴的口罩。

對於盾型人（人格特質）來說，他們往往是想取悅他人的人，正如我們所描述的，他們擅長避免風險。但是莉蒂西亞知道她不可能取悅每個人，每個解決方案似乎都充滿了危機。面對需要冒著風險的改變和大膽之舉，她最寶貴的其中一項技能（靈活性）已經失去了效用。

莉蒂西亞需要做的是深吸一口氣，並提醒自己，她所感受到的危機，有一部分並不是真的，只是腦中喋喋不休的大腦化學反應的副產品。莉蒂西亞與她的會計師坐下來，重擬了沙龍現在應該如何運作的協議。她知道新程序不會讓每個人都滿意，但她也知道試圖堅持舊方法不再可行。最終她克服了焦慮，努力適應不斷變化的環境，到目前為止，在截然不同的環境條件下，她的沙龍仍是生意興隆。

當盾型人不得不面對他們對冒險的厭惡時，靈活性就會受到限制。請記住，盾型人的靈活性是透過高度警惕來調節焦慮的副產品——因為環境已經改變了，而改變感覺更安全。當這些新興且多變的情境迫使他們調整風險狀態時，他們可能會陷入困難。如果你是盾型人，要確保對風險的不適感不會讓你堅持舊事物，而是讓你擁抱新事物。

另外，劍型人先天對保持靈活性有障礙。輕鬆回應變化並不是劍型人的強項，劍型人最喜歡將規則 A 應用於問題 A，以取得一個好的預期結果。然而，在商業模式被撕毀且混亂的變化成為新的日常的情況下，將規則 A 應用於問題 A，在問題 A 變成了新舊問題的混合體時，不再有效。靈活性對於劍型人來說可能很困難，因為它挑戰了他們透過大量依賴過去經驗所建立的舒適感。

艾瑞克感覺自己的職業生涯已陷入了停滯。然而，他並未意識到，在眼前這種似乎缺乏明確方向的局面中，自己所應承擔的責任。這位 52 歲的銀行高管正面臨一個極為普遍的困境：抗拒改變。他解釋道：「瞧，我知道過去幾年銀行業經歷了翻天覆地的變革，但這並不代表我們必須完全改變做事方式，並摒棄之前行之有效的做法。我希望我過去 25 年的經驗能有所價值。我們曾經做對了很多事情，我認為並不需要大幅修改所有流程。」然而，若想保有核心地位並在晉升的競爭中仍保有競爭力，這種態度可謂不妥。

　　適應變革所需的靈活性和應變能力，同樣需要放下一部分過去的學習，以便能夠接納新的知識。對於盾型人而言，情緒反應的敏感使得他們不斷地重新學習，而重新學習的過程實際上就是放下舊有觀念。然而，劍型人在這方面可能會稍顯吃力。

　　艾瑞克非常喜歡頻繁地出差，與各區域主管進行面對面的會晤。他享受著直接接觸、夥伴情誼，以及會議後的愉快晚宴。他當然理解封鎖措施限制了這些商務出差的可能性，也勉強適應了線上會議的模式。但是學習任何技術都有其學習曲線。艾瑞克發現自己不願意克服這些障礙，全心學習新技術並充分運用它的優點。銀行有一個電話系統軟體，可以讓使用者用電腦撥打電話到公司，他可以用耳機或電腦的麥克風接聽。然而，他仍然選擇繼續使用手機撥電話來與內部或客戶溝通。這使他聯絡的速度變得非常地慢，因為並非所有手機號碼都會寫在公司的聯絡方式中，這也讓他無法使用該軟體的快速撥號功能。即使艾瑞克收到了 Zoom 會議請求，他仍繼續只用語音通話，只因為他覺得這比視訊通話更容易。

　　對他而言，有一個重要的元素缺了。他期待團隊成員有一天能夠恢復對他來說更舒適、熟悉的模式。他並沒有忽視用視訊會議來代替跨國航班所節省的成本，此外從實體會議轉向線上會議的溝通效率似乎也沒有受到影響。艾瑞克也無

法完全不受他一再反覆的嘆息，表達自己迫切盼望舊日重現的情緒而引發他人的白眼的影響。事實上，那些美好的往日時光已經一去不復返了。假若他將過去十分之一的精力用於努力掌握新技術，而不是用來抱怨，艾瑞克或許就不會被人背地裡冠上「反對改進工作方法的人」的稱號。

當美聯儲頒布了新的銀行監管法規後，情勢急轉直下。正如你猜測的那樣，合規性在銀行業中是一個至關重要的要求。美聯儲的報告冗長而複雜，其中只有一小部分需要艾瑞克去熟悉。然而這些新法規使他感到壓力，於是他試圖找到方法繞過這些要求。他的助手擔心部門可能在避開聯邦法規的要求，因此向人力資源部門檢舉了情況。

正是在這段時間，艾瑞克與我們聯繫。很快，我們便意識到他的僵化和對於改變的抗拒，不僅僅體現在工作上，也在他生活的各個方面。艾瑞克執著於根深的習慣，他仍然按照大學時期的課表在運動，期望每週一吃牛排，每週三吃鮭魚，每週五吃披薩，一旦妻子這個菜單，他就會失落。有記憶以來，他一直使用同款刮鬍刀、剃鬚膏和肥皂。當我們指出他似乎有點過於固執和墨守成規時，他笑了起來，說妻子經常拿這點取笑他。他接著告訴我們，他喜歡每天都開著同樣路線上班，這種感覺給了他一種莫名的安慰。他搖著頭笑說：「我至今一直穿著同樣的 Jockey 內褲。」

當然，建立固定的日常習慣是有益的，但更重要的是在

需要的時候能夠靈活地調整這些習慣。這種能力被稱為靈活性，而它的障礙則是劍型人常見的固執和抗拒改變的弱點。

艾瑞克不僅僅抵制改變，還將一隻腳留在過去，對此有種浪漫的緬懷。但在所有固執的背後，他也非常清楚自己的僵化態度對於職業發展構成了問題。

當我們對他行為的其他方面做出一些猜測時，他看著我們，就好像我們是通靈大師一樣。我們向他保證絕非如此，而且我們所做的猜測是基於我們認為他的大腦化學失衡的判斷。「你是說，我做的一些事情，」他說：「是基於我的化學反應？我一直認為是我從父親做事中學到了很多東西。」我們告訴他這很可能與他的父親有關，但相似之處可能是模仿父親並且繼承了他的大腦化學反應的結合。

艾瑞克發展了一種「如果東西沒有壞，就不用修理它」的哲學，然後將其鞏固下來。他的自我認知將變化視為隱藏的敵人。我們開始幫助他對故事情節進行關鍵性的修改，意識到他的僵化與大腦化學有關，以及習慣的安逸是第一步。

將習慣僅僅理解為重複和熟悉，而不是選擇，為他開啟了一扇全新自由的大門。我們讓艾瑞克從小事著手，對習慣的一些事情進行微小的改變。很快，他有了一個重要的領悟。「你知道我學到了什麼嗎？」他問道。「我了解到，我一直認為自己所做的事情都是最好的方式，但現在我才明

白，它們並不是；它們只是我習慣的方式，沒有好壞之分。只是我熟悉的方式而已。」

艾瑞克同樣學到了，改變需要付出努力，以及願意在改變過程中經歷一些不適。令他驚奇的是，他的故事發展並不是某種既定的命運，而是他可以選擇去編輯、積極參與並改變的內容。改變成了一個挑戰，而他願意去面對這個挑戰。結果他的抱怨減少了很多，而適應能力提高了很多。他甚至購買了一套新的刮鬍組合，還幫女兒跟朋友設定好 Zoom 視訊通話。

信心

不是每個人都能像尤塞恩・博爾特（Usain Bolt）那樣奔跑，像勒布朗・詹姆士（LeBron James）那樣打籃球、統治球場，或是像小威廉絲（Serena Williams）那樣反手回擊。優越的運動能力是基因所決定的，我們或許可以嘗試在這些領域中提升自己的技能，但不可避免地會碰到我們的生理極限。我們作為人類的某些方面有著局限性，雖然可以朝著上限努力，但最終會達到極限。我們在這裡探討的成功因素略有不同。它們並非相對固定和穩定，而是一種你可以正面互動並以建設性方式改變的心態。

工作中的自信是那些動態的內在狀態之一，雖然看似恆

定，實際上卻相當多變。自信並不是可以用指標衡量的，它不是魅力、氣質或自信心，也與外向或社交活躍無關。自信是與特定內容和情境相關的。

　　儘管這個故事可能看起來有點離題，但它展現了我們的自信感是多麼的多變，而且受情境限定。多年前，一位大學心理學教授召集了一群交往中的男女學生（年輕女性和男性）。每對情侶都必須保持單一伴侶的親密關係至少6個月。該研究的目的是觀察這些情侶如何應對不熟悉且可能具有挑戰性的環境。教授和學生一起飛往西藏，和一群隨行的夏爾巴人合作，開始攀登珠穆朗瑪峰大本營。當他們接近目的地時，天氣急轉直下，當他們抵達營地時，發現自己身處一場可怕的風暴之中。沒有人預料到，寒冷的風一陣陣吹襲，將他們一些帳篷吹走，帶來了無限驚恐。雖然這個實驗本來就有點挑戰性，但沒有人能夠預見到降臨在自己身上的風暴，其中夏爾巴人的能力大放異彩。請記住，這些情侶之所以被選中，是因為他們都處於長期的情感關係中。在這場肆虐的風暴持續兩天之後，令人驚訝的是，許多女性離開了伴侶，並與夏爾巴人建立了關係。雖然在校園裡，她們的伴侶可能是優秀的男性，但在缺氧的山區，夏爾巴人才是領導者。顯然，情境至關重要。

　　身為人類，我們都是天生會講故事的人。當我們成年時，無論我們是否考慮過，我們已經建構了一個敘事身分或

個人故事，結合了塑造我們生活的亮點，並賦予我們看待自己的方式與意義。就是這多年累積下來的敘事資料庫，成為我們如何感受和評估自己的量表。你可以問任何人：「從 1 到 10，你有多幸福？」他們會根據如何解釋各自獨特的故事而得到答案。自信心也遵循相同的準則。

有一種心理治療方法著眼於人們對於生活所建構的個人故事，其目標是以正面、有建設性的方式編輯和修改這些故事情節。有趣的是，這種治療方法已被證明和藥物治療、認知行為療法一樣有效。

就如同我們生活的其他領域一樣，自信在工作中也是一個重要的成功因素。讓我們試著在這個情境中定義一下自信：自信是一組我們對於核心技能的舒適和信任的內在信念，這些核心技能屬於工作職責範疇。

在一次全國銷售會議上，兩位區域主管在工作午餐期間集思廣益、制定新策略。隨後，其中一位將手高高舉起，向大家介紹剛才討論的策略。她在一開始就提到了她夥伴的參與，但她有足夠的膽識來展示這個想法，並回答它所引起的一連串問題。你認為大家會記得這兩位成員中的哪一位？

如果你是劍型人，就有先天優勢。你與興奮的關係會產生一些與自信相互作用的正面影響。由於大腦的化學反應，你往往會更樂觀，同樣地，你往往更能承受風險並且不易受

到社交焦慮的影響。換句話說，張開雙手歡迎興奮的一點點衝擊，使你首先舉起手來。可是，等等，對於劍型人來說，興奮是雙向的，既可以是祝福也可以是詛咒。你知道魔鬼就藏在細節中，但與其擔心細節，劍型人可能會迷失於尋找多巴胺的刺激中。對細節的注意力，意即對文件記錄和證實「大局觀」想法所需要的寧靜，以及有時乏味的工作，可能會因此被忽視。

克雷格有出色的點子，真的是非常出色的想法。他以此聞名。然而，一談及更仔細的事後跟進時，他也以放棄這些想法而聞名。但這並不是他在自信問題上面臨的主要障礙。事實上，克雷格的挑戰是混合了自信心失控和無法說「不」。作為一名建築師，他出現了壓力和疲憊的症狀，因此尋求我們的幫助。儘管他每天黎明前會在跑步機上跑一小時，但他的血壓控制得不太好。

他對自己標準日常的描述，讓我們都想要在某個地方蜷縮起來睡覺。在辦公室工作了 9 到 10 個小時後，他會回家吃個快速的晚餐，然後幫助雙胞胎洗澡。把孩子們安頓好、為他們讀故事之後，他會去電腦前忙著正在進行的一個或數個私人項目，只有在妻子叫喚第二或第三次後才休息。晚上的睡眠僅有短暫的 5 個小時，然後他會摸索著鬧鐘起床，前往跑步機。他總是第一個到辦公室，也是最後離開的人，唯一的休息是午餐時間狼吞虎嚥地吃下外送來的燻牛肉黑麥三

明治。

　克雷格是一位聰明且充滿才華的人，毫無疑問，他或許能夠在所追求的每一件事上都獲得精湛的造詣 —— 唯一的前提是他願意一心專注於其中一項。然而，這並不符合他處事的風格。他傾向於同時嘗試處理多件事情。除了應付繁忙的建築工作業務外，他還在開發一款專為大企業設計，希望能夠上市的生產力應用程式。這需要他與多位程式設計師合作，而且他堅持要親自參與應用程式的「外觀」設計。最近，他所屬的專業協會詢問克雷格是否有意每週參與一檔播客節目。他已經在家中設立了一個迷你錄音室，用於寫作和錄製節目。他在處理這一切的同時，還在撰寫一本關於新材料對建築設計影響的書籍。值得一提的是，他還在兩個董事會中擔任職務，並且剛剛被邀請加入另一個董事會。光是想想這一切就令人疲倦不堪。而現在，克雷格又提到他在考慮自願擔任孩子們的足球隊教練。

　對於他所做的一切，我們無法確定克雷格是在尋求欽佩，還是希望得到一些同情。或許這兩者都有。但我們引導他回到選擇前來見我們的初衷。然而，克雷格不太願意提及的是，他不斷地聽到一些謠言，聲稱他槓桿過度且心思不集中。事實上，他最近已經失去了兩個重要項目，目前尚未找到能夠替代它們的項目。

　渴望做很多事情，而且實際上又幾乎能夠實現這一切，

是一個棘手的問題。我們當然不想動搖克雷格的樂觀和自信心，但我們確實想向他展示大腦化學反應在他不斷擴張的活動範圍中發揮的作用。我們解釋，將低濃度的多巴胺誤認為是無聊和死氣沉沉的感覺，會導致他們這些具有相同大腦化學成分的人，生活在對深度思考的恐懼中。因此，為了避免這種情況，他們會幾乎不惜一切代價確保這種情況不會發生。

克雷格似乎對我們的說法持保留態度，但當他說：「我很樂意嘗試你建議的任何事情，只要不會讓我無所事事地閒著就行。」不證自明，我們找到了切入點。有時候，你不想要的正是所需要的，也是採取不同方式做事的起點。

形容克雷格為「有能力」顯然是過於保守，他的才華實在不容小覷。對於自己的多種才華，他充滿自信，毫不懷疑。然而，他對自己的自信和確信，部分來自於如何調控低度興奮狀態。他持續不斷地在不同活動間轉換，確保刺激源源不絕。大多數項目都需要繁瑣但又不可或缺的細節關注，然而這種任務未能引起他的興趣，因為其刺激價值太低，致使克雷格會暫時將此任務擱置，尋找一些「更有趣」的事情。然而，正是不懈地尋求更有趣事物，對他的事業構成了威脅。

我們為克雷格設定了兩個任務。首先，我們說服他試用一款正念冥想的 APP，試用期為 10 天。接著，我們要求他製作一份稱之為「我寧願忽略的細節」清單。我們向他解釋，

第一個策略可以讓他增加對低刺激時段的容忍度，從而減少分心。然而最終沒什麼收穫。他聲稱試圖專注於自己的呼吸，但除了感受自己的呼吸之外，他想去做任何其他事情。我們將它切換到更能容忍的 15 分鐘的「無目的時光」，他同意閉著眼睛坐在一個安靜的空間裡，除此之外沒有其他說明。而這一項，克雷格做得到。

他處理「我寧願忽略的細節」清單的方式讓我們驚訝。他帶著 3 頁紙進來，說：「我從沒想過腦海中會有這麼多事情沒有被好好處理，難怪我會失去生意。我不會容忍任何一個讓這麼多事情出紕漏的人。」他繼續說並用手掌拍了拍清單。「當我看到這個，我的眼睛都花了。我當時只想上網搜尋一直在研究的攜帶式披薩烤箱。」

關鍵就在這裡！沒有不喜歡買新玩意兒的劍型人。我們明確地知道如何激勵克雷格仔細閱讀他的必要細節清單，他訂購的那個新烤箱是為了獎勵自己完成了一些非常必要卻繁瑣的任務。真正的自信需要證據，雖然克雷格充滿態度、活力和樂觀，但嚴重缺乏後續行動和對細節的關注，而這些阻礙了他的成就。

正如他所說，他願意解決「我不感興趣的事情」，這對他的工作成果產生了巨大影響。「我知道我忽略了小事，每當我停下來時才意識到它們實際上是多麼重要，以及我如何透過不做這些事來分散自己的注意力。做事不再跳來跳

去，專心於手中的任務實際上讓我完成了更多而不是更少，感覺還不錯。」

對於盾型人來說，影響信心的因素是更迂迴的方式。隨著他們更加熟悉事物的陰暗面，他們在世界上的姿態通常更具防禦性。劍型人可以忽略重要的細節，而盾型人會迷失在其中。對他們來說，細節就像朋友，他們愈沉浸其中，就愈有安全感。而且，由於他們與興奮之間的緊張關係，盾型人傾向規避風險和逃避。這些動態相互作用的結合讓信心的發展成為一個艱難的過程。自信是以某種大膽的形式表達出來，這常常讓盾型人不舒服和不安，他們傾向等待更多資訊進來，以便採取行動。

貝絲發現自己陷入一個困境，她不願意根據自己認為仍然不完整的數據做結論，這引起了主管的憤怒和不耐煩。讓我們說些關於貝絲的事。她是一個天主教大家庭中的么女。在福特漢姆大學接受耶穌會教育後，她決定成為一名修女。她與 2 位姊姊和 4 位哥哥一起長大，她渴望透過獻身於學習和服務的生活，來過她想像中有條理和寧靜的生活。

由於發生了一些意想不到的轉變，貝絲開始質疑她的「使命」，並在立誓前決定放棄宗教生活。利用她的教育和興趣，她在洛杉磯一家大型天主教醫院找到了一份行政人員工作。貝絲全心投入於工作中，被賦予收集、分析有關感染控制和患者安全更新程式的數據的任務時，她很高興。在項

目進行 6 個月後，她被要求有所成果。儘管工作時間很長，但速度從來都不是她的強項。準確性是。畢竟，她是盾型人。

當我們遇到貝絲時，她擔心自己會失去熱愛的工作。在她的年中考核中，主管告訴她，除非她很快就有成果要發表，不然就會有人代替她發表。貝絲悲痛欲絕，她不知道哪個選項更糟：丟掉工作，還是為了速度而犧牲準確性，並倉促得出她還沒有信心做出的結論。她非常焦慮，並且失去了胃口。表面下，她對自己有這種自信心危機感到憤怒。這不是第一次了，這讓她對最近所有的決定都充滿懷疑。

在與盾型人合作時，我們首先要做的第一件事，就是幫助他們將事實與大腦的化學反應分開。這樣做的目的有二。首先，區分「這實際上是危險的」和「這感覺很危險，儘管我知道它可能不是」會降低焦慮程度。其次，這樣為設計專屬於他們的策略提供了基礎內容，以便安心地開始承擔合理的風險。正是透過承擔這些合理風險，盾型人建立了信心。

貝絲本來可以有額外再 6 個月的時間來收集更多的數據，但說實話，她已經能夠對 95% 的問題做出確定的結論，並對另外 5% 的問題做出初步結論。她愈談論這些項目，就愈清楚完美主義是阻礙撰寫這份報告的罪魁禍首。然後她透露了令人驚訝的事情。她被告知，當報告完成後，她將要向董事會口頭報告。在這裡，發揮影響力的是她對公開演講的恐懼。只要她能繼續收集更多的資訊，她就可以逃避在一群

人面前呈報。她自我破壞了自己的才能，只因為她不知道如
何處理自己與興奮的關係。

為了克服她對興奮的恐懼，我們制定了一種減少臨場表
現焦慮的策略，類似於我們在第四章中對柯林使用的策略。
對於貝絲，我們改變了一些方針。在流程接近尾聲時，她會
向我們進行簡報。直到當天，她想盡一切藉口來逃避當面報
告。我們只是不斷提醒她，如果她的目標是保住工作，就必
須克服這種不舒服感。

當這一天終於到來時，她穿著我們從未見過的衣服進來
了，一套合身的炭灰色西裝，自我介紹時彷彿我們從未見過
面一樣。她像一位真正的贏家地完成了演講。兩週後，她在
工作中的表現得到了主管的高度讚揚。所有的排練都帶來了
回報。

自律與自我指導

什麼是自我指導（self-direction）的推動力？當然，最
重要的是野心，能夠想像和理解前進的道路，並結合專注、
好奇心與想像力。能夠保持自律並且知道自己要的是什麼，
不僅感覺會很好，當我們將這種能量投入工作時，更是一個
關鍵優勢。事實上，自我指導已經確定是影響一個人整體表
現的最重要因素之一。尤其當你正在尋找有能力承擔更多責

任的人，或是想要將某人納入麾下，自我指導為什麼會成為職場上如此受重視的人格特質就非常明顯了。那麼，同樣的情境，又有哪些特質是管理層相當重視、滿意且開心的呢？

可惜的是，很多事情都會妨礙我們保持自我指導，而這一切都圍繞著我們與興奮的關係。劍型人與盾型人的內在動機往往有類似的**障礙**，但這些陷阱的**根本原因**與他們迥然不同的大腦化學反應一樣相異。盾型人和劍型人都可能過度依賴外部反饋或指示來源，並且都可能錯誤識別核心任務。讓我們看看為什麼如此。

克里斯有著未被實現的極大潛力。他洋溢著樂觀和富有感染力的微笑，他的出現溫暖了整個房間，讓周圍的人感受到被關注與被欣賞。克里斯雖然也願意負責額外的專案，但遺憾的是，他的熱情並沒有伴隨著後續的行動。克里斯過度承諾，卻未能將承諾兌現。

這段描述是從克里斯的年度考核中複製過來的。當他與我們分享這個片段時，他在開頭寫道：「我在工作中是志在必得的人。沒有人需要告訴我該做什麼，或是如何兼顧我負責的所有事情。更重要的是，我的主管告訴我，他希望我將來可以。我不是在轉述，『在未來更自動自發一些』。多麼侮辱人！我覺得我完全被賞了一個巴掌。」

好吧，當然不完全是。但是我們如何傾聽和接受批評

呢？沒有人喜歡聽到關於自己的負面評價，而且生氣和否認是很容易愈弄愈糟的。當克里斯繼續與我們一起回顧他的評論時，一條大路開始出現了。他將是第一位將自己描述為自律和自我指導的人，儘管事實並非如此。他在第一場諮商中透露的是一些劍型人保持一致的內在動力方面的典型盲點。

如前所述，那些天生中樞神經系統活化太少的人對獎勵很敏感。在克里斯的情況下，這意謂著他的決定，無論大小，都會受到少量多巴胺的影響，進而增加興奮並產生更大的舒適感。當然，這所有一切都超出了他的意識。那麼，獎勵敏感對克里斯的內在激勵能力有什麼影響呢？我們請他描述自己的職責並將其寫成兩欄。第一欄被標記為「比較有趣」，第二欄被標記為「不太有趣」。克里斯是個聰明人。完成清單後，他抬起頭笑著說：「我知道你們打算用這個做什麼。第二欄更難保持下去。看，我一開始時很起勁，但不得不處理很多繁瑣的細節實在是太無聊了。我會想到一個主意，將我手中事情放下，然後轉往其他更有趣的事情上。」

「轉移」與衝動控制有關，處理「乏味的細節」與延遲滿足有關。這些都是劍型人的大腦化學和獎勵敏感度的兩個方面，它們會導致一個共同的障礙，就是注意力分散。注意力不集中是自律和自我指導的敵人。

在此基礎上，分心的副產品通常是拖延。克里斯在討論了注意力不集中的結果後，告訴我們，半途而廢是他的工作

習慣的一部分。「承認這一點很尷尬，但我很容易失去興趣，」說著，他看著別處。「有時，當我遇到障礙或者現況看似太困難時，我就放棄了。當我還是個孩子的時候，他們給了我利他能。我曾經討厭不得不接受它，但它確實幫助我更保持在正軌上。」

無聊、失去興趣或注意力不集中，以及缺乏持續的耐力（即放棄）都是劍型人可能存在的弱點，注意力不足過動症的病史也是如此。我們與克里斯一起做的第一件事，就是建議進行正念冥想。我們得到了不屑一顧的白眼。最終說服克里斯投入 12 週冥想的是一項研究。研究人員莉迪亞・姬蘿絲卡（Lidia Zylowska）與同事發現，78% 的參與者（順便說一下，這些都是被診斷出患有成人注意力不足過動症的人）進行正念冥想後，他們的注意力不足過動症的症狀就能有所減輕。不僅如此，研究人員還發現參與者在注意力方面的表現明顯變得更好。

拖延和未能完成目標，通常與另一種劍型人傾向有關——幾乎無意識地依賴外在指引。劍型人在前饋環境中能夠發揮得最好。與反饋不同，前饋不是事後對績效的批評。反之，前饋與在任務開始之前制定明確的指令和期望有關。「因為自身的不足而不斷地跳來跳去，對我來說從來都不是一個非常有效的動力。這種感覺像是指著拉鍊沒拉上的褲襠，只會讓自己難堪。」

當我們向克里斯解釋前饋概念時，他興奮地說道：「是的，我很希望讓我的主管設定事物的優先順序，提出具體的期望，並設定時間表。但我永遠不會得到，因為我的主管不會花時間搞懂這一切。」我們也同意，大多數主管沒有時間、意願或精力為他們的下屬做這些。克里斯需要學會自己做這件事，這就是我們給他的任務。

他似乎對自己很滿意，帶來了一張圖表，上面詳細列出了他正在進行的 6 個項目。對於每個項目，他都制定了詳細的範圍和期望，並為每個項目指定了具體的完成時間。克里斯會提供他自己的前饋。當我們突然喊出暫停時，他很失望，我們希望對動力的維持增加另一個障礙——錯誤地識別核心任務。

在確定分配給他們的任務中哪些是最重要和最及時的，劍型人可以採用一種瑞士乳酪理論（Swiss cheese model）。他們可能會產生不注意盲視（inattentional blindness，專注於一件事導致看不見其他事）。我們向克里斯展示了一段關於這種現象的影片，影片中，有一群人將球傳來傳去。看影片的時候要順便計算球被傳了多少次。「13 次。」他說。「那你有沒有看到其他讓你印象深刻的事情？」我們問。他搖了搖頭。我們重播了影片，告訴他在開始播放之前，他錯過了一隻非常明顯的大熊。他簡直不敢相信自己的眼睛。在傳球的人群中，有位偽裝成大熊的男人走到中央，面對鏡頭，

然後用月球漫步的方式走開了。你也可以上網搜尋這個影片
（Inattentional Blindness — How Many Passes），自己一瞧
究竟。

我們常用這個影片來解釋劍型人選擇最有趣和最有可能
產生刺激（提供一點多巴胺刺激）的任務。畢竟，劍型人對
獎勵敏感，總是四處尋找能刺激和活化他們的東西，自然而
然地就會被吸引去做最有可能帶來快樂和享受的事情。要求
觀眾專注於球被傳了多少次，是導致影片中不注意盲視的原
因。對於劍型人來說，他們的盲視是由自己與興奮的關係造
成的，他們無意識地需要去尋找它。我們讓克里斯再次仔細
查看他所帶來的圖表，並將那隻熊考慮在內。他的任務是仔
細檢查清單，非常有意識地按照重要性和及時性排列優先順
序，同時剔除興趣和刺激。帶著混合了「難以置信」和懊惱
的表情，他改變了 6 個優先順序中的 4 個位置。

在克里斯離開之前，我們讓他大聲朗讀了他那篇不太值
得說嘴的評論。令我們吃驚的是，他的怒火煙消雲散，取而
代之的是一種真正的個人責任感和控制感。我們給了他一些
工具來駕馭天生的大腦化學反應，並希望他能在他的旅程中
使用它們。克里斯現在了解特定的大腦化學對於決策的影
響，並且很有可能減少它們所製造出的不良結果。

正如我們所提到的，儘管潛在的因果關係截然不同，但
盾型人關於自律和方向的問題與劍型人非常相似。當然，並

不是所有的盾型人都會在這方面有障礙，但當他們遇到障礙時，就會嚴重地影響表現。

盾型人並不會尋找增加皮質活化的方法，而是會尋找避免受傷的方法。他們不像劍型人一樣對獎勵敏感，而是對受到傷害的可能性很敏感，並有動力逃避它。盾型人為避免傷害，會保持在相對穩定的高度警戒狀態。正是這種長期保持警惕的情緒狀態，干擾了保持自律性和積極性。這種警戒伴隨著維持它所需的能量消耗，代價不菲。盾型人的過度警戒可能會導致他們過度思考，懷疑自己，並因完美主義而陷入浪費時間的困境中，這都會吸收額外的能量。

事情的成功與否是另一個與自律和動機相關的變數。盾型人經常無法完成重要任務，不是因為他們懶惰或沒有技術技能，而是因為他們不願意做出關鍵決定。如你所見，盾型人厭惡風險，通常寧願混日子也不願冒著可能犯錯的風險。正如我們所指出的，盾型人往往會出現偽陰性錯誤。我們發現對盾型人有幫助的其中一件事，是要求他們建立一個由「我擔心但尚未發生的事情」組成的清單。毫無根據的恐懼往往會回到無意識中，但如果我們把不必要的擔憂寫成文字並記錄下來，它們就會以一種更容易檢索和更有效的方式儲存起來。在懷疑的時候，這個記憶和影響即可學成提醒，用來抵抗毫無根據的恐懼和自我懷疑。

對於風險的低容忍度，是盾型人無法持續保持動機，成

功完成任務的主要因素之一。他們通常不像一些劍型人那樣輕易放棄，但當他們確實放棄時，風險往往是罪魁禍首。儘管我們都傾向於認為自己的決策基於邏輯，但事實上，我們的情感，尤其是對盾型人而言是恐懼，對劍型人而言是慾望，在決策中扮演著巨大的角色。

《是有多危險？為什麼我們的恐懼並不符合現實》（*How Risky Is It、Really?: Why Our Fears Don't Always Match the Facts*）一書的作者大衛・羅佩克（David Ropeik）這樣說：「風險決策不是有意識的，也不是循證的。它是情緒化的，是在我們對資訊的感受的背景下型塑的。這取決於我們的生活環境、教育、健康和年齡。」而我們會將「大腦化學失衡」加入該清單並特別標註出來。

如你所見，杏仁核是參與風險評估和決策的關鍵區域之一。大腦的這部分負責透過向其他大腦區域發出潛在威脅的訊號來觸發恐懼感。在響應警報後，身體開始釋放壓力荷爾蒙，並準備以 3 種方式的其中之一來做出反應：逃跑、戰鬥或麻木。當然，杏仁核目的在保護我們免受傷害，而盾型人擁有活躍的杏仁核，放大了完成該目標所需的微觀決策可能產生的後果。盾型人的行為舉止遵循著一個不言而喻、無意識的口號：**有疑問時，先不要。**

但人類的決定並不僅僅是出於恐懼。我們的大腦有一個平衡系統，一個叫做腹內側前額葉皮質的區域，它會評估杏

仁核是否反應過度，讓大腦能夠更理性地評估決策。這兩個大腦區域密切相關並相互影響。杏仁核向腹內側前額葉皮質發出某種潛在威脅的訊號。前額葉皮質會花點時間在脈絡中審查警報，並得出關於威脅是否嚴重以及如何回應的結論。

處理風險對盾型人來說可能很棘手。杏仁核和前額葉皮質進入一種誰做主的競爭。請記住，盾型人往往有嘈雜、過度活躍的杏仁核，這些杏仁核並不總是能夠輕易接受從前額葉皮層傳回的冷靜邏輯。因為他們的血清素偏低，盾型人的杏仁核經常占上風，導致他們做出大大小小的決定是出於恐懼而不是理性。這種決策腦迴路顯然也存在於劍型人的大腦中。像盾型人一樣，它們（杏仁核）會在面臨不同行動方案時發揮作用。但是，在盾型人專注於成本的情況下，劍型人更關注可能的收益。

雖然，盾型人對風險的厭惡，可能是他們完成決定性任務時出問題的主要原因，但他們可能還有另一個與完成任務密切相關的障礙。這個可能的障礙就是他們迷戀並依賴反饋的傾向。盾型人喜歡反饋，包含的資訊、進步感和鼓勵。由於大腦化學反應，盾型人經常自我懷疑，前進並做出艱難的決定對他們來說很不容易。當然，一路上的反饋會讓那些艱難的決定變得更容易一些。但這種對反饋的喜愛有一個缺點。主管們不喜歡對專案項目提供太多和太頻繁的反饋。然而等待或過早地索求反饋，可能會被解讀成無法獨立以及靠

不住。

我們發現在這方面有幫助的是接受創建自己的反饋的挑戰，任何任務或項目都可以透過這種方式來處理。花時間逐步完成項目（無論是在紙上還是在你的腦海中）。在每個步驟中，已經完成的，請給自己一個讚（豎起的大拇指評價）；尚未完成的，請給自己一個倒讚（向下的大拇指評價）。大多數情況中，點讚的步驟會比你倒讚的步驟多。對於有疑問的問題，請問自己以下幾個問題：「為什麼我認為這行不通？」「我需要更多資訊才能繼續嗎？」「我在拖延嗎？」「我是完美主義者嗎？」「如果現在做出一些決定，我可以提前進行嗎？」

現在進入有趣的部分：這個過程反映了你與自己的關係。對於許多盾型人來說，這種個人關係是不穩定的。成為自己的盟友，而不是吹毛求疵的批評者，才是對你有幫助的。是，與自己建立積極的關係需要勇氣——相信自己的勇氣和推動自己做出艱難決定的勇氣。哪些艱難的決定與你的項目相關，哪些決定如果在今天做出，會將那些倒讚的步驟轉移到中立位置，甚至可能變成點讚？沒有人比盾型人更需要建設性的自我安慰。鼓勵自己，當然，推動自己做得更好，相信自己能夠做出你需要做出的決定。與自己的成功關係一方面是自律，另一方面是鼓勵。

至於成功完成的第三個障礙，是誤判核心任務。我們已

經討論了為什麼劍型人會誤判核心任務。盾型人在這方面可能有自己的問題，但原因不同。盾型人有時會說服自己專注於項目的某些方面，而忽略其他方面，卻未意識到更深層次的原因。

當你的基本立場是防守性的時候，這世界可能看起來充滿危險。為了避免困難、壓力所帶來的焦慮，會導致盾型人扭曲對任務重要性的判斷力。因此，我們發現定期檢視工作流程的優先順序，對於盾型人特別有幫助。同時，我們也發現根據重要性及處理這些任務所帶來的焦慮程度，來排序這些任務，也非常有益。你是否更有可能拖延那些引起更多焦慮的任務？如果是，請優先處理這些任務。勇敢地直面焦慮，勇敢地挑戰它。

老實說，我們在工作方式上可能都有自己的小毛病。有些事情對我們來說更容易，在某些方面明顯表現得更出色，同時也有一些我們不太願意承認的特質，但他人卻指出來，而我們心底也清楚那是真的。雖然不是所有工作的個人風格都與大腦中的化學反應有關，但我們知道，有某些特質的確高度相關。

請花幾分鐘時間思考一下，哪些與大腦類型相關的特質可能會對你的工作有幫助。你是否能夠辨識出與自身相關的主題？你是否看到自己與我們描述的故事和議題中有相似之處？如果有的話，你是否從中對自己有更深的了解？有哪

些？你願意作出哪些微小的改變？對於這些改變，唯一真正的障礙是你是否願意面對和挑戰自己，不再讓興奮時的不適成為左右你的方式。大腦類型帶給你的舊習慣，會阻礙你在工作中的效率和成功。請善待自己──稍微讓自己感到些許不適吧！

第六章
向下管理、向上管理與橫向管理

利用你對盾型人／劍型人的知識，更有效地向上、向下與橫向管理。

除非你的同事是神經科學家，否則你現在可能比任何在工作中打交道的人，都更了解大腦化學。你可能還會問的是，劍型人盾型人理論是否過於簡化？答案當然是肯定的。我們認為理所當然的大多數事情都過於簡化了。假設我們看到前方是綠燈時，通過十字路口一定是安全的，就是過於簡化的一個例子。我們這樣做是因為它可以引導交通，而且在大多數情況下是安全的。但有時也不一定。

現實的發展方式總是參差不齊、層層疊疊且自相矛盾，但這並不意謂著簡化沒有價值，因為它們使我們能夠概括、觀察主題和趨勢，並且對各種行動和決策做出比偶然預測更好的結論。我們認為更重要的問題不是大腦類型理論是否過於簡化，而是它是否有用。我們發現它確實如此。我們將說明如何以非常實用的方式，將不斷增長的大腦化學物質知識用於所有與工作、就業相關的場景。

在進入本章正式內容之前，我們希望你嘗試一個小實驗。首先，列出對成功至關重要的人員的名字。這份名單應

該包括你的主管，或者可能是主管們，到任何直接向你報告的人，以及與你打交道的同事。他們對你的工作保障，你的才能和技能的表現相當重要。如果合適的話，你甚至可以在這裡納入生活伴侶。這些都是你認識的人。我們希望你利用對他們每個人的了解，使這些重要的關係更加有效。

到目前為止，你已經了解了很多關於盾型人和劍型人的思考和行為方式，以及他們的長處和短處。我們希望你將這種理解付諸實踐。瀏覽你的名單，想想這其中的每一個人，以及你在與他們相處的過程中觀察到的情況。接著是有趣的部分——在每個名字後寫下「盾型人」或「劍型人」。當然，這可能感覺有點牽強，但如果你真的想到這些人，你就會非常準確地猜測他們是誰。這樣做之後，你將再也不會以完全相同的方式看待他們。變得愈來愈明確的是一直隱藏在眾目睽睽之下的東西——他們的大腦化學反應。這樣做的好處是，它可能會使他們的某些行為不那麼令人惱火，也不會與你個人相關。更重要的是，你對他們的大腦類型的了解，將使你能夠以更有效的方式與他們建立關係。

現在，你知道自己是劍型人還是盾型人，也辨別了身邊「重要」的人可能的大腦化學反應。所謂「重要」，我們指的是那些可能會幫助你的人以及那些可能會阻礙你的人，兩者一樣重要。在你繼續閱讀時，這些資訊將為你提供寶貴的背景資料。無論你的工作文化是自上而下、民主、混亂／自

由、放任，還是徹頭徹尾的殘酷，了解大腦類型，它的長處和短處，都是一種有價值的管理工具。

我們都是管理者，即使沒有人直接向你報告，你也可以向上管理並管理你與同事的關係。無論方向如何，都可以使用此工具，它可用於向上、向下或橫向管理。對主管的大腦化學進行有根據的猜測，將了解與他們打交道的最有價值的方法。使用同樣的工具將使你成為更好的領導者，幫助下屬提升整體的團隊合作、生產力和士氣。在橫向管理中，你將學習如何獲得對幸福和成功相當重要的合作關係。

向下管理

如果你處於管理職位，顯然你已經做對了很多事情。我們的目標是提高你的領導技能。我們可以提供幫助的方式是透過你對下屬的理解，在你們的互動中提出一些微小但重要的改變。一方面，這些關係是由兩個人在權力不對等的背景下組成。但在另一個層面上，有兩組大腦化學物質混合在一起，對這些日常互動的結果產生強大的影響。

作為一位主管（我們指的是負責監督他人工作成果的人），你擁有獨特的職責和責任，遠遠超出僅確保下屬保持在正軌上。正因為如此，管理可能會變得隨意和草率，特別是當其他問題更加緊急且更優先之時。

　　我們相信有效的管理者都是好老師，而好的教學需要投入時間、精力和注意力。可惜的是，這些「商品」在當今的職場上供不應求。我們想要提供一些建議，這些建議能夠讓你成為更出色的老師，同時又能節省時間。這些提升效能的方法需要一點點前期的觀察和傾聽，但這種投資所帶來的回報將在未來增加效率和生產力，同時減少能量和壓力的消耗。我們同時深信，出色的管理者是開放、真實且能賦予下屬權力的。正是這些特質的結合，才能夠實現合作所帶來的成果，並且理解自身角色對於團隊目標的重要性。這也是推動成功的關鍵所在。

　　以下是一些有效且具有生產力、合作性和賦權性的管理策略的範例。

　　我們先介紹珍妮絲的例子。表面上看來，珍妮絲只是表現不佳，不僅未達到周遭人的期望，也未達到她自己的期望。然而，在深入了解後，她的案例更加有趣，她的表現不佳並非是一個既定的事實，不像表面看起來那麼絕對。珍妮絲今年25歲，在小學時經過測試，智商測得為143（僅約5%的人口的智商能夠超過125）。儘管她的智商很高，在高中時經歷了艱辛的學習歷程。她的學士學位花了6年的時間，而不是預計的4年。她擁有令人驚訝的詞彙量和優美的口語表達能力，成功通過面試，進入了一家航太公司，起薪為9萬美元，前景光明。

　　入職滿一年後，她開始感到工作岌岌可危。作為典型的盾型人，珍妮絲在提案和起步時表現得非常出色，卻從不滿意自己的成果。她並不期待讚賞，而是每天都預期自己會被解雇！她很為難；為了把事情做完，只好把焦慮集中在交不出東西上頭，而不是作品的品質上。她對自己經常也不必要地阻礙了自己，卻不自知。她常常帶工作回家，或者在辦公室加班到很晚。雖然她沒有告訴任何人，但每次與主管進行每週會議之前，珍妮絲都會服用心得安（Inderal，一種 β 受體阻斷劑，對表現焦慮的人有幫助），以確保她能控制自己的聲音。

　　珍妮絲將「完美是優秀的敵人」帶到了新的高度。她對資料的強迫式反覆修改並未讓它變得更好，只是讓它變得不同而已。她很少犯錯，但更少按時完成任務。在回顧她的紀錄時，我們發現了她過去的 WISC（廣泛使用的韋氏兒童智力量表）結果。除了她的高智商之外，在衡量專注力和對細節的關注度的子測驗中（相對於她的整體智商）也有一些微小但明確的下降。在這個模式中，我們看到了焦慮的跡象，因為正是這種焦慮狀態干擾了我們集中注意力和密切關注細節的能力。

　　如你所知，盾型人往往在細節注重方面表現出色，但在焦慮程度過高時卻表現不佳。當然，作為一名主管，你可能無法獲得這麼詳盡的資訊，但即使只從珍妮絲的表現不佳中

觀察，理解焦慮在這個情境中的作用，也是一個小小的推論躍進。

那麼，要如何管理像她這樣的人呢？她擁有如此多的天賦和巨大的潛力，卻沒有貢獻給團隊？你可能可以想像劍型人在有效管理珍妮絲時可能遇到的麻煩。對於一名劍型人主管來說，單憑珍妮絲的實力應該就能讓她充滿自信。但事實並非如此。劍型人主管可能會欣賞她思考問題的能力，並假設她的智商必然會帶來自信。劍型人講求速度，他們能迅速投入任務並迅速推進至結束。劍型人主管可能會對珍妮絲非常不耐煩，雖然她的工作品質很高，但總是拖延交付。她很可能會被認為是不可靠的，並受到不耐煩的口頭訓斥。

如果她的上司是盾型人，就像珍妮絲一樣，怎麼辦？盾型人主管（擁有與珍妮絲類似的回應策略）可能會過於富有同理心和同情心，這可能會損害她的生產力，甚至損害她對自己的信心。將焦慮的人視為受傷的並與之產生聯繫，實際上是不產生正面效果的。這樣做會突顯出他們令人擔憂和自我批評的天性，使他們更加脆弱和不足。他們需要的是理解，而不是過度照顧。另一方面，一位盾型人主管很有可能會對珍妮絲感到憤怒（在他人身上看到與自己相同的討厭特質時，我們通常會有負面反應）。

無論她的主管是盾型人還是劍型人，在確認珍妮絲是盾型人之後，可以採取一些溝通方法，以貼近珍妮絲，從而使

互動更加有效。

在尊重和透明度的基礎上，管理層的溝通目標應該是提高對共同目標的積極動機。你希望對下屬的工作成果滿意，他們也希望自己能夠對此滿意。為此，珍妮絲和她的主管之間的對話可能看起來像這樣：

「我剛剛詳閱了這份文件，我覺得你的工作真的非常出色。很明顯，你很有天分。唯一的意見是，你又再次遲交了將近一週，耽誤了團隊的其他成員。我不知道是否有人告訴過你，但我們都注意到了。珍妮絲，我很失望。這已經成為一種模式——你的工作顯然經過深思熟慮，卻總是遲交。你可能太能幹了，所以對這些時間限制不甚滿意。這讓我想知道你是不是對自己太苛刻了，所以在這些項目上花費的時間比預期的要長很多。」

在心得安的藥效下，珍妮絲以堅定的聲音回應：「開始任何項目都讓我感到非常緊張。我在學校時也是這麼做的，就是等到最後一刻，然後瘋狂地努力完成。然後一旦我終於開始了，我會一次又一次地進行修改。即使最終將項目交出去，我仍然無法滿足。」

「我就猜到可能會是這樣的情況，」她的經理可能會說：「我給你的這個任務，應該花不了超過一個星期的時間。我們來試一個小實驗吧。我希望你明天就開工，星期三給我一

個目前的初稿，然後在星期五之前將完成稿交到我的桌上。記住，沒有什麼是完美的。不要讓追求完美阻礙你的進展。而且珍妮絲，你可以試著在過程中給自己多一些鼓勵，少一點自我批評。我們每個人偶爾都需要這樣。你是我們團隊中非常寶貴的一員，我希望你能記住這一點。」

現在，讓我們更仔細地看看這段簡單的對話。事實上，它遠比表面看起來更加豐富，因為這種對話正好擊中了像珍妮絲這樣的防禦型人格的五個軟肋（數量愈多愈好）。

軟肋一：豐富、真實的反饋。請記得，盾型人習慣即時回應真實變化，而且對這些變化的反應相當靈敏。由於這些回饋與珍妮絲正在做的產品相關，這些變動是透過豐富的反饋循環所提供的資訊。這種建設性的、「各種面向的」評論為她提供了一些非常具體的反應和批評，所有盾型人都以此為基礎進行思考。

軟肋二：激發「避免傷害」的警報。主管對珍妮絲遲到的評論，和使用「我對你很失望」之類的詞，會加劇珍妮絲完成專案的焦慮。活化任何盾型人迴避傷害的系統，能夠成為強大的動力。像「失望」這樣充滿情緒化的詞，坦白說不應該拿來用，但它們作為真實和適當的評論，是有幫助的。長期拖延對珍妮絲的職涯造成威脅，發出警告是具有建設性的建議。

軟肋三：指出完美主義和拖延症的因果關係。如上所述，完美主義和拖延症的結合，是某些盾型人的常見弱點。這些問題存在時，盾型人會意識到每一個可察覺的缺陷或不完美，並且會對它們的存在感到羞恥。通常，他們沒有意識到自己對不完美的恐懼，是如何導致拖延的。不帶情感地、直截了當地談論這些缺陷，可能會有所幫助。這種對話為更深入理解「延遲」奠定了基礎，更重要的是，傳達了對問題根源——完美主義的理解。

軟肋四：合作。查明延遲的原因後，主管成為珍妮絲對抗「過分熱心」這種批評的隊友和盟友。除此之外，主管還為珍妮絲提供了處理完美主義的策略。鼓勵本身就很強大，但主管也活化了珍妮絲與自己的關係中，未開發的一面。珍妮絲被要求盡量減少苛刻的批判，多肯定自己。她還得到了一種策略，藉由不允許自己無視時間，來強制縮短她的完美主義。珍妮絲需要明白，她需要的不是更多時間，而是能夠更有效地利用時間。

軟肋五：喚醒對獎勵的敏感度。「經過深思熟慮的工作」、「有天賦」和「團隊中有價值的成員」這些評論，讓珍妮絲對工作成果和團隊價值有了積極的評價。盾型人往往對獎勵的敏感度較低。透過傳達這些贏來的讚美之詞，主管激發了她追求獎勵，而不是避免懲罰的可能性。認可她的付出與對團隊的價值，會隨著時間使她對獎勵愈來愈敏感。

讓我們轉換一下注意力。現在，我們想談談另一位表現不佳的員工——一位劍型人的員工。但首先，讓我們回顧對劍型人的了解，以及他們的動機。由於劍型人傾向於尋求刺激以彌補自身較低的自然興奮水平，所以他們容易分心。為什麼呢？因為轉移到新事物的刺激價值大於專注於更熟悉的事物，尤其是需要專注細節和集中注意力的任務。還有什麼呢？由於相同的原因，劍型人有時很難推遲滿足感。

此外，劍型人通常更加樂觀，這種特質具有兩面性。在人際交往或銷售模式下，樂觀是一個優勢。但在實現模式下，樂觀可能成為一個缺點，因為結果勝過高度期望（事實證明是最重要的，而不是美好的承諾）。你也知道劍型人是獎勵敏感，正因為如此，他們往往更能容忍風險，對可能的懲罰和負面結果不太敏感。

這種變化和人格的樂觀性，使他們容易產生偽陽性錯誤（過度估計正面結果的可能性）。對獎勵的敏感和樂觀主義可能會導致認為事情比實際情況更可能有好處，危險性更小。基於這種心態做出的決策，可能會使他們在應該拒絕的情況下選擇答應。

你可能還記得第五章中的克里斯，以及他如何在年度考核中收到不那麼正面的評價。像珍妮絲一樣，克里斯也具有相當大的潛力，但仍然表現不佳，這不僅不符合他的期望，也不符合主管的期望。

他的主管給了他這個褒貶不一的評價：

克里斯有著未被實現的極大潛力。他洋溢著樂觀和富有感染力的微笑，他的出現溫暖了整個房間，讓周圍的人感受到被關注與被欣賞。克里斯雖然也願意負責額外的專案，但遺憾的是，他的熱情並沒有伴隨著後續的行動。克里斯過度承諾，卻未能將承諾兌現。

你可能還記得，克里斯很沮喪。直到很久之後才告訴我們的是，他的主管讓他知道，他的延誤造成了「下游嚴重的延誤」，因此「你在這裡岌岌可危。這是一個警告」。

雖然我們不去懷疑評論的準確性或主管有意提供幫助，但我們確實認為，如果她知道克里斯是一位劍型人並考慮到他特殊的大腦類型，她本可以提供更多有好處的反饋與他對話，這會更有幫助，並且更利於達到目標。

讓我們提供關於克里斯更深入的背景故事。他是那些一旦實驗者離開房間就會狼吞虎嚥地吞下棉花糖的孩子之一。雖然克里斯很早就學會了閱讀，但對內容的理解卻遠遠落後。在小學時，他服用了專思達（Concerta，一種非苯丙胺興奮劑），到了初中，他服用阿德拉（Adderall，一種苯丙胺和更強的興奮劑）。他在大學期間繼續使用阿德拉，在考試前熬夜。就像許多劍型人一樣，他的生活充滿了未完成的項目，其中一項是一輛仍然放在車庫裡未打開的箱子裡的飛

輪，還有他拆毀並向妻子承諾會更換的柵欄。他生活在一個充滿信念和興趣的世界裡，充滿熱情地投入其中，但很容易棄若敝屣。

　　那麼，克里斯的主管如何以更具建設性的方式進行評估呢？考慮到他的大腦類型，我們建議如下：「克里斯，大家都喜歡你充滿活力的個性。面對面交流時，你很有魅力，總能夠抓住重點，我們對你承諾的時間表充滿信心。但是，從紙面上看，情況完全不同。你讓一些重要的專案未完成或無人管理，而延遲的時間表也導致了一些昂貴的代價。我認為你確實在這裡做出了貢獻，但僅僅基於數字來看，你並非不可替代。話雖如此，我們確實希望你能夠成功。你現在正在同時處理 6 個不同的專案，需要同時掌握這麼多事情確實不容易。就我個人而言，所有這些專案的相對重要性和優先順序都是相同的。從你的角度來看，哪個專案最有趣，哪個最乏味？好的，我希望你能將時間和精力投入到那個乏味的專案上。下週我們再次交流，屆時你可以告訴我你的進展。在構想方面，你表現得很出色，但後續的跟進和處理細節才賦予了這些想法真正的價值。我希望你能為每個專案分配短期、中期和長期的目標以及時間框架。請實事求是，而不是過於樂觀，因為每週我們開會時，我期待你能達到這些目標。克里斯，我希望你能保持專注。雖然我不確定你的工作方式，但我相信你知道，所有關於工處理的研究都表明這是不太有效的。」

這種反饋如何既對克里斯有幫助，又有助於實現公司目標？

一、解決集中／注意力分散問題。識別和評論一個真正的問題可能是有價值的，尤其是當資訊以充滿理解的方式傳遞。克里斯當然知道他不是一個注重細節的人，而且很容易分心。讓主管與他合作並提供可能的解決方案可以賦予他權力。劍型人喜歡從事能為他們帶來最大收益的項目，那些他們認為單調乏味的任務通常會排在最後。這位主管可能還提醒克里斯，先從事較無聊的項目可能會有幫助，因為較有趣的項目可以作為完成個人參與度較低的項目的獎勵。

二、用現實主義調和樂觀主義。提醒克里斯，時間表要現實而不是樂觀，也提醒他注意一廂情願的期望的負面影響。

三、指出他的缺點可能帶來的負面後果。高估自己穩捧鐵飯碗，並否認潛在威脅是很危險的，這位主管不需要拐彎抹角。克里斯應該知道自己有一些嚴重的缺陷。大多數情況下，盾型人對可能發生的事情和對他們有害的事情，都早已留了一份心。但作為劍型人，克里斯往往對可能的破壞性影響相對不敏感，並且可能非常需要負面後果的提醒，來讓他繼續執行任務。從好的方面來說，他的主管也告訴他，希望他成功。此外，有些他可以採取的具體步驟以及完成這些步驟的時間表。

四、提供前饋指導。這位主管可以給予克里斯最重要的溝通是為他提供具體的前饋指導。劍型人經常低估項目完成所需的時間，對承擔太多項目說「好」，然後又因為未能兌現承諾而內疚。當然，當我們內疚時，我們常常會對伴隨著那些不愉快感受的人感到憤怒。這位主管的明確指示和設定的完成時間，讓克里斯可以專注於非常明確的界限。

雖然這些東西都不一定能確保克里斯的成功，但它們可以大大有助於為他提供對劍型人的理解和結構，進而增加可能性，對雙方來說都是重要的雙贏。

向上管理

那麼，你如何向上管理？在與你的主管建立關係時，你是否充滿深思熟慮的意圖？了解主管的大腦化學反應對你有何幫助？好好思考一下，他們是劍型人還是盾型人？透過仔細考慮，你可能會發現一些有助於改善關係的方法。

當你的主管是一位劍型人。蘇珊是一家大型科技公司的產品開發主管。她直接向部門負責人布萊恩彙報。最近，蘇珊氣喘吁吁地走進我們的辦公室。她留出足夠的時間來完成與布萊恩的會面並開車過去，但他害她遲到了。她和往常一樣早早地參加他們每週的會議，但又再次聽到：「他剛出去喝杯咖啡，馬上就會回來。」「20分鐘後，不是馬上回來，」

她抱怨。「總有一天我會遲到 20 分鐘，而他會準時出現。」

在接下來的一個小時裡，我們從蘇珊那裡聽到了夠多的資訊，從主管的難搞可判斷他是不理解自己也不肯定自己的那種人。她不是唯一一個在他背後發牢騷的人。根據蘇珊的說法，大多數向他彙報的人都有自己的「布萊恩故事」。他們會彼此分享這些故事，一個比一個糟糕。

「我懂他，」她說：「你知道我很了解他。」她真的懂。蘇珊，作為一位劍型人，在布萊恩身上發現了她自己的許多傾向——但她很快指出他比她更糟，因為他是如此「為所欲為和自我中心」。我們的工作是鼓勵她，使用她已經擁有的工具——她對布萊恩大腦中化學反應的理解。但首先，我們必須幫助她擺脫困境。

如果蘇珊要以更有效的方式處理自己與布萊恩的關係，她就必須克服對這個男人近乎蔑視的憤怒。身為一位劍型人，蘇珊很容易發怒。事實上，她有很多值得生氣的地方。在過去的 3 年裡，他們經歷了兩次裁員。在最後一輪裁員中，她失去的不僅僅是兩個關鍵隊友。他並不了解不只工作量增加了，她的所有報告都不得不承擔額外的責任。更糟糕的是，布萊恩要求她的團隊參加他每兩週舉行一次的讀書俱樂部會議。根據團隊的共識，這個會一點用都沒有，而且會占用生產計畫中相當重要的任務時間。更重要的是，他將團隊當成內部焦點小組，以幫助他微調正在開發的關於「團隊

激勵」的研討會。

最諷刺的是，這一切都只會更激怒員工們。他們要做的事情已經很多了，這些會議（在她看來基本上是不必要的）只會增加負擔。另外，布萊恩的個性非常愛炫耀。他會吹噓自己的談判能力，堅持參與公司與他感興趣的意見領袖與名人代言的交易。蘇珊和團隊的其他成員認為，他根本不在乎公司的事情。蘇珊開始認為他是位自私自利、愛吹噓自己的人，當他在那邊大聊特聊的時候，其他人都在工作，蘇珊做著自己的工作，也幫忙做了他的工作。是的，她非常生氣。

無論有多少正當理由，憤怒都妨礙你當個聰明人。布萊恩顯然是那種只會討好特定人選，讓他們都滿意的政治家。他相信自己是無敵的，在公司有很大的影響力。疫情和隨之而來的停產，意謂著可能會有新一輪的裁員。蘇珊發現自己對布萊恩的評價太高調了，她也知道怒火對她個人來說會是一種威脅。她可能是下一個被砍掉的人。蘇珊沒有像過去那樣，等著看下一輪裁員的結果如何，而是決定這次不會坐以待斃。她打算試著去改變結果。

同為劍型人的蘇珊，意識到布萊恩對前饋的反應有多好。蘇珊帶著詳細的策略去找他，以挽救她認為團隊中岌岌可危的設計師。「我認為有一種方法可以拯救亞倫。」她告訴布萊恩。「有了新產品目錄，我們需要更多而不是更少的人，我有個計畫。」在他們的討論結束時，布萊恩將她

的計畫變成自己的計畫，只是對蘇珊提出的要點進行了細微的調整。

　　有一天，布萊恩在大廳裡攔住她，告訴她，他正在考慮讓每個人都讀一讀《情商》，以便在即將召開的員工會議上討論。當她說「你的意思是重讀」時，她可以從他臉上的表情看出這不是一個好的方向。蘇珊只能盡力不說這樣的話：「你知道那本書有多舊嗎？」相反地，蘇珊說：「有趣的選擇，布萊恩。讓我想起另一本書。你是一個看重大局、通才型的思想家。大衛・艾波斯坦（David Epstein）有一本名為《跨能致勝》（*Range*）的新書。這是關於融會貫通的能力，如何將各個部分組合在一起，而不是成為專家。」當她收到要求團隊閱讀《跨能致勝》的電子郵件時，她暗自微笑。透過賦予布萊恩權力，她也賦予了自己權力。她知道他和自己一樣喜歡這種閃耀的方式。

　　蘇珊和布萊恩的一對一會面變成評判對方的行為或觀點。這些評判會縮小資訊流，導致隨著時間愈來愈難學習新且有價值的東西。資訊與評論間，成反比的關係令人沮喪。我們向蘇珊建議了一個小實驗。我們要求她在與布萊恩的會面中，不要帶著假設和判斷，而是帶著好奇和娛樂的心態。

　　「他一點都不有趣，」她反駁道。

　　「但這本身不是很有趣嗎？那個認為自己很有魅力的人，其實缺乏他引以為豪的人格特質？」

「我認為這很可悲。」

「也許是這樣。但是，見證他的盲目行為不是很有趣嗎？」

「我看到一個沒有安全感的小男孩，為了向女孩子炫耀，然後撞上滿桌的玻璃杯。」

「妳說的沒錯。」

為了把蘇珊與布萊恩的關係處理得更好，最重要的事情就是將她的憤怒和對他的不尊重，轉化為毒性小得多的情緒。這些都是從了解布萊恩可能的大腦類型。

在接下來的幾週裡，我們對蘇珊進行了一些同理心練習，目的是降低她的憤怒，或許還能幫助她了解自己將責備外部化的傾向。我們讓她做的第一個練習是為了激發好奇心。她的任務是從布萊恩那裡找出她不知道的 3 件私事。儘管她告訴我們她不在乎也沒有興趣了解他的任何個人情況，但她還是同意試著逗我們開心。蘇珊發現布萊恩出生在內布拉斯加州，在高中時踢過足球，並且喜歡墨西哥菜。

我們讓蘇珊做的第二件事，是與布萊恩分享她自己的個人故事。她問起是什麼吸引了他進入科技行業，然後告訴他，她父親早年想在 IBM 工作，但被徵召入伍並在海軍服役了一段時間。布萊恩這時也開始分享關於自己的細節。她了解到布萊恩有一個超級優秀的哥哥，在他 9 歲時就去世了，而他的父親在經營一家油漆店之前，是一位失敗的演

員。這個男人不再僅僅是她的上司、吹牛大王和死對頭；他很複雜，也更像個人。

接下來，我們讓蘇珊練習更加了解自己的感受，並理解自己為什麼會有這種感覺。她描述自己只要一想到布萊恩，就會變得很緊張和火大。當事情發生時，我們讓她記下感受並反思它們。當她繼續在更私人的層面上，與布萊恩交談時，她回報她的感受開始發生變化。

她談到，有一次會議結束後，當其他人離開房間時，她與布萊恩的談話。她看著他把一盒甜甜圈推到自己搆不著的地方，然後發現自己告訴他，她還是個女孩的時候，曾為體重大為苦惱。他專心聆聽，並講述了自己的故事，說他十幾歲時長了嚴重的粉刺，這對他的人生也造成了極大的破壞。

目前尚不清楚，蘇珊對布萊恩的評價是否變得更好，她可能還是覺得他的言行令人惱火，但她不再那麼生氣了。她看到了他明確的不安全感和需要。透過讓他更加人性化，她設法使自己變得人性化，變得更容易包容。蘇珊不再單純地將他視為「其他人」，而是與他保持距離，因此她發現自己獲得了愈來愈多的信任。布萊恩愈來愈常問她，要怎樣才能讓整個團隊更加完整。她聳了聳肩，告訴我們，前幾天晚上，他們甚至一起喝瑪格麗塔酒，吃著墨西哥菜，處理了所有的數字報表，蘇珊說：「他真的不是壞人。」

　　當你的主管是盾型人。在與盾型人主管建立有效關係，存在一系列與眾不同的障礙。儘管他們可能欣賞樂觀主義，但往往不太可能因此給予獎勵，因為他們懷疑可能缺少一些重要的數據，可能導致一些危險的情況。他們並不輕易受到熱情的影響，更注重對細節的密切關注，他們更看重證據而非承諾。他們往往比劍型人思考得更慢（更準確），所以他們的決定可能會慢得令人沮喪。

　　由於採用「反應性」回應方式，他們對昨天有效的方法不太感興趣，而更關注在今天不斷變化的條件下，仍然有效的方法。不管他們是否讓你看到，重要的是要記住盾型人容易焦慮。雖然安撫他們不是你的工作，但讓你的行為令人放心對自己有利。我們傾向於將自己的一些特質投射到我們對他人的看法中，鑑於盾型人可以很容易地延遲滿足感，這些期望也可能適用於你。

　　出於避免潛在傷害的動機，盾型人主管對於你的任何行動可能都不會表示歡迎，因為這些行動可能會揭露他們的隱私。最後，了解盾型人的風險概況是很重要的。由於他們對風險抱持較保守的態度，他們總是會選擇較小的收益，以避免更大的損失。

　　這些是我們在艾普莉進來時與她討論的一些事情，她擔心工作的未來。艾普莉真的很想要她的工作。不，她需要它。作為單親媽媽，她沒有犯錯的餘地。在過去的 4 年裡，

她為凱倫工作，負責發展一家曾經很成功的派對策劃公司的兒童部門。疫情和經濟衰退使業務受到重創。凱倫一直很節儉，當封鎖措施來臨時，她開始節省開支，將所有設備存放起來，透過政府的小企業貸款來繼續支付員工降低的薪水，計劃等待情況好轉。幾個星期過去了，錢逐漸用完，艾普莉開始領取失業救濟金。

艾普莉第一次來看我們時，凱倫剛剛重新開始營業。艾普莉暫時被重新雇用，這取決於她能否重振兒童部門。不幸的是，情況遠未達到他們所期望的程度，甚至許多最忠實的客戶也離開了。艾普莉不需要任何人告訴她工作岌岌可危，保持現狀只會導致一件事——再次失業。

為了保住工作，艾普莉知道她必須發揮創造力，而這將耗費大量時間和精力。凱倫將不得不接受她的想法。將凱倫識別為盾型人並不需要太多思考，而這可能是個問題。如果說艾普莉對凱倫有任何一絲了解，那就是她不喜歡冒險。她的風險規避傾向並不是什麼祕密，因為她指出這是她的公司多年來得以倖存的最大原因之一。艾普莉沒有放棄，而是忙起來了。她設計了兩個策略：一個是業務發展藍圖，另一個是讓凱倫同意的計畫。

艾普莉對盾型人和凱倫的了解如何對這方面有幫助？艾普莉知道凱倫非常擅長數字，並且非常注重細節。她也知道凱倫很著急。在過去的好日子裡，她們會分享一點關於被

生活的喧囂所淹沒的幽默。她也知道凱倫容易記住負面印象，這意謂著她只有一次機會。

艾普莉開始執行計畫了。儘管她想讓凱倫了解她的想法，但她還是忍住了。要做到這一點，一切都必須就定位，因為如果有任何漏洞，凱倫一定會找到它們，全部都會結束。凱倫從來不給第二次機會。

艾普莉讓表弟艾瑞克幫她建了一個數位平台，該平台將 Zoom 活動與來賓發送的派對禮品盒及抖音影片結合起來。對於面對面的派對，她找到了一個有趣且尚未使用的空間，可以按小時租用來舉辦雷射槍和漆彈派對。她的兩種策略都附有營運計畫、預算和預測。艾普莉知道凱倫會對每一個細節想太多，並試圖把每一個細節拆開。為了解決這個問題，她會幫凱倫想得太多並過度準備。花了幾個晚上，她練習了口頭表達，停下來記下預期凱倫會問的每個問題。然後她對營運計畫、預算和預測做了同樣的事情。在會議的前一天晚上，她關燈休息的時候已經過了半夜。

她很早就醒了，夢見凱倫可能會問另外 3 個可能的問題。寫下答案後，她知道自己已經準備好了。

「我一直把自己放在凱倫的角度，當我這樣做的時候，我知道她的感受以及該說的話會讓她安心，」幾天後，她告訴我們。「我真的很興奮，但我一直提醒自己要記住『規

避風險』，這真的很有幫助。我認為她沒有遺漏掉任何關於細節的詢問，我很高興我做了功課。」

「結果？」我們問。

艾普莉繼續說：「我可以告訴你：她說，當我向她說明如果我們不搶先預訂這個空間，就會被其他人給搶走了，她便開始更加認真地考慮。你相信嗎？我很震驚。我已經做好了被否決的準備，卻沒有發生。雖然她沒有說好，但光是她沒有說不，就已經是一大進展了。她說她會請會計師去計算所有數字，然後讓我知道。」

即使我們以所有正確的方式、使用所有正確的工具，事情也不會一帆風順。當凱倫回覆艾普莉時，她的回答是否定的。她對於在開發數位平台方面投入成本，以及在產品試驗中承擔可能的風險市場費用，感到不太舒服。一、兩週後，艾普莉和凱倫好聚好散。艾普莉再次失業了。但這個故事有一個後記。得知艾普莉待業中，凱倫的主要競爭對手邀請她過去聊聊。她不僅依賴自己的天賦，還帶著一個詳盡的企劃，展示了兒童部門的願景。也許這一次，艾普莉辛勤的工作將會開花結果。

橫向管理

為了使團隊有效運作，成員之間需要更加透明、相互配合與合作。橫向管理可能很棘手。人類，無論是劍型人還是盾型人，都可能有重要的控制欲問題。對於盾型人來說，這些變化源自於焦慮和調節與工作成果無關的不適感。劍型人由於不耐煩而具有控制傾向。他們在做決定時傾向使用快速、反射性的思維，對於那些選擇以更慢、更慎重的方式做決定的人，幾乎沒有耐性。

劍型人的決策往往不如盾型人的準確，這一事實可能會讓人很困擾。請記得，劍型人在過去、現在和可預測變化的情況下蓬勃發展。由於他們的反應本性和胡思亂想的杏仁核，盾型人在不斷變化、不可預測的環境中表現得最好，這導致他們會提出像是「但是」及「如果」這樣的問題。這樣的問題很可能會引起劍型人的白眼。劍型人重視敏捷，而不是看似無用的思考。

團隊中，在做出深思熟慮的決定需要多少資訊的問題，可能會引發衝突。執行通常是盾型人最不想做的事情。由於他們天生謹慎和逃避，所以說「好」比拒絕要難得多。說「不」意謂著他們保留了收集更多資訊的選擇權，讓他們感覺不太容易犯錯。相比之下，劍型人會因為做出大膽的決定而感到活力充沛。

雖然盾型人經常羨慕劍型人開朗、樂觀的天性，但他們

很難不去表達自己內在的悲觀情緒。他們雖然不想成為沮喪的人，但是他們很難控制自己的負面想法。

結論是盾型人對於劍型人覺得舒服的決定和行動，感到渾身不對勁，反之亦然。請記住，這一切都和我們與興奮的關係有關——盾型人試圖將其減少，而劍型人則將其增加。在所有這些司空見慣的互動、評論和決定中，是我們大腦中看不見的化學反應在起作用。所有表面上看似理性、有邏輯的那些互動，其實背後都要更複雜一些。我們所說的話和所做的事，是每個人在試圖調節自己的感受時，那些大腦中看不見的化學反應的足跡。

那麼，在腦內化學物質影響我們的情況下，我們如何在團隊中進行合作呢？在這種情況下，這層沒有權力不平等的關係可以壓制或引導腦內化學反應。答案可能有些雜亂。為了更清晰地處理這種情況，我們提出以下建議：首先，列出你最常接觸且對完成工作至關重要的同事。也許你已經這麼做了，甚至已經猜測出誰是劍型人，誰是盾型人。這份清單上的名字都不應該包含階級關係。

對於清單中的每個人，用加號表示關係中存在緊張因素、誤解或衝突（＋），用減號表示這種關係通常很輕鬆且沒有問題（-）。現在，去掉所有帶減號的名字。

讓我們來看看新的、更簡潔的名單。這些人當中，與你

大腦類型相似的人更多，還是相反？有時與自己非常相似的人密切合作可能會令人不安，尤其是當我們對自己懷有負面情感時。對於清單中的每個人，記下一些關於你遇到的問題的初步想法。

　　現在來到了困難的部分，需要很大的誠實和一些洞察力。在你的名單上，依據所觀察到的問題，寫下「是」或「否」，以判斷這段關係的問題，是否與你現在熟悉的腦部化學特徵相關。

　　對於那些「否」的人，請再看一遍。記住：誠實和洞察力。可能是你的大腦化學反應在起作用嗎？如果你仍然一無所獲，也許我們只能承認，在這個世界上確實存在一些難搞的人，以及一些具有挑戰性的人格類型。

　　我們希望現在名單更短了，只有那些名字後面有加號以及「是」留下。所以，你會怎麼做？最重要的一步是問自己，關於你與這人的問題癥結點：「有沒有辦法讓我不將這些問題視為攸關個人的事情？我是否能夠將這些問題看作是他們大腦化學反應的無意之結果？」我們發現，當你回答「是」時，會獲得更大的自由，因為這表示這與他們有關，與他們的本質有關，而與你無關。

　　這意謂著這種行為不一定是他們有意為之，這只是他們學會的方式。他們不是故意做這些事情來惹惱你，他們是在

無意識和無意圖的情況下這麼做的。

　　了解這些有瑕疵的反射性質對於減少刺激和緩解緊張的神經大有幫助。提醒自己，這些人的行為方式是因為大腦化學反應，可以讓你免於將他們的行為解釋為不夠尊重你和你的工作方式。當然，將其付諸行動需要練習，而且有它自身的學習曲線。我們發現，當你感到緊張情緒上升時，露出一個心照不宣的微笑，然後暗自在內心想，哦，他們就像一位劍型人或盾型人，這技巧非常有用。如同當你自己也深陷在大腦興奮所帶來的問題時，也會希望他人能夠有多一點的同理心。

　　但這不僅僅是感覺不那麼受挫、沮喪或惱怒。你透過了解他們、看到他們，並在更深層次上理解他們所創造的心理距離，能讓你應用到目前為止所學到的一切。你現在擁有了一個強大的工具，一個鏡頭，透過它，你可以看到驅動行為的因素，讓你更深入地了解自己和周圍的人。將這種理解付諸行動，能改善你的工作關係。

　　在此，或許最具價值的回報，便是你包容他人的不完美，能換來對自己更寬容的感受。然而，在自滿之前，這種對自己的理解和接納是伴隨一項責任的 —— 你需要將這份理解和接納傳遞出去。接受不是被動的，接受是有意義行動的先決條件。在你內心最深處，只有你能如此詳細而細膩地了解哪些地方需要改進。

我們將這本書命名為《劍型人 × 盾型人》（*Override*，原書名直譯是「駕馭」的意思）不是沒有原因的。審視一下那些你為了減輕不適而做的事情，可能給你帶來問題，也會影響他人。

看看你是否能察覺到，當感受將你推往某個方向的當下。為自己創建一個心像，想像這一刻就像前方道路上的一個 V 字型岔路。其中一邊會引導著你通常的作為。例如，如果你的傾向是逃避，這就是你的「本能反應」；如果你經常輕率行事，這則是你的「習慣」。習慣固然帶來舒適感，但未必有益或具建設性。挑戰那些你察覺不利於發揮所長的習慣；超越那種本能反應；嘗試選擇走不太舒適的岔路，迎來一些不同。從一些小事、感覺舒適的地方開始，逐步挑戰更加重要的事情。勇於挑戰自己，選擇更明智的行動，而非那些更舒適的。

我們發現，在跨人際關係的管理中，這些較不受本能驅使、更有意圖的行動確實會帶來回報。推動決策的油門，應該是明確的目標，而不是你的大腦化學反應。深思熟慮的意圖能夠引導出明智的決策，而盲目地追求腦部化學反應則無法達到這種效果。

或許你可以用片刻時間思考以下問題：關於如何處理工作中的人際關係，你獲得了什麼全新見解？你能如何運用對自己和主管的了解，讓這段關係更有效？我們發現，將這些

想法寫下來有助於將概念轉為具體的行動。如果有人向你彙報，你從中學到了什麼，如何運用這些全新見解來幫助自己成為更出色的管理者、更優秀的領導者？同樣要盡量具體。

你的下屬並不受一種模式約束，他們很可能是盾型人和劍型人的組合。運用這種對下屬可能的腦部化學反應的理解，你可以做出哪些改變，以更妥善管理關係？至於你與同儕之間的關係，你從中獲得了什麼體悟？關於每個重要的互動，即使只是簡短地寫下幾句話，也能幫助你在未來更清晰地應對這些情況。

我們希望你進行重要的思考和記錄，需要一些推理和對自己足夠的理解和誠實。僅是匆匆地閱讀這些內容，是無法獲得太多有價值的東西。那些最有價值、最實際可用的精華，只有透過仔細檢視每一段關鍵關係，才能夠得到。請投入必要的時間來執行這項任務，你的付出將會有豐碩的回報。雖然，這種深思熟慮的方式能讓你更有效地管理重要的人際關係，但最大的收穫在於更妥善管理你與自己的關係。我們都喜歡擁有控制感，而真正的控制感是能夠自由地做出健康、建設性和理性的決策。

第七章

浪漫愛情──欲望與渴望的那些事

隱藏在我們意識之下的，是一個演化中的求生和繁殖策略網絡，塑造了我們的吸引模式。而在這繁複的交織之中，摻入了腦部化學不平衡難以磨滅的影響。

誰沒被潛在的對象迷得暈頭轉向過，帶著極高期待並寄予厚望？誰沒有在新戀情的路上犯過一些錯誤呢？又有誰沒受傷過？這些事在我們的身上都發生過。吸引力會激發人類最強烈的情感，它可能是莫名其妙的、美妙的、激烈的或令人心碎的痛苦。即使對於最老練的人來說，它也很複雜。它不僅複雜，在意識的層面上，我們還無法了解刺激和維持吸引力最基本的因果關係。這些無意識的力量，不僅決定了我們會被誰吸引，還決定了這種吸引力是短暫的還是持續的。

與這些直覺反應相互作用的，是我們個人大腦化學類型的動態變化。我們不是在引導自己的吸引力和愛的感受，是被它們所引導。沒有什麼比吸引力更能激發我們的感受和行動的本能了。然而，吸引力並不一定讓我們變得更聰明，事實上，在某種程度上它甚至可能讓我們變得更笨──至少維持一陣子。為了獲得控制，關鍵在於理解我們的本能反應，

並更有意識地覺察。當然這樣做，會犧牲一些吸引力和欲望的神祕面紗，但透過更有意識地發掘隱藏在幕後的推力與拉力，我們更有機會得到並維持更快樂、持久的關係。

所有生物都擁有生命力，一種求生的意志，你可以在驚恐的蜘蛛匆匆逃跑時，或是被驚擾的螞蟻丘上看到；也可以在發情時鹿角的相撞中，以及每一封情書深情的文字中感受到。因為在我們每個人的內心深處，都存在著一種超越個體生存的衝動，一種為了確保物種存活的衝動。生存與繁殖有關，而自然界很少把事情留給偶然。大自然透過兩個基本規則來確保我們遵循：使事情變得更容易而不是更困難，使事情變得更愉快而不是更痛苦。實際上，愈容易和愉快，成功的機會就愈高。

容易是透過讓某件事成為習慣性和無意識的，而愉快則透過將大腦的獎勵和化學系統綁在一塊來鞏固。儘管我們認為吸引力是浪漫的概念，但它的基礎卻不是如此。我們並不是在有意製造吸引力，我們只是注意到它。有什麼比這更容易的呢？觀察不需要努力就能實現。為了增加成功的保證，浪漫的吸引力透過極其愉快的性高潮獲得回報，確保每一位到達那個境界的人都希望一次又一次地重返。

吸引力的體驗貫穿了每部偉大的愛情故事，啟發了無數書籍、電影和情歌中的情感震撼。這些故事的威力與我們對它們的認同有關，它們以真實而令人振奮的方式使我們產生

情感，提醒著我們與愛情的糾纏。浪漫的情感似乎在濕潤的手掌和渴望的吻中得以展現，但在這些翻騰的情緒之下，卻是一套由激素和神經傳遞物質驅動的演化力量所設計的策略系統，這些策略決定了人類情感交流的古老儀式。這些策略與無意識的性選擇、繁殖和物種生存有關，與浪漫八竿子打不著。

那麼，究竟什麼是吸引力呢？是一種你無法完全描述卻在感受時確定存在的化學 X 因子嗎？是一種發現久違的靈魂伴侶的感覺嗎？是一種強烈的性慾望？還是一種對安全、地位和保障的承諾？與一種難以解釋的喜悅感和對未來的思考有關聯嗎？吸引力是所有這些感覺的混合體，以及更多。它使我們渴望擁有後代，根源深深植根於我們祖先的過去低語之中。

吸引力：與性別相關的性選擇

性選擇是自然選擇的一個部分，其中更成功的基因會透過世代傳承下去。這並不是一個新概念。在 19 世紀，一位演化生物學家進行了一項研究，他分析了近 6,000 名出生於 1760 年至 1849 年之間芬蘭小村莊的人其出生、結婚和死亡紀錄。該研究探討了影響生存和繁殖的生活的四個方面：

一、超過 15 歲的存活人數

二、結婚和未婚的人數

三、每人結婚的次數

四、每段婚姻中出生的子女數量

大約半數的人在 15 歲之前就死了（當然，這是在現代醫學興起之前）。因此， 50% 的人具有不利於自然選擇的特質，無法將其基因傳遞給下一代。 剩下的一半中，大約有 600 人沒有結婚也沒有孩子。這些人也被從這個群體中排除了。剩下的這個群體中，擁有的子女人數從 0 到 17 之間不等。有些人有多名伴侶。擁有一名伴侶的平均子女數量是 5 個，擁有 4 名伴侶這個數字增加到 7.5 個。男性比女性能生育更多子女，因為他們傾向再娶年輕的女性為妻。現在，我們無法確切知道哪些特徵被選中，但那些成功繁殖並將基因傳遞給後代、大約 2,500 人的基因，與那些基因池中斷的人，肯定有些不同。

如果這 2,500 人沒有意識到他們對配偶的吸引力，或是這些吸引力沒有強化性體驗，那麼他們可能不會複製 DNA。如果沒有吸引力，那麼人類還能繁殖嗎？也許不會了吧。當然，吸引力並非偶然，正如我們對食物的偏好一樣。那麼，我們究竟為什麼有求偶的需求呢？許多理論試圖解釋為什麼人類被相互吸引而交配。佛洛伊德和榮格認為，在選擇伴侶時，人們會被他們在異性父母身上發現的特質或（對榮格而言）原型所吸引。也有人認為，我們會被伴侶與我們

的相似之處（價值觀、態度、世界觀），或者我們被伴侶的特徵或屬性所吸引，這些特徵或屬性與我們看待自己的方式互補。還有一些理論認為，吸引力意謂著彼此能夠交換有價值的資源。

在各種不同的理論中，尋求相似性獲得了最大的實證支持，但除了熟悉的舒適感之外無法解釋太多。愈來愈多的科學證據告訴我們，我們都會對性衝動／生殖衝動做出反應，而且我們會使用以性別為前提的固定策略，以實現這些目標。

有個經過充分研究的理論，在數十個物種中都有確鑿的數據，將性吸引／選擇與「親代投資」連結起來。在所有的物種裡，雌性對後代投入更多，也更挑剔；而雄性投入較少，不那麼挑剔，並且公開地爭奪雌性。當然，女性在生育和撫養孩子方面的付出與回報不成比例。由於這項付出，她們被那些最有可能對共同生育做出類似承諾的雄性所吸引。當男人選擇投資婚姻並著眼於擁有一個家庭時，他們在擇偶方面變得和女性一樣挑剔。

然而，我們已經遠超前於故事進展。讓我們先做一個鋪陳，向你介紹一對我們所熟悉的夫妻──凱特和查理。儘管我們選擇了他們來探討吸引力的動態，實際上，我們也同樣可以選擇查理和約翰，或者是凱特和珍妮，因為其根本的動機是相似的。

　　性慾的渴望和親密的聯繫是生存和繁殖的產物。自然所創造的「支持動機」是我們能夠意識到的，無論是否與繁殖的意願相關。同性吸引的本能動機實際上也包含了繁殖的動機，即便這些結合本身並不會產生後代。我們之所以選擇一對異性戀伴侶，僅僅是因為他們最能代表吸引力的力量及其無意識的目標——繁殖。

　　回到凱特和查理。他們正待在座落於太平洋邊上。昏暗而情調親密的餐廳裡。查理坐在一張靠窗的桌子旁，桌子上放著蠟燭、鋪了白色桌布和一瓶非常好的夏布利酒，價格比他的預算高一點。查理在 Bumble（一款約會軟體）上找到了凱特，這是他們第一次見面的那個晚上。他來得很早，點了酒，看見她進門就站了起來。看到查理，凱特害羞地笑了笑，走到桌邊。他握住她的手片刻，替她拉開椅子。窗外，銀色的波浪滾滾而來，在月光下攪動著海水。你明白了——非常浪漫。

　　凱特和查理都預料到了這一刻，每個人都帶著自己深藏的希望和期待、恐懼和不安。兩個人會有化學反應嗎？會得到回報嗎？他們會想再次見到對方嗎？查理竭盡全力確保氣氛愉快，而凱特的穿著比平時更大膽一點。這發揮的作用既像數位技術一樣現代，又像原始森林一樣古老。

　　我們無法偷看或偷聽他們的談話，但無論表面上是什麼，這次約會都關於他們可能還沒談論到的一件事：繁殖。

凱特和查理還很年輕，但即使他們相識的時間點遠遠超過了生育年齡，那個未出生的孩子仍然會不遺餘力地推動他們的情感和行為。

尋找伴侶的衝動是很普遍的。雖然我們是以長期承諾的前提下考慮這一點，但性衝動及其所衍生的吸引模式常常是短期的。在美國，大約有一半的婚姻以離婚告終。而不忠呢？據估計，男性和女性的外遇比例在 25% 到 75% 之間。這些數字不包括男性和女性在建立忠誠關係前無法計算的性經驗。當然，凱特和查理在開始相互了解的階段並沒有考慮這些。然而，隨著他們逐漸互相了解，讓我們來深入探討一些科學觀點，這些觀點描述了在他們對話之間、字裡行間可能存在的無意識策略動態。

跨文化研究發現，女性（多於男性）往往會被雄心勃勃、受過教育並顯示出賺錢潛力的潛在伴侶所吸引。即便在不久的過去，男性掌握了更多資源，但在這個社會結構不斷變化的時代，我們會注意到哪些變化？社會經濟地位的平等會改變這些性別的傳統優勢嗎？研究發現並沒有。與資源較少的女性相比，資源豐富的女性更容易被經濟上成功的伴侶所吸引。雖然這是舊時代的遺跡，儘管經濟和教育平等發生了變化，但這些性別偏好仍然存在。

男人覺得什麼特質最引人注目？儘管性別平等發生了變化，但女性外表的吸引力還是比她的智商、教育程度或社會

經濟地位更能帶來婚姻。到目前為止，查理和凱特做的都沒錯。他喜歡她的樣子，當然，她無意間也記下了，他在對話中巧妙地透露了自己買了什麼酒和上過的學校。

在不同文化中，男人都會娶比自己年輕的女性。每次離婚，男人都會娶愈來愈年輕的女性。平均來說，第一次婚姻的時間間隔為 3 年，第二次 5 年，第三次 8 年。如果你想知道的話，查理 31 歲，凱特 28 歲。

凱特忍不住注意到查理戴了一支昂貴的手錶（對於人類相當於碰撞的公羊角或華麗的孔雀開屏）。研究發現，男性常見策略之一是炫耀自己的金錢和地位，而女性則更注重提升自己的外表。凱特選擇約會的穿著時，這兩點都被考慮到了。我們都是求偶本能的受益者，沒有它們，我們就不復存在。過去，我們的祖先為了取得成功，女性和男性採用了不同的策略。這些策略雖然未被有意識地處理，但至今仍然存在並持續地運作。

吸引力是一組複雜的輔助因素，有助於自然選擇。這些層層疊疊的思考傾向，並不是有意識的干預，而更像是一種偏好，目的在確保一個目標：繁殖成功。請記得，即使是那些不想生孩子的夫婦也帶著生育的產物：性欲和建立親密關係的欲望。生殖成功被定義為將一個人的基因傳遞給一個健康、健壯、有足夠養育能力的後代，以將他們的基因也傳遞下去。為了實現這一目標，研究發現，我們傾向被具有可比

「交配價值」的潛在伴侶所吸引。具有較高交配價值的男性和女性在選擇時，往往比那些具有較低交配價值的男性和女性更挑剔。毫無疑問，這有雙重目的：避免失望和心痛，也不要浪費寶貴的時間。

我們的身體在促進兩性發生關係的過程中提供了很多幫助。我們可以輕易地在動物世界中看到，當靈長類動物發情時，這一點非常明顯。猿類會檢查雌性臀部的氣味，以尋找排卵的證據；在某些物種中，生殖器腫脹是一種很明確的視覺線索。我們知道貓在尖叫和噴尿時就準備好交配了。

人類不會如此公然地告訴周遭，他們正處在生育能力的巔峰，正準備發生關係。對人類來說，排卵是很隱性的，對吧？

雖然證據仍有爭議，但似乎確實有跡可循，女性在月經週期期間的生理和行為變化與排卵有關。一些研究發現，處於月經週期中期（排卵期）的女性，會被更陽剛和更具侵略性的男性所吸引，並發生短暫的親密關係。其他研究發現在排卵中期，女性不僅更愛挑逗，穿著更開放，臉部的軟組織也變得更加對稱；皮膚也會發生變化，變得更有質感、更加紅潤。在月經週期的其他階段，女性更喜歡與更友善、更盡職盡責的男性建立長期關係。根據我們的祖先歷史，一些男性具備較為明顯的男性特徵和對其他男性的支配能力，可能暗示著他們具有更好的遺傳適應性。這些特質，沒有任何一

點是受到意識驅動的。

那男人呢？在一項涉及氣味的研究中，男性被要求聞一下正在排卵或處於月經週期其他時間點的年輕女性所穿過的 T 恤。結果顯示，聞到排卵期 T 恤的男人，比聞過女性在其他週期穿的 T 恤的男人，體內出現更高濃度的睪固酮。男性的睪固酮濃度是性欲與性能力的敏感指標。對異性戀男性來說，在與迷人女性交談時睪固酮濃度會上升，在與另一位男性交談時則保持不變或下降，輸掉一場運動比賽後也會下降一段時間。有趣的是，當男人開始一段忠誠的關係時，睪固酮也會有所下降，有了孩子後再次下降。

無論人類女性的排卵期是否能夠被察覺，其相對不明顯的徵兆確實具有演化價值。女性對與自己發生過關係的男性相當清楚，而男人卻會懷疑女性所懷的後代，生父究竟是不是自己。在演化的進程中，一個女性可能會選擇與某個男人發生關係，但卻會指派另一個更合適的男人，作為孩子的父親，以確保孩子有更好的未來。這些男人不得不直接相信女性的話，相信他們是孩子的親生父親，以此為動力留在這段關係中。

那麼，回到凱特和查理。她在見他的時候，確實特別注意了自己的穿著。他顯然覺得她很有魅力，並正在經歷睪固酮的急速增加。那感覺很好。這當中可能沒有嗅覺因素，因為與她的週期相關的氣味細微變化會被耳後的少量香水壓

過。但是，這裡還有什麼動態可能在進行呢？

與女性相比，男性更有興趣尋找短期性伴侶。事實上，當他們被問到在不同的時間段內（從一個月內到一生），他們最希望擁有多少性伴侶時，男性表示希望在每個時間段內擁有的性伴侶，都比女性更多。與女性相比，男性從認識女性開始到願意發生性關係的時間短得多。在一項有趣的研究中，招募了年輕且具吸引力的男性和女性實驗者，就證明了這一點。實驗者在大學校園裡對與實驗者性別相異的學生，提出下列 3 個問題之一：

一、「你願意和我約會嗎？」
二、「你願意來我的公寓嗎？」
三、「你願意和我做愛嗎？」

反應是這樣的：大約一半的男性和女性都同意與實驗者約會，但其他的問題則出現了分歧。只有 6% 的女性表示她們會回到男方的公寓，而且沒有人表示她們會在當晚與男方上床。現在讓我們看看男性的反應：69% 的男性表示願意回到女性的公寓，75% 的男性表示他們會在當天與女性上床。

我們可以在這裡得出什麼結論？你我應該都很清楚。即便一個男人可能長得很帥氣，但女性在對他有更多了解之前，不會覺得做愛是件很舒服的事情。如果凱特願意的話，

查理在晚餐後會和她發生關係嗎？如果他和其他 75% 的男性一樣，那麼答案是肯定的。但這會發生嗎？可能不會。在他們同意一起吃晚飯之前，凱特和查理表示他們有興趣建立長期關係。對於認真的關係，女性和男性往往有大致相似的要求和標準。對於女性來說，即使是短期的性伴侶，這些標準也保持不變，而男性往往願意為偶發的性行為，大幅降低標準。

將激素和大腦化學物質也加進來

羅格斯大學（Rutgers University）長期研究人際關係的海倫·費舍爾（Helen Fisher）將這一過程分為 3 類，每類都有其對應的激素：

一、欲望——睪固酮和雌激素
二、吸引力——多巴胺、血清素和正腎上腺素
三、依附——催產素和血管加壓素

我們都有睪固酮和雌激素。睪固酮會增加男性和女性的性欲，一些女性在排卵和雌激素釋放量達到最高濃度時會更加性興奮。一些短期關係可能完全是出於欲望，沒有任何真正特別的吸引力或對未來的想法。

吸引力是一種比欲望更複雜的現象。當我們以更廣泛的方式被某人吸引，而不僅僅是性接觸時，賭注就會增加。被

吸引的體驗伴隨著多巴胺和正腎上腺素的大量釋放。我們大腦中的獎勵系統，會因活動和對喜悅的期待而亮起，正腎上腺素在戰或逃（fight or flight）反應中釋放，活化大腦並提高警惕。當我們感到被吸引時，也會感到脆弱和不確定。這些強烈的感情是我們得到的回報嗎？當然，不確定性讓某些人感到不安，但對某些人來說，卻令人興奮和充滿挑戰。血清素呢？當我們相互吸引的時候，血清素濃度實際上是會下降的。

血清素下降所提供的鎮靜作用，可能就是造成無法抗拒的迷戀和痴迷情緒的原因。吸引力和性欲的綜合感覺，還會產生另一種效果。這些感覺的主導，關閉了寶貴的反饋機制，斷開了調節批判性思維和理性行為的前額葉皮質。我們當然不會在愛情剛萌芽的時刻變得更聰明，因為對愛與性的感覺和想法愈強烈，我們就愈容易失去大腦中最重要的部分，也就是批判性思維和良好判斷力。

下一個參與的神經系統，涉及更深層次的連結和依附。正是這個系統，滋養著你我認為持久的愛。有助於這一過程的化學物質是催產素和血管加壓素，這些荷爾蒙可能被認為是愛情的陰與陽。雖然催產素會在分娩和哺乳期間釋放，但它也在性行為中產生，特別是伴隨著專注、溫柔和情感時。多巴胺的釋放以興奮和戲劇化的方式讓人愉悅，而催產素則遵循更慢、更曲折的路徑。它能激發輕鬆、滿足和安全的感

覺。

　　為了說明這一點，讓我們以「私人空間」這樣基本的東西為例。陌生人之間較為舒服的平均距離，約為 1 公尺（親密伴侶和家庭成員站得更近）。兩組男性使用了催產素鼻腔噴霧。其中一組由和女性保持穩定關係的男性組成，另一組由單身男性組成。兩組人都進入了一個房間，在那裡他們遇到了漂亮的女性。與女性互動時，與單身男性相比，處於穩定關係中的男性和其交談的女性的距離明顯更遠。

　　戀愛關係中也會釋放的血管加壓素，則提供了一些不同的動態。催產素表示信任、安全和滿足，而腦垂腺後葉釋放的血管加壓素，則表示更多強調「我的」的情感。這種強調「我的」的情感，當然會提醒周邊人們連結的重要性，但它也會激發占有的欲望，包括嫉妒和控制欲。

　　由於我們對依附的討論，再次超前了故事。查理和凱特可能剛剛吃完甜點。能夠刺激雌激素和睪固酮釋放的，正是多巴胺和正腎上腺素。至於催產素和血管加壓素，還要看他們未來的發展才能決定。根據吸引的程度，如果他們再次見面，血清素可能會供不應求。也許這正是自然界連結人們的方式，透過暫時關閉大腦中的煞車，為彼此帶來強烈的關注。

　　有個相關的研究能夠說明這一點：你已經了解了血清素

失衡，會如何讓一個人有強迫症傾向。研究人員找到了一組被診斷患有強迫症的男性與女性，他們都沒有服用任何一種選擇性血清素回收抑制劑（SSRI）。然後，研究人員找到了另一組最近墜入愛河的男女，以及第三組隨機選擇、具有可比性的對照組。研究人員測量了血清素的濃度，發現未接受藥物治療的強迫症患者，以及剛剛墜入愛河的男女的血清素濃度，明顯低於對照組成員。

你可能會問，為什麼會這樣？大自然導入吸引力的目的，在於促進繁殖，但僅靠繁殖並不能確保基因成功傳遞。只有當後代得到足夠細心的培育和照顧，使基因再次傳遞時，才能算是成功。當父母彼此建立連結（我們可以說甚至是有點迷戀嗎？）時，這種可能性才會大大增加。耗盡血清素（而非使血清素過量），能夠確保戀愛關係在一個人的腦海中留下重要印象，是更重要的成就。剛剛墜入愛河，我們可能不會糾結於自己是不是忘了鎖門這種問題，我們需要以我們喜歡的對象為中心，進行類似的思考過程。而且你可以想像，那些在進入戀愛關係前，血清素濃度已經失衡的人，尤其會受影響（稍後會詳細介紹）。

我們的微生物組和基因一同作用

　　查理癱坐在椅子上，一隻腳靠在咖啡桌上，開始說道：「在遇到凱特之前，我從沒想過自己一個人會有什麼感受。但現在一想到沒有她，就覺得不可思議。就像我遇到了自己缺失的部分。雖然才幾週，但我們一起度過的時間，讓我覺得已經認識她一輩子了。當我和她在一起時，我才覺得自己還活著。她的皮膚觸感、她的氣味、脖子根部的細小毛髮，都讓我產生了我所知道的最溫柔的感覺。我通常不會這麼說，通常也不會有這樣的感覺。她是我入睡時想到的最後一件事，而當我醒來時第一個想到的就是她。我只能說，我從未感到如此興奮，慶幸自己能夠活著。你們是怎麼想的呢？」

　　我們怎麼想的？這是萌芽中的愛情，還是某種轉瞬即逝的偶遇？查理的話是否驗證了這是一段正在發展中，而且後續會相互連結、穩固和持久的關係呢？我們的想法是，哇！這些話以前都聽過好幾次了，不同的名字，措辭可能不太一樣，但情緒一樣都很激動。如果我們手邊有桶冷水，早就潑在他身上了。我們有很長一段時間沒見到查理了，但他又來了，追逐著一種宛如流星劃過般的閃耀幻覺。而持續時間可能也差不多就像流星。

　　事實上，查理根本不想知道我們的想法。他想要的只是我們微笑點頭，確認這次真的有點不同，凱特就是「那位命

中註定的人」，新奇和追求不再發揮作用。他對凱特的感情是真實的，並且會延續下去。我們現在有很多想法，但它們再次讓我們超前了故事。在與你分享更多故事前，讓我們退一步，來看看另一種與吸引力相互作用、非常隱蔽而強大的力量──微生物組。

相較之下，這比我們對彼此的迷戀要更糾結。當我們滑過母親的產道並沐浴在她的微生物組中時，這就根植於我們的基因中，第一天開始就已經為如何看待自己和他人做好了準備。

顯然很多經歷從很早的時候就影響了我們。是什麼原因讓我們的母親愛我們，珍視我們的獨特性，擁有好奇心想要了解我們，儘管我們有種種不完美之處？我們一開始就被珍愛著嗎？是父母雙方都愛我們嗎？我們是否實現了母親對我們將為她的人生經歷帶來的幻想？我們從醫院回家的會面是歡迎我們的，還是會遇到嫉妒我們的兄弟姊妹？這些早期經歷，是如何從誕生的新奇感，隨著我們長大，變成各種現實的挑戰？我們是常常腸絞痛的嬰兒嗎？這又有什麼關係？當然，這僅僅是個開始。但是，除了那些目前未知的理由外，我們從母親那裡繼承的微生物組，也是真正影響我們對自己的感覺、對他人的感覺以及與他人連結能力的理由。她的壓力有多大？又有多冷靜？她有什麼樣的飲食習慣？她過去使用了那些抗生素？這些因素決定了她傳遞給我們的微生物組

如何組成。

我們自己的微生物組——寄居在我們腸道深處的細菌、病毒、原蟲和真菌——極大地影響我們的行為方式。有一個腸−腦軸創造了一種雙向變化，微生物組對我們的行為產生影響，而我們的行為反過來也影響它們的組成。例如，如果你將一隻瘦老鼠的微生物組轉移到一隻肥胖老鼠的腸道中，那隻超重的老鼠就會開始注意牠所吃的東西並瘦下來。反之亦然。我們飲食的多樣性，以及旅行的頻率和範圍，都是我們改變微生物組的例子。

在最近的一項研究中，研究人員發現微生物組的多樣性與我們擁有的社會關係的數量有關；生活在腸道中的貪食者的多樣性愈廣泛，連結就愈多。而且，研究人員也發現，那些微生物組較單一的人往往更加焦慮，更容易患上憂鬱症。這是第一項將微生物組的組成與人格因素連結起來的大規模研究，它得出的結論是，擁有多元的多樣性與更外向的社交傾向有關，而擁有更同質的多樣性則與壓力和焦慮感有關。如果這聽起來像是對劍型人與盾型人的微生物群系的描述，那麼，它很可能就是這樣。

顯然，那些較少社交焦慮、更具自信的人在與陌生人的互動中更加自在，從而在吸引力方面占有明顯的優勢。在男性身上，這種優勢可能更為明顯，因為自信會帶來果斷，而果斷則會進一步帶來更多的交往，減少壓力和尷尬感。在吸

引力方面，我們尚未觸及的一個關鍵因素是我們對自己的自在程度。對自己感到舒適是極具吸引力的特質。與單調的微生物群相關的壓力和焦慮，使得保持對自己的正面感受變得更加困難。對於那些可能關心自己腸道微生物多樣性的人來說，可以考慮以下事項：減少壓力，保證充足的睡眠，進行運動，並且在飲食中增加多樣性的食物，包括發酵食品和富含纖維的食物，減少糖的攝入，這些都有助於提高多樣性。

我們並不會刻意在他人身上四處尋找我們覺得有吸引力的特質，而是這些吸引力會自然地找上我們。正如你知道的，我們的大腦喜歡盡量減少思考，因為它需要注意熱量的消耗。讓我們花一點時間思考所有人都擁有的某種東西：偏好。我們並不會對它們多加思考，也不會有意培養它們，我們只是簡單地注意到它們的存在。

一些偏好是透過嘗試和試誤學習的。回想你第一次嘗試啤酒的滋味，或者抽的第一口菸。你可能會喜歡它並養成了終生的習慣，或者發現你根本不喜歡它。我們當中有些人喜歡紅酒，有些人喜歡白酒，還有某些人根本不喜歡酒。但是有些偏好是天生的。我們在時間的滾滾塵埃中獲得了這些偏好，不必從頭開始學習，因為這是與生俱來的。

以食物這樣基本的東西為例，與酸味和苦味相比，全球多數的人更喜歡油脂和甜味。有脂肪和甜味的東西通常不太可能有毒。當我們的大腦結構正在形成（而且缺乏熱量）時，

甜食和高脂肪食物為我們提供了更多所需的熱量。我們不必學習什麼不能吃，鼻子和舌頭告訴我們要避免某些東西，因為它們聞起來味道並不好。這些偏好是內建的，我們不必去思考，更不必在每一代人中透過嘗試和試誤來學習。幸運的是，我們的祖先承擔了所有繁重的工作，並將他們的經驗教訓傳授給我們。

即便我們對於誰適合交往或誰不適合交往需要認真地思考，但人類選擇伴侶的偏好，正如前面所提到的一樣，並不是藉由意識來決定的。我們注意到的是偏好的最終成品，而不是複雜的策略或是隱形的來回拔河所塑造的吸引力模式。讓我們快速了解一下塑造愛情選擇的另一個影響因素。這種無意識的生殖策略組合的成分之一，直覺地受到我們潛在後代生育力，以及免疫相容性訊號健康度的線索吸引。

如你所記得的一樣，浪漫結合的目標不僅僅是尋找一位靈魂伴侶（儘管那種感覺非常美好），它也涵蓋了生育後代（或體驗並付諸行動於此過程）。一項有趣的研究指出，我們可能更傾向於被擁有與我們相異的免疫基因的潛在伴侶所吸引，即使我們對比不知情。這些差異存在於影響免疫系統抵禦感染能力的基因中。能夠產出健康子女的，並不是因為相似性，而是相反性。擁有強大免疫系統的健康寶寶是由伴侶帶來不同免疫基因組合的混合而成。這也解釋了為什麼米克斯狗的健康狀況優於純種近親。這些免疫基因同樣也與生

育能力的提升有關。

　　想要了解更多關於免疫相容性科學原理的人，你可以閱讀丹尼爾・M・戴維斯（*Daniel M. Davis*）的書《相容性基因》（The Compatibility Gene）。寫出這部作品的促成原因之一，可以追溯到 1994 年一位瑞士動物學家所做的一項研究。他檢查了大約 100 名年輕男女的 DNA 的特定部分。研究的 DNA 小片段包含人體免疫系統的編碼，它是主要組織相容性複合體（MHC），其基因的鑑定用於確定誰可能是合適的伴侶──不是為了製造嬰兒，而是為了器官移植。這些基因產生的分子可以幫助我們抵禦疾病，而對它們進行更多樣化的選擇可以為免疫系統帶來明確的好處。

　　實驗如下：要求這些男士連續兩天穿棉質 T 恤，在此期間，他們不飲酒或使用任何可能改變其自然氣味的古龍水。然後將這些 T 恤放入頂部開孔的盒子中。這些女性被要求根據氣味對這些盒子的愉悅程度和性感程度進行排序。結果發現，女性更喜歡那些與自己有**不同**相容基因的男性所穿 T 恤的氣味。

　　我們對凱特和查理的相容性基因一無所知，但它們很有可能存在顯著差異。

　　所以，你認為你知自己會被誰吸引，喜歡的類型是什麼嗎？希望我們已經讓你了解這個問題的複雜性，讓你意識到

一些過去可能不明白的變動差異。正如前面所提到，吸引力是複雜的。那些躁動不已、令人振奮的感覺就像一座冰山，它們大部分貢獻因素都隱藏在我們的意識之下。就像我們的許多偏好一樣，我們並不是一開始就感到被吸引，只是注意到它的存在。

我們已經描述了身體如何引導我們找到所愛的人。我們的鼻子、荷爾蒙和大腦化學物質幫助我們找到伴侶。一旦找到另一半，他們就會幫助我們使另一半變得異常重要。然後，這些相同的元素開始創造信任、安全和滿足的感覺。而這整個無意識的進程只有一個目標：讓我們保持足夠長的時間在一起，以便進行生育和照顧嬰兒。而這一切，我們甚至還未深入了解大腦類型如何影響我們的吸引力模式。

大腦類型如何影響吸引力

複習一下：大腦類型是我們與興奮關係的副產品。劍型人的興奮度太低，傾向尋找增加生活刺激的方法，而盾型人的自然興奮度有點高，則尋找減少刺激的方法。現在我們想在這裡跳到更抽象的層次，脫離細節，更詳細地談談凱特和查理。

我們認識查理有一段時間了。他來找我們注射流感疫苗，並參加了簡短的輔導課程，以幫助解決他的動物診所幾

名員工之間的衝突。獲得獸醫學位後，他學到了很多關於動物疾病治療的知識，但對辦公室管理的危險和陷阱卻一無所知。在這些會議結束時，查理提出了一件事，即他剛剛結束了一段關係，這段關係和之前幾次一樣分崩離析。他說：「如果我再一次為某人痴狂，我會再次來到這裡拜託你們到時候要我放慢速度。我不想因為行動太快而傷害了別人的感情，然後再次很難過。」

結果現在他又來到我們的辦公室，就像他說的一樣。在接下來的幾個月裡，我們先見到了查理，有幾次是單獨見面，然後他說他現在和凱特會一起來。我們想告訴你更多有關這對伴侶的訊息，因為他們的經驗正顯示了劍型人與盾型人在嘗試將吸引力轉為更忠誠和持久的關係時，所具備的一些常見動態。

查理是個非常聰明的人，從很小的時候就知道自己想做什麼。對於查理來說，上學很容易，但他的家庭生活卻截然不同。他的母親對孩子的界限設定不夠清楚，與這個男孩沒有建立應有的分際，並利用他來填補她內心對丈夫失望的空白。查理是她的保護者，但也不止於此。他的父親酗酒，一直待在戒酒互助會，但儘管試圖戒酒，但酗酒卻有增無減。「我媽媽開始看不起他了，」查理告訴我們。「與他的波本威士忌相比，我們幾乎是次要的。我只想吃完晚飯，然後和我的狗一起回房間。我最討厭的是感覺我必須保護她，並彌

補她無法從我父親那裡得到的一切。為了擺脫他，她常常走進我的房間，想要跟我待在一起。我想放聲大叫，卻從沒真的做過。她不會和我的父親一起去任何地方，反而會拖著我一起去。就算我不想去，她也不在乎。我不得不和她一起去。」

查理有點想不起來高中和大學時的事情。經歷了很多任女友和各種鬧劇、熬夜和找了太多使用阿德拉（Adderall）的藉口之後，他順利透過培訓成為一名獸醫。請記得，查理在遇到凱特前交往過的那位女性，在他們剛開始交往的前幾個月裡，他也對她有著同樣強烈的感情。在那之前的所有女朋友，也遵循同樣的模式。查理懷著極大的興趣和熱情追求這些女性，就像他在高中和大學裡追求的女孩一樣。每次當關係更深入後，他就會失去興趣並選擇離開。

查理知道自己的劍型人特質對管理員工的方式造成了某些問題，但他不清楚大腦類型也同樣塑造了他的感情生活。使這個盲點更加複雜的是他與母親的關係，除了在長假或生日等無法迴避的聚會之外，他一直在逃避與母親見面。

「你希望你和凱特的關係是怎樣的？」我們問查理。
「我只想感受我現在對凱特的感覺，並永遠都保有這些感覺。」

我們知道這代表著麻煩。由於查理與興奮的關係頗有挑

戰，他進出每段關係的循環，至少一部分是在無意識中，採用他經久不衰的策略：透過追求新的浪漫伴侶來調節因為平淡或無聊所產生的不適。

我們讓查理按照在他與凱特的關係中，情感上最重要到最不重要的順序，排列以下清單，其中 1 是最重要的，16是最不重要的。以下是他對這些情感人格特質的排序：

認同	8	認可	13
自尊	9	安全感	14
平等	11	包容	5
挑戰性	6	自由／自主	3
活力	1	滿足	10
信任	4	安全	15
感到圓滿	16	刺激	2
可預測性	7	社會地位	12

看看查理的前 5 個選擇，很明顯他愛上了戀愛的感覺。他喜歡多巴胺和正腎上腺素帶來的感受，儘管用這種方式來描述他的戀愛模式，顯然對他而言聽起來不太浪漫。查理是個聰明人，對大腦化學非常了解，他明白多巴胺和正腎上腺素是行為的「激勵者」，而不是行動目標完成後的「欣賞

者」。換句話說，快樂的體驗與他們對目標的預期有關，而不是目標本身。

通常，多巴胺缺乏的人（像查理這樣的劍型人）將與渴望相關的強烈情緒與較溫和的愛混為一談。他的前 3 個選擇是活力、興奮和自由／獨立，所有與多巴胺釋放相關的狀態。當我們將這些動力投入到追求和捕獲中時，他明白了他與狩獵的連結。他帶著極大的悲傷和誠實告訴我們：「我努力地付出，只為了讓女生愛上我，然後當我成功時，我變得不知道該如何是好。我會開始覺得有點不舒服，想東看西看，然後再去別的地方。一旦在一起之後，她們變得很黏人，這讓我想跑得更快。凱特對我來說非常特別，讓我不想重蹈覆轍。」

我們知道查理面臨兩個障礙。首先，隨著夫妻相互了解，健康關係的必要進展是多巴胺會受到抑制。除了與朋友一起騎摩托車和在股票市場交易外，「俘獲」完美伴侶是多巴胺釋放的來源。如果他與凱特的經歷要比其他的短暫交往更深刻且持久，他就必須更加意識到自己與興奮的關係，並學會以不同的方式處理它。

第二個障礙是他與母親的受損關係，以及在浪漫關係中渴望健康成長關係的表達，如何引發他過去對被吞噬的恐懼（他的需求被母親的渴望和自我沉浸所忽視和占據）。而且凱特是一位盾型人，她過去的一些經歷為這個混合增添了複

雜性。凱特那位不切實際，以及可能患有躁鬱症的父親，讓她的母親筋疲力盡和壓力重重，並總是如履薄冰。當凱特11歲時，他拋棄了她們。這對不專心且不完美的父母對凱特所產生的影響，絕非安全的早期依附。不幸的是，我們攜帶著成長期的依附風格，在我們最重要的現代關係中發揮作用。由於凱特血清素稍微不足，對她尋找潛在愛人時毫無幫助；她充滿不安和焦慮的交往方式，很快地與查理的問題交織在一起。

從這裡，我們能夠得到什麼啟示？對於劍型人（無論男性還是女性），如果你在像查理這樣不斷從一個伴侶轉向另一個伴侶的模式中看到自己的一些特點，以下是一些值得思考的要點。如前所述，人際關係具有極大的刺激性，會導致大量多巴胺的釋放。正因為如此，它自然而然地成為首選策略，以提升系統中萎靡不振的興奮。

對於劍型人來說，新奇就像一塊糖果。但是在健康的親密關係中，新奇感是無法維持的，因為自然的發展趨勢是遠離新鮮感，轉向持續性和例行。模式很重要，當我們理解它時，會很有啟發性。透過觀察查理的模式，並將他抱著熱情進入但又離開的關係聯繫在一起，你能夠看到他如何利用這些與女性的經歷來創造戲劇和興奮，以提高自己的活化程度。你可以在自己的生活中識別出哪些模式？

每個人都很脆弱，某種程度上來說，每個人對一段關係

有著各種目標。例如，尋找能夠長久持續的愛情的親密伴侶，同時期待戲劇化的生活和充滿多巴胺的刺激。有時，這些目標可以在一段關係中以健康和互惠的方式實現，有時則不然。顯然，新奇和興奮感，多半會與另一半在一段健康、長期經營的關係中逐漸消失。回到你所知道的愛的化學反應，追逐多巴胺和正腎上腺素的釋放，比催產素產生的感覺具有更高的刺激價值。查理要和凱特在一起，直到他能夠欣賞催產素所提供的體驗。這還有一段路要走，他是否真的能做到，還有待觀察。

我們認為儘管他們面臨一些明確的挑戰，但凱特和查理之間的關係具有真正的潛力。從查理描述凱特的第一天起，他對她的關心從未減退。他已經意識到，雖然他很難留在任何一段感情中，但逃避不再是他想給自己的選擇。他欽佩她的許多人格特質並決心打破熟悉的模式。

查理針對凱特有一項雙重任務。首先，他需要拓展本身對於興奮的舒適感，這需要在生活中建立一些定期的深度思考時間。他採用的是我們推薦的正念冥想應用程式。其次，查理承諾了做一些對他來說明顯不那麼舒服的事情：學會在親密和親近的寧靜時刻變得不那麼緊張。查理試圖弄清楚這種不舒服的根源是什麼，他脫口而出：「當一個女性開始需要我時，我覺得我必須有所回應。這讓我覺得自己又一次被媽媽掌控了。」我們知道查理必須學會將凱特的感情重新解

釋為餽贈和慷慨的行為，而非要求。

　　隨著時間，我們了解到凱特給這段關係帶來了她自己的問題。擁有大多數盾型人的高度警惕性，她傾向將查理的一些獨立個性視為對關係的未來缺乏興趣和投入。雖然她從來沒有直接向他袒露，但這些感覺卻以負面的方式洩露了出來。他們在一起已經將近六個月了，凱特渴望的是從她對母親的焦慮依附，以及從未從父親那裡得到的無條件接納和安全感中解脫出來。有一天凱特來了，並以下面的話開場：「恐怕正把他愈推愈遠。你看，作為一名債券交易員，我每天都在處理風險。我只是不想在我的感情生活中處理它。為了避免腦子裡的問題，我知道我給了查理過多的壓力，要求他回答他目前沒想通或者暫時無法回答的問題。我能感覺到我在逼迫他，儘管我知道這對我們的關係沒有幫助，但我仍然發現自己還是這麼做。」

　　為什麼我們有時會做一些明知會弄巧成拙的事情？我們這樣做是為了逃避我們的感受，希望用其他的感受來代替。我們正在努力調節情緒，試圖避免不適。不確定性往往容易引起興奮，如你所知，像凱特這樣的盾型人極力避免興奮。我們問她是否可以舉幾個例子，說明她在什麼時候對查理感到最不舒服。凱特想了想，然後告訴我們：「我知道這聽起來很愚蠢，但我就說了。他坐在那裡看電視時，我喜歡過去坐在他旁邊。我喜歡看電影時依偎在一起。我知道，如果我

坐在沙發上，他進來時很可能會隨意跌坐在椅子上。當我要求他過來坐沙發時，他會過來，但我忍不住覺得，如果他真的想和我在一起，一開始他應該就會坐在沙發上。這是另一個例子：他會告訴我，他打算和朋友一起騎摩托車，而我總是發現自己說了一些希望自己沒有說過的話。我完全有能力自娛自樂，但有時我覺得我可能沒有給他這樣的印象。」

我們問凱特是否願意在接下來的二、三週內嘗試一些東西。舉兩個例子，我們要求她做以下事情：首先，讓查理來找她。讓他成為感情的帶頭者（他過去一直都是）。其次，我們問她是否願意在查理和他的朋友共度時光時，不僅不發表評論，而且還微笑著為他送行。她同意嘗試這兩點。

儘管對方是吸引我們的對象，但真正讓我們想要在待對方身邊的動機，是因為與對方在一起時所帶來的感受。雖然我們告訴自己我們被潛在伴侶的品質和特點所吸引，但事實上，我們只是被在他們身邊引發的綜合情感所吸引。

同樣地，我們也給了凱特一個相同的任務，就像我們給查理的那樣。以下是她將她認為一段關係中最重要的情感詞語進行了排序，其中 1 表示最重要，16 表示最不重要：

認同	8	認可	4
自尊	12	安全感	10
平等	6	包容	7
挑戰性	14	自由／自主	16
活力	9	滿足	1
信任	3	安全	5
感到圓滿	11	刺激	13
可預測性	2	社會地位	15

　　如你所見，她以與查理截然不同的優先順序考慮自己的情感需求。這並不令人訝異，因為凱特盾型人天性通常更注重安全，這往往會在擇偶時表現出來，就如同其他生活選擇一樣。讓事情變得複雜的是，她發現自己正處於被舉足輕重的吸引力影響的陣痛中，這會耗盡她一開始就缺乏的可用血清素。凱特的興奮程度飆升，雖然她喜歡自己的感覺，但令人眼花撩亂的強度讓她不舒服。

　　劍型人往往不會質疑強度，而只是享受它的存在。像凱特這樣的盾型人可以將興奮解釋為陷入焦慮，並因此變得高度警惕。你已經知道吸引力往往會使人暫時變得不那麼聰明（與前額葉皮質，即理性和判斷的中心脫節）。這種理性和批判性思維的降低對盾型人的持續時間比對劍型人的短得

多。

被某人迷住的感覺立即令人愉悅，但愉悅的深度（帶來的興奮）很快變成脆弱感，啟動了保護性想法和問題：如果這種美妙的感受不真實或是一閃即逝，怎麼辦？當查理真正了解我時，他會對我有什麼感覺？他會厭倦我嗎？如果我投入太多怎麼辦？如果我最終受傷了怎麼辦？

保護性想法並不總是保護性的，比如當它們降低我們的生活品質時，以及當它們的真正目的是調節不舒服的興奮，而不是澄清或解決真正的問題時。作為一名成功的債券交易員，凱特在處理反覆無常的債券市場的不確定性時感到很自在。她對存在於所有不斷變化的浪漫關係中，無可避免的不確定性感到不安。

盾型人通常不會將不確定性解釋為隨著時間自然會被某種經驗填滿的中性事物，而是將其解釋為威脅。盾型人並沒有將時間視為「總是會告訴你一切的朋友」，而是有時更將其視為敵人。凱特想要答案，而且她希望盡快得到答案。在這種模式下，即使原本不是考試，也成了考試。凱特相信資訊是有用的，因此她發現自己在得不到資訊的時候還是會四處尋找它，或者即便當資訊存在時，也很容易因為自身的脆弱而誤解。

回想一下，盾型人更有可能犯某些可預測的錯誤。他們

往往會犯偽陰性錯誤（將行為視為危險，但實際上並非如此）。在浪漫愛情的早期階段，盾型人為了保護自己而適得其反，可能會變得負面，抓住最壞的情況並在他們的腦海中實現它們，而不管它們在現實中的真實性如何。就像透過說出你最害怕的事物，讓你感覺好像在保護自己。凱特很早就給我們舉了一個例子。「他並沒有做過任何讓我認為他不像我一樣在乎的事情。」她告訴我們。「但我發現，自己總是在尋找證明作為他對我的興趣的衡量標準。我有時會變得有些瘋狂：我喜歡獨處，一直以來都是這樣。但是當查理希望獨處的時候，我會感覺自己變得不那麼重要。有時候，我會說一些本來不想說的話，或者問一些多餘的問題，好像我不信任他，但事實上，我是信任他的。我擔心我可能會因為自己所做的事情而失去他。」

不幸的是，不確定性往往有一個自己的時間表，並且可能與你心中的不一致。愛和愛的體驗，在我們接近某人時感受最強烈。男人，尤其是劍型人，會在情感的運動中產生聯繫。「動」的前提是需要跨越關係存在的心理距離。這需要一個看不見但摸得著的距離。想像兩個人相距幾公尺站著，一個人慢慢地向另一個人移動。如果另一個人衝過去與前進的人相遇，那麼那個距離就會縮小並坍塌。間隙很小或沒有間隙，就無處可動，對於運動和強度的感受也會消失。讓查理來找她（這可能是凱特需要做的最困難的事情）正是讓他與對她的愛最強烈的連結。

　　凱特也有雙重任務。首先，她必須了解查理對獨處的需求，例如讀書、想自己遛狗或與朋友共度時光，這些都不是威脅。其次，她必須認識到查理的角色並不是要讓她變得完整或獲得肯定，他也不應負責消除她為兩人關係帶入的不安全感。我們都應該為自己的完整性和自我肯定負責。雖然凱特明白這一點，但有時候，她在查理身邊時的能量散發著不安全感，「或甚至是，我的老天，」她對我們承認：「很黏人。」

　　8 個月後，吸引力呈現出不同的特徵。在早期提出和探索的問題突然具有了更多個人意義。「你有興趣生孩子嗎？」在第二次約會時提出的問題與幾個月後提出的問題意義大不相同。當凱特問查理他對生孩子的想法時，查理大吃一驚。那時，他並沒有想太多關於孩子的事情。不論是生或不生，她問問題的方式非常具體，是關於他的認真程度和他們的未來。他有些手足無措、含糊其辭的回答讓她非常沮喪。

　　對於查理來說，這個問題讓他進入了一段「我需要考慮一下」的思考之旅。雖然凱特從未對他如此直接表達，但她希望他能說出類似「當然，你是我生命的中心，我很樂意和你生孩子」的話。然而，在他感受到隱約的壓力的同時，她的失望反而讓查理退縮了一步。他不再感到自由，反而看到了一些阻礙；而她原本所期待的承諾和安全感，如今卻伴隨

著猶豫和風險。

　　第二天，查理獨自一人進來，生著我們的氣。畢竟，他們已經進來談了好幾個月了，事情還沒有好轉，反而顯得更加動盪和緊張。我們告訴他的是，這不僅是可以預見的，而且是一個正面的跡象。正面的部分是，它反映了他們正在為各自的問題而苦苦掙扎的事實。我們鼓勵查理努力堅持到底，記住時間是一切的答案。他對我們的答覆不滿意。我們無法消除他內在的衝突，也無法使他們之間發生的事情變得更加順利。但在他離開之前，確實閃現了一個有趣的見解。他說：「嗯，我猜如果當初我選擇退出，然後重新開始尋找新的人，我就不會陷入現在這種情況了。」是的，他肯定不會。「我有種感覺，如果再給我多一點思考的時間，我可能就會忍不住讓自己大吃一驚了。」他說：「我假設你們知道堅持下去真的很難，對嗎？」

　　我們點點頭。

　　「我愛凱特。我真的很愛她，但我覺得我正在失去自由，我會想念那次奇怪的相遇。我還會有這種感覺多久？」
　　「你預計還能活多少年？」
　　「很有趣，真搞笑。」

　　查理離開時，我們說：「你讓凱特承擔所有的依賴（意識到某人在你的生活中有多重要的情感和脆弱性）。也許，

如果你能分擔一些，她的負擔可能會減輕，可能會更安心。」他注視著我們，然後關上了門。

接下來的幾天對凱特來說很難熬。當查理沒有對她的問題做出任何回應時，她打了電話給他。「也許我們在不同的軌道上。」她告訴他。「我認為分開一段時間，想想我們想要什麼，對我們雙方都有好處。」當他同意時，她想收回說過的話，只是強烈的自尊沒有讓她流下眼淚。

沒有什麼像浪漫的愛情那樣具有如此重大的高潮和痛苦的低谷。佛洛伊德曾經說過：「我們從來沒有像愛的時候那樣毫無防備地抵抗痛苦。」不只是凱特感到痛苦，查理也是如此。儘管她沒有憂鬱，但我們認為增加血清素和增加微生物組的多樣性可能對她有幫助。以下是我們給她的建議。

猴麵包樹果實是可溶性益生纖維的最佳來源之一。這種水果很難找到，但果肉粉在大多數保健食品店都有販售。另一種增加血清素的方法是吃含有生可可的黑巧克力。可可充滿胺基酸色胺酸，這是一種已知的血清素增強劑。除此之外，還有一些令人愉悅的發酵食品，例如日本料理中的納豆、無糖的希臘優格、全脂酸奶、康普茶、酸菜或克非爾（kefir）。所有這些都富含益生菌，可以幫助你的腸道產生更多血清素。

查理和凱特暫時分開的這段時間，為他們提供了一些真

實、深刻、沉思的時刻。兩人都知道自己有問題，有些與過去經歷有關，有些則與他們的大腦化學有關。克服這些扭曲的因素需要真正的自我意識，不僅僅是一時，而是持續一段時間。首先，需要理解過去的創傷是如何影響當下，看到並承認它們所帶來的影響。其次，需要意識到特定的大腦化學是如何塑造你在關係中的情感和行為。第三，需要願意重新調整你對伴侶經歷的期望。

對查理而言，這意謂著他需要提醒自己，凱特不是他的母親，他可以放下戒心，靠近她，而不會被她所吞噬。而且，他還需要採取其他行動來確保成功。查理需要在其他地方尋找興奮感。凱特是一個真實的、有血有肉的人類，需要被了解、理解和愛護，而不僅僅是方便調節他的興奮水平的策略。

對於查理的成功來說，凱特的旅程略有不同。她需要學會與查理的獨立本質建立友誼，而不是將其視為威脅，預示她如此害怕被拋棄。凱特不需要在其他地方尋找調節情緒的解決方案，她需要從內心尋找。以下是在檢視關係的質量和價值時提出的重要問題：如何確保這不是我舊有的某種創傷的重現或反應？如何確保這不是我學會使用的調節大腦化學的策略？

暫時停止見面幾週後，凱特和查理決定也暫時遠離我們。幾個月後，我們收到了他們的卡片。裡頭放了一張令人

開心的小紙條，告訴我們他們很好，而且又在一起了。在一個未簽名的夾頁上，看來有人找到了他們內心的拜倫（19世紀英國的浪漫主義文學詩人）。上頭寫著一首詩：

> 和這個女人在一起
> 我可能總是害怕被吞噬。
> 我的恐懼不過只是我的一部分，
> 是我的過去無意中留下的痕跡，
> 有如那個男孩和渴望被關愛的母親，
> 有如我的影子。
> 但因為我不再是男孩，
> 而且我在乎，
> 儘管我有恐懼
> 我會帶著愛前行。
>
> 和這個男人在一起
> 我可能總會感到失望。
> 我的飢餓不過只是我的一部分，
> 是我的過去無意中留下的痕跡，
> 有如那個女孩和消失的父親，
> 有如我的影子。
> 但因為我不再是女孩，
> 而且我在乎，
> 儘管我很飢餓，

我會帶著愛離開。

他們的小紙條讓我們笑了。有些東西不一樣了。這對他們來說一定很不容易。洞察力轉瞬即逝，難以堅持。哪怕是最小的裂縫，習慣也想滲進去、擴大裂縫並接管。查理和凱特都很年輕，大腦化學類型也截然不同。一路上會有誘惑、挫折、信仰危機、有意識的期望和其他困難，當然還有不可避免的誤解和對感情的傷害。我們希望他們所寫的那段充滿抱負的理想，是他們會選擇返回的錨定點。正如我們一開始所說，吸引力充滿著複雜性。而要維持它，則更加不易。

在進入下一章之前，你可能會考慮以下幾點：

一、回顧過去，你能否找出影響自己選擇浪漫伴侶的任何早期家庭環境、事件或互動？

二、你的「類型」有相似之處嗎？如果有，它們是什麼？

三、在過去的戀愛關係中，你注意到哪些常見模式、感受或變動？

四、你能找出任何導致這些關係結束的常見衝突或情況嗎？

五、對大腦化學和大腦類型的了解，你認為這對情感關係有什麼影響？

六、你從過去關係中學到，關於自己最重要的事情是什麼？

七、就個人的大腦類型而言，你可以確定哪些問題是你

可能會在戀愛關係中試圖推翻的？

　　八、列出 5 種你希望在一段關係中感受到最重要的方式。現在，列出你在過去的戀愛關係中 5 種重要感受。記下有多少是相同的，有多少是不同的。你如何解釋這些差異？你如何理解你對伴侶的責任？你認為你的大腦類型在這些差異中扮演什麼角色？

第八章
婚姻──誰才是老大？

　　我們的伴侶選擇和大腦中的化學如何製造衝突、促進平衡，以及加劇我們無意識的大腦傾向的問題。

　　雖然婚姻往往以史詩般的戰鬥和激烈的離婚而告終，但它們通常以接吻開始。那麼，是什麼讓我們如此頻繁、如此輕易地從甜蜜的吻到家事法庭？對於現代美國婚姻的研究，充滿了統計數據和預測。私奔是離婚最重要的單一預測因素。參加婚禮的人數似乎預言了婚禮的成功。200 個人似乎是一個很好的數字，只有 6 個人參加可能就不太好了。

　　想離婚的男人多半覺得是因為自己不被對方**欣賞**，而他們的女伴則是覺得自己不被對方**傾聽**和**理解**。相互認可是一個婚姻成功很好的預測指標，而糟糕的溝通技巧則預示著失敗。金錢是最常見的衝突來源，而不忠是最常見的致命一擊。當被問到誰應該為婚姻的失敗負責時，大多數人都責怪配偶。

　　但是我們會隨著經驗變得更好嗎？很不幸的是，不會。第一次婚姻有 50% 會以離婚告終，第二次婚姻有 60%，第三次婚姻則有 73% 離婚的可能。當然，把所有問題交織在一起的，是我們大腦中的化學物質，負責在這趟旅途中提供

穩定、愉悅或各種顛簸。

　　婚姻，或是某種結合的典禮或古老儀式，在各種文化中都有其蹤跡。如上所述，吸引力和欲望的體驗，是我們對荷爾蒙和大腦化學物質釋放的情緒反應。這種眩暈感最終會與大腦前額葉皮質暫時斷開連接。古老的大自然希望製造更多孩子，而大腦的理性部分只會成為阻礙。這一切都只是為了要有更多的孩子。吸引力讓這對新人得以結合，而婚姻則為他們提供了保護和養育的環境。大腦會使前額葉皮質保持足夠久的安靜時間，以便兩人發生關係，一旦蜜月結束後，在我們收行李的時候，大腦就會重新連接起來。

前額皮質登場

　　大腦已成功完成其禁得起時間以及誘惑的任務，我們也已步入婚姻的殿堂。此刻，睪固酮激素濃度已經下降，而這種激素會壓制催產素，催產素則是增強情感聯繫的荷爾蒙。大腦精心安排了最佳的一切狀況，以確保在孩子們能夠自立的那一刻之前照顧他們的需求。我們曾探討過愛情的複雜性，以及在這階段失蹤的前額葉皮質。然而，當那個關鍵性且具評斷性的大腦區域突然再次覺醒時，會發生什麼事呢？我們會注意到以前未曾留意的事物，聽到以前未曾聆聽的聲音以及產生期望，即便這些期望就連我們自己都沒有充分明確地理解，更別說與伴侶坦率地溝通。

　　對婚姻的期望是由我們過去的點點滴滴拼湊而成的：我們如何看待父母在家裡如何相處，以及我們盼望、渴望找到的理想愛情模式；我們的不安全感、恐懼和希望。這些因素交織在一起，包括我們的價值觀和態度、過去的浪關係經驗，以及眾多其他因素，還有我們的大腦特質。而所有這些期望都會在愛情的吸引階段圍繞著我們潛在的伴侶，而這個階段剛好是我們的前額葉皮質被「靜音」的時候。

　　期望是深刻的人性，你我都有。只有一個問題，它們很少被表達出來。婚姻中有兩種契約，一種是顯性的，一種是隱性的。傳統的誓言或你自己寫下的誓言增強了明確的法律契約，目的在成為婚姻的承諾。但還有其他更有影響力的東西同樣在運作中。這並不是說我們的婚姻誓言不重要，而是在儀式結束時才生效的、隱含的、基本上沒有明確表達的契約。這份由我們的期望（通常是假設的和未經協商的）組成的契約對婚姻經歷產生了巨大的影響，並可能成為未來衝突的根源。

　　現在，隨著前額葉皮質重新活化，我們的大腦火力全開，這些隱藏的期望浮出水面。起初，它們是很小的——有些小事情沒有達到目標，一個隱藏的願望沒有實現，一些微不足道的失望。儘管如此，我們還是很失望。再說一次，我說的是：「我們」都很失望。這時，其他人是罪魁禍首——通常是我們的另一半。他們所說或所做的某些事情與我們期

待他們說或做的事情的期待不一致。通常，這些失望是我們隱藏的期望的副產品，是我們從未真正談論過的隱性契約。

當前額葉皮質重新連接時，我們有時會意識到我們只愛上了伴侶的一部分，而忽略、低估了他們的某些方面，或者認為他們對我們的愛會促進他改變。也許我們隱性契約中最隱蔽和最常見的原則，是我們讓誰來負責彼此的幸福。

大部分的時候，我們沒有將自己視為滿意和滿足的必要源泉，而是將目光投向了另一半。如果他們稍有不同的話，我們就會更快樂。現在可能是檢視婚姻中複數的隱性契約的好時機。是的，複數——你的和他的。如果你仔細想想自己的隱性契約，你可能會發現你對伴侶的一些期望，但你從未用語言表達過。那些東西是什麼？列一個簡短的清單，不要超過 5 個。現在是時候找回一些控制權了。我們都喜歡控制，對吧？你要如何從這裡撿回控制呢？透過為自己的滿意度承擔更多責任來做到這一點。你願意承擔清單上的哪些項目呢？在哪些部分可以讓伴侶卸下提供這種滿足感的責任，並讓自己承擔責任呢？

你的伴侶是否也有一份隱性契約呢？就他們未曾明言的期望，你能猜測出哪幾項呢？試著將其中一些記錄下來，不要超過 5 個。在未與伴侶討論這件事的前提下，接下來的一個月裡，試著最大限度地完成以下步驟：從這兩份清單中，至少各選出兩項，牢記於心。這個練習關乎接納、負責和慷

慨。試著默默地接納你的伴侶，接納他們的全部，不加評判地看待。放下渴望改變他們的想法，對自己的幸福承擔起責任。挑選你清單上的那些項目，思考如何能夠讓自己滿足。最後，以慷慨付諸行動。在不引起他們注意的情況下，從你猜測有可能出現在伴侶的清單上，選擇其中幾項，看看你能如何朝著那個方向努力，描述得愈具體愈好。或許你的伴侶會閱讀這一章並且做一些努力。成為對方榜樣，給予對方你同樣也期望得到的待遇。

　　婚姻是由內而外經歷的。我們發現，更客觀地檢視這種關係的組成和運作方式會很有幫助。為了加深對自己的了解，請盡可能具體地回答以下問題：

　　一、你的生活中，這段關係有著什麼價值？它有多麼核心和重要，與便利和習慣無關？

　　二、你在成長過程中看到了什麼樣的婚姻／親密關係模式？

　　你的母親在家裡扮演什麼角色？你的父親扮演什麼角色？

　　你如何看待父母婚姻的成功？

　　如果不成功，你如何理解其中根本的問題？

　　你覺得父母的關係告訴了你什麼？

　　三、你為維持這種關係做出了哪些犧牲（如果有的

話）？

如果有犧牲，你們在結婚前是否了解並討論過？

如果有的話，你認為配偶做出了哪些犧牲？

這些犧牲有多明顯？

這些犧牲是出於愛、內疚還是怨恨？

四、你如何描述目前的婚姻狀況？圈出盡可能多的適用選項並給出具體的例子。

疼愛的	穩定的	批評的和評判的
支持的	無聊的	焦慮的和不確定的
接納的	有距離感	憤怒的和怨恨的
鼓勵的	不信任的	其他（請描述）

五、你最欣賞伴侶的哪些人格特質？

六、你們的差異在哪些方面影響你們之間的關係？

七、除了你們之外，還有什麼影響你們之間的關係？

朋友	家庭
姻親	宗教信仰
工作	其他（描述）

你會如何描述這種影響？正面或負面？

八、你的哪些需求在這段關係中得到了滿足？

九、你需要從伴侶那裡得到什麼（如果有的話）而你沒

有得到？

你對自己的需求有多清楚？

你認為得不到需要的代表什麼意義？

十、這段婚姻中的優點是什麼？弱點呢？

十一、財務在這段關係中如何被建構？

財務由誰管理？

財務上的決定是如何做出的？

是否有任何財務協議（婚前協議或婚後協議）？

有沒有與金錢有關的衝突？

十二、性在你們的關係中有多重要？

你對性關係有多滿意／不滿意？對你的伴侶而言呢？

有什麼特別的衝突嗎？

十三、你有多值得信任？伴侶對你有多信任？

十四、從最重要到最不重要的順序，列出關係中任何的衝突／問題。

十五、你願意處理哪些問題？

十六、你認為對伴侶來說最重要的問題是什麼？

十七、如何在關係中有建設性地處理憤怒？

十八、你如何表達支持、興趣、同理和愛？

十九、你的伴侶如何表達他們的支持、興趣、同理和愛？

二十、你或伴侶的大腦化學類型在你的婚姻中扮演什麼角色？

只要有選擇深入研究這些問題的人，都應該了解婚姻當下的大致狀態。如果你和伴侶都回答了這些問題，那將是最有幫助的。對於你們之中的某些人來說，你的回答可能會讓伴侶不安。如果你覺得這樣做感覺不錯，而且你的伴侶也已經完成了這些問題，你們可以分享筆記。

這是一個溝通練習。溝通是關於共享資訊，而不是**捍衛資訊**。這裡的重點是傾聽。擲一枚硬幣來看誰先開始。流程方式如下，你們中的一個人說：「這就是我回答第一個問題的方式。」另一個只是聽，沒有評論或後續問題。然後輪到另一個人了。再強調一次，沒有反應，只是傾聽。這些資訊可能很有啟發性，但有時可能會令人不舒服。但這是你的伴侶選擇與你分享的資訊。

你能給他們最好的禮物就是傾聽，並理解它反映了他們如何看待事物、他們的解釋以及他們對關係的總結。你在這裡的任務不是同意或不同意剛剛聽到的任何事情，只是接受資訊。然後，我們希望你做一些非常困難的事情，不是談論剛剛聽到的事情，而是思考這些資訊並花一些時間消化它。

等待一、二天後與你的伴侶坐下來，將交換的資訊作為對話的跳板。

如果你已經思考過自己的期望和我們所提出的問題，你就已經建構了一種方法，用來檢視影響你們之間關係的感覺基調和品質。感覺的基調是你如何體驗這種關係，你的情緒與之相關。情緒是會傳染的，在我們的親密關係中更是如此。當情緒和它們所影響的行為以相似的方式運行時，往往會產生放大效應。所以你可以想像，在兩個大腦類型相似的人的婚姻中，情緒會被放大，尤其是在壓力大的時候。相同大腦類型的關係帶來的淨效益，可能不會提供一種平衡的穩定作用，反倒具有放大彼此大腦類型傾向的危險。

結合相反大腦類型的婚姻，則會帶來非常不同的潛在問題。好處是，有鑑於高度的接納和相互控制，兩種不同大腦類型的結合可以平衡和消除自我打擊的可能。但是，如果接納度很低，而且只有一個人執掌大權，不同大腦類型在表達方式上的差異很容易成為衝突的根源，也很容易成為責備、內疚和羞恥的目標。讓我們來看看這些排列組合，在現實生活中是如何作用的。

健康與來自朋友的一些幫助

她的名字叫麥肯錫，但她一直被簡稱為麥肯。這天下著

傾盆大雨，她迷路了，試圖找到診所的路。一個月一次，她固定會去打一針保骼麗（Prolia），這是用來治療骨質疏鬆症的藥物。當她終於找到診所時，已經遲到了半個小時。她在雨中撐著傘，敲了敲窗戶以引起護士的注意。此前，由於她害怕在室內暴露於新冠病毒中，他們透過電話同意在室外給她注射針劑。護士一直指著門口。麥肯繼續懇求她到外面來。這成了一場對峙。

麥肯既害怕又沮喪，轉身離開了。由於新冠疫情期間的限制，她已經錯過了兩次注射——考慮到她的骨質疏鬆症程度，這是一個危險的錯誤。儘管她已經完全接種了疫苗，但麥肯還是非常謹慎，一直擔心感染病毒。然而，她在自己周圍製造的防疫泡泡已經變成了監獄。

作為一位根深蒂固的盾型人，麥肯壓力很大、過度警惕，並且長期患有慮病症。她的妻子凱特琳（也是一名盾型人）雖然對麥肯沒有接受到保骼麗注射感到失望，但她也告訴麥肯，為她沒有進去診所而多麼安心，因為這樣可能會讓自己接觸到其中一種「變種病毒」。凱特琳也完全接種了疫苗，但和妻子一樣，非常害怕生病。這是一種天作之合？也許吧，但相同的盾型人傾向對她們絲毫沒有好處。

去年，她們在公寓裡與世隔絕，除了外送員，別無他見。考慮到她們的健康狀況，能夠在家工作已經算是幸運的了。但不幸的是，疫情只是加強並鞏固了她們對興奮的避諱。她

們已經一年沒有見到自然光，唯一的運動是走到車邊，開車去超市，然後打開行李廂，由店員將購買的商品放進去。

如果你發現自己處在一段彼此都在放大對方恐懼的關係中，而不是提供某種理性的、平靜的影響，你會怎麼做？首先要考慮的是，雖然慮病傾向本身目的是保護健康，但其效果可能恰恰相反。由於慮病症是由恐懼驅動的，而盾型人傾向逃避，因此他們經常忽視真正的症狀，害怕發現症狀意謂著什麼，或者延遲進行會讓他們充滿焦慮的關鍵篩檢。

此外，麥肯和凱特琳對疾病的恐懼給她們帶來的壓力，很可能傷害了她們。重點是，在這種關係中的兩個人是很不健康的。意識到並承認這點就是一個很大的進步。

第二步要困難得多。如果雙方都承擔責任，並提供一些有說服力的「是的，但是」而不是通常的「是的，而且」，那將會很有幫助。疾病本身顯然與人們對它的恐懼不同。麥肯和凱特琳在疫情期間全天在一起，她們傾向以相似的方式接收的新聞來源，並且雙方都在無意間放大了對方的恐懼，而不是平息。

雖然共病傾向二人組（folie à deux）沒有列在第五版《精神疾病診斷和統計手冊》中，但情緒是會傳染的。在疫情的那一年，公寓裡的情緒肯定不是平靜的。兩人的關係雖然深厚，不過非但沒有幫助，反而將對方推進了黑暗的漩渦。

支持和認可是婚姻中的兩個優勢，但更重要的是辨別支持和認可的**內容**。我們已經向你解釋了，劍型人是如何沉迷於他們的衝動，好吧，盾型人也可以相同地放縱。不同的是，他們的放縱是顛倒的。它不是獎勵驅動的「我想要」，而是一種避免懲罰的「我不想要」。支持並認可過於警覺的伴侶的「我不想要」可能會加劇擔憂和身體症狀的問題。麥肯和凱特琳過於支持對方，而且支持的方向有些不對。

我們讓她們先對「極高機率」的安全達成共識，而不是原本試圖實現的那種「滴水不漏」的程度。她們從一起散步（當然是戴著口罩）開始，然後逐步進行到去市場買雜貨。她們承諾試著給予對方平靜而不是惶恐的回應。麥肯本來有些沉迷於醫療新聞，同意減少自己的閱讀量，兩人都同意定期進行冥想練習。

如果你和你的配偶都是盾型人，請回答以下問題並與你的伴侶討論：

一、「我能幫助你緩和對健康的憂慮還是煽動這些疑慮？能夠詳細說明嗎？」

二、「我能說什麼或做什麼，既能理解你，又能幫助你減輕憂慮？」

三、「我們都同意信任哪些醫生？」

如果凱特琳或麥肯都是劍型人，她們對興奮的反應可能不會那麼令人焦慮。劍型人往往不關注生理症狀，這給我們帶來了另一種危險：否認。

雪莉和沃德，兩位都是四十多歲的劍型人，各有自己的問題。兩年前，雪莉患了可治癒的乳腺癌。她一直難以保持健康的體重，在接受手術和放射治療後，她的體重增加了，但一直無法減掉。沃德有心臟病家族史，並植入了 3 個支架來擴張動脈，他也在為自己的體重而苦苦掙扎。

如你所見，劍型人的一個風險因素是，他們往往不會注意到或忽略可能令人不安的生理症狀。直到雪莉的母親（也患有乳腺癌）催促她去做拖延已久的乳房 X 光檢查時，才發現了雪莉的腫瘤。外科醫生建議的手術時間大概就是她和沃德計畫要去義大利旅行的時候。原本的旅行計畫仍然優先了。

在她長期的康復和治療期間，沃德非常支持和幫助她。對他們來說，這感覺就像是盤點他們所擁有的一切並放縱一下的時刻。大概是有點太任性了，雪莉的恢復期一直持續到疫情，在那段時間，她體重增加了 14 公斤，沃德體重增加了 9 公斤。

正如我們所解釋的，劍型人傾向否認症狀、二分法／快速思考，以及透過進食來刺激或作為對抗無聊的方法。雪莉

和沃德看著對方變胖，卻不敢多說什麼，生怕也會檢討到自己。尤其是雪莉，她不喜歡自己身體發生的變化，因此節食了兩次。每次，沃德都設法在他們的外送訂單中加點起司蛋糕來破壞計畫，這是她眾所周知的弱點。

節食並不少見。當伴侶抱怨另一半體重增加時，只要那個人表現出一些健康的決心時，有時也會被視為威脅。不幸的是，「哦，拜託，吃一口又不會怎樣的」是一種常見且明顯無益的情勒。如果沃德真的想要幫忙雪莉達成減肥的願望，應該貼心地克制自己，當個更好的典範。

劍型人與劍型人的婚姻中，與健康相關的最大挑戰在於，兩人皆有輕描淡寫或否認健康問題的傾向。如果你在伴侶身上看到否認症狀的證據（沒有積極主動地關注他們的健康），冒著被提醒自己也有盲點的風險，請大聲說出現實的狀況。只有一件事比否認自己的健康更糟糕，那就是有一位充滿愛心的隊友，無意間支持你的態度且迴避健康問題。需要有人承擔一些責任。

如果你碰巧嫁給了另一位劍型人，請互相詢問以下問題：

一、「你如何看待我的大腦處理興奮的方式，連帶影響到我的健康問題，以及我對這些問題所做的決定？」

二、「你是否注意到一些我可能忽略的事情，而且會危

害我的健康？」

三、「我們該如何提醒對方這些事情，使我們能夠關注並處理它們？」

那麼，劍型人／盾型人關係中會發生什麼？作為一名劍型人，托德在處理醫療問題時採用了一種神奇的思維。神奇的思維是這樣的：如果我不去看醫生，可以假裝一切都沒問題，但如果我預約了醫生，我就會面對一長串問題。其中一個他擔心的「問題」是手臂上的一顆小肉瘤。只有在妻子艾米的多次催促下，他才與皮膚科醫生預約了遠端看診。看診時，他被告知需要進行活檢。托德曾想過這可能是黑色素瘤，但他很快對自己說不，這應該沒什麼。他從未從醫生那得到明確的診斷。托德的第一次大腸鏡檢查也晚了 3 年，儘管他的母親就死於大腸癌。

艾米是一名盾型人，並且有一點細菌恐懼症，由於她自己對新冠疫情的恐懼，她很難說服托德去看醫生。她擔心擁擠的電梯，以及在進入某人剛剛騰出的檢查室之前不得不坐在等候區。在她和托德都接種完疫苗後，她的焦慮消退到足以讓她把注意力集中在托德的健康上。當嘮叨沒有效果時，她開始行動了。「我已經為你預約了兩次。」她告訴他。「一次是皮膚科醫生，另一個是大腸鏡檢查。我會和你一起去，以確保你會去。」

我們都有責任管理自己的健康。但話雖如此，擁有一個

了解你並愛你的伴侶，最實在的好處是，他們不僅能看到你的極小問題，還能把它們指出來，並在需要有人推一把的時候推你一把。宛如擁有另一對雙眼，以確保你能好好照顧自己。有時，我們都需要朋友的一點幫助。

金錢：誰掌握了財務大權，而他們又拿錢來做些什麼

珊迪和邁克剛剛申請破產。在過去的兩年裡，他們一直在財務危機的邊緣搖搖欲墜，但始終能夠平衡、處理和轉移資金，以維持最低還款額，希望催帳的人不會打爆他們的電話線。珊迪和邁克都是絕對的劍型人，他們在大學相識，墜入愛河，移居洛杉磯追夢。珊迪逐步晉升，成為市中心一家大型劇院的舞台主管，而邁克則成功地出售和出租商業房地產。因此，珊迪和邁克的經濟狀況相當不錯。唯一的問題是，儘管他們的收入每年都在增加，但開支也愈來愈高。而且是高得非常非常多。

珊迪是個時尚達人，她對古董珠寶和裝飾藝術風格的家具情有獨鍾。她購入這些家具是為了裝飾他們經手買賣的房屋。雖然她過著體面的生活，但他們用邁克的佣金支票來支持昂貴的生活方式。他們沒有儲蓄，而是繼續借貸和消費，生活在破產邊緣，假裝自己沒有處於危險之中。

2020 年對他們來說都是大夢初醒的一年。珊迪的劇院關閉，商業地產突然碰壁。在疫情初期，他們一起試圖制定一項財務計畫以度過危機。邁克在一家大型家居裝修零售商找到一份兼職工作，珊迪申請並有資格領取失業救濟金。雖與過去那樣的收入差了十萬八千里，但他們將自己置於嚴格的預算之下，生活還過得去。這一直持續到珊迪的生日，當時她的父母寄給她一張 3,500 美元的支票。儘管她的父母自己生活拮据，但他們理解珊迪和邁克所處的悲慘處境，並想辦法寄錢給她。

她沒有告訴邁克這筆錢，也沒有把錢存入他們的聯名帳戶，而是兌現了支票，然後發現自己來到了比佛利山莊最喜歡的珠寶店，拿出現金，把剩下的存入信用卡，購買一條喬治亞古董項鍊。

當邁克找到藏在壁櫥後面的盒子時，他把它扔在她腳邊，喊道：

「你花了多少錢？」

「那是我的錢。」

「哦，是嗎？我的是你的，你的是你的？多少？」

「我不必告訴你。這是我父母送給我的生日禮物。」

「多少？」

「3,500 美元。」

「那本來可以付這個月的房貸！」

「你剛買的錦鯉呢？」

「那才 400 美元，而且那是我早就預訂的東西。」

「我說的是原則問題。」

「別跟我談原則！憑什麼現在都已經這樣了，還要去買項鍊？」

「我需要項鍊讓自己振作起來。」

「是啊，好啊，浪費錢並不能使我高興。」

「我在信用卡帳單上看到，你吃的那些昂貴午餐也沒讓我很高興！」

「你可能沒注意到，在我累得要死做著那天殺的工作時，我還在努力買賣一些房地產。」

「真的嗎？我最近看到的只有錢出去了，什麼也沒有進來。你也沒那麼能幹啦！」

兩人的對話從這裡開始，就愈來愈糟糕。

不久之後，邁克和珊迪失去了他們的房子，珊迪的珠寶在 eBay 上以 1 美分的價格賤價出售。破產之後，他們拋掉了很多債務，但他們的形象和婚姻都受到了傷害。

我們可以從中學到什麼？由於大腦類型相似，他們在不經意間都放大了各自的傾向。看到珊迪也這樣做，邁克更容易放縱自己。

如果你也跟另一位劍型人結婚，請注意這種放大效應。

如你所見，劍型人很難控制衝動和延遲滿足。如果你看到這種趨勢，重要的是你們其中的一個人要適應並扮演反對的角色。要願意說「不」且更加謹慎，並制定一個足夠現實的預算計畫讓你在月底前還有些錢。定期和另一半討論金錢問題，設定一些適當金額的預算，作為雙方在不用通知另一半的情況下可以自由花費的上限。要一起共同努力，確保你們都對自己的財務健康負責。

你知道劍型人往往情緒不穩定，容易憤怒、責備和指責他人。這些時刻都會損害婚姻的健康。珊迪和邁克反射性地行事，並沉迷於對興奮的需求，幾乎毀掉了他們對彼此的愛。購物、花錢和進行高風險投資，都是刺激多巴胺分泌既便宜又簡單的方法。但這些行為可能會產生危險和破壞性的後果。聰明的做法是冷靜而清醒地看待你與金錢的關係，因為這與你處理大腦興奮的方式幾乎相同。

阿爾伯特和崔西對金錢有著截然不同的觀念。阿爾伯特有個廚房抽屜，裡面裝滿了四處收來的醬料包。同樣是盾型人的崔西更加吝嗇。他們沒有將金錢視為潛在快樂的源泉，只是將其視為一種儲存起來的安全感，需要小心翼翼、仔細檢視跟很勉強地消費。很難責備一對如此具有個人責任並未雨綢繆的夫婦，如果不是因為他們的孩子馬克，我們大概不太可能有機會見到他們。

崔西和阿爾伯特一點也不拮据，兩個人的收入都相當可

觀。但自我犧牲是一種天性，是一種不言而喻、相互認同的榮譽徽章。

他們節儉的消費習慣，有一種像是在競賽的感覺，兩個人彼此都在競爭成為花更少錢的那個人。

「這完全就是她在亂花自己的錢。」阿爾伯特告訴我們，在崔西旁邊坐下。「如果是我的錢或我們的錢，我們就不會在這裡。我不是針對你們。我只是覺得這是對錢的極大浪費。我──」

「阿爾伯特。」崔西打斷道。

「我知道。我知道。我答應來了。讓我們繼續吧。」

「讓我說。首先，」崔西開始說，拍了拍他的膝蓋。「阿爾伯特是我所知最可愛的人。」他垂下肩膀，握住她的手。「我們最近的生活有些偏離軌道，我想重新開始。」

他們都 40 出頭，結婚 12 年，有一位 6 歲的兒子。崔西是一位學者，在加州大學裡任教，並出版了幾本已成為課本的書，為她提供了可觀持續的版稅收入。阿爾伯特是一名藥劑師，夢想有一天能擁有一家屬於自己的藥房。他努力工作的態度和嚴格的儲蓄習慣，一直激勵著崔西。她來自一個經濟狀況比他差得多的原生家庭，酗酒的父親常常可能會失業，他們連家裡有沒有電都不確定，與阿爾伯特在一起讓崔西很安全。她覺得她在婚禮當天唯一使用的化妝品，是阿爾伯特從藥房帶回家的過期樣品，是件聰明的事情。她認為他

特意去買隔夜的麵包很迷人。她很了解他。他們從未擁有過新車、冰箱或音響。她明白他沒買下他們渴望的房子的理由，是因為他們兩個人都擔心市場會進一步下跌。她不覺得這有什麼好怨的，直到馬克出生。

崔西並不介意他們用在跳蚤市場中發現的二手嬰兒衣或嬰兒床等其他用具。馬克當時還不知道什麼是破舊，但隨著時間，她開始覺得不太對勁了。她不介意自己犧牲一點，她心甘情願。但當談到馬克時，她開始寵這個孩子：偶爾在商店裡買新玩具，為他的第一張床鋪一張新床墊，一個沒人睡過的枕頭。這些都沒有得到阿爾伯特的批准。他告訴她，他們應該把這筆錢存入大學基金，用於馬克的未來。她提醒他，他們已經在這樣做了。

他們經常爭吵。有天晚上，崔西在自己的日記中寫道：「這裡有些不對勁。我不想成為馬克的壞榜樣，我不確定當個苦行僧會不會正是壞榜樣。」

就在馬克 5 歲生日前幾天，阿爾伯特拿了一輛二手自行車來，她沒辦法再撐下去了。當她看到那輛腳踏車時，她立刻哭了出來。「腳踏車的支架甚至都彎曲了，」她說。

「我可以修好它。」

「不，」她堅定地說：「他的第一輛自行車應該要是一輛全新的自行車。我付得起。」

「這很荒謬。我——」

「不，是我們變得荒謬了。」

　　第二天，崔西給馬克買了一輛嶄新的鮮紅色自行車。她喜歡孩子看到腳踏車時的眼神。她也很想看到阿爾伯特眼中出現那種表情。她不記得自己是否見過這種眼神。他們相處得很好，她害怕的事情與他完全一樣，她的謹慎與他天生的低調沉默，完美地同步。如果他不需要任何東西，她會告訴他，她也不需要任何東西。他們這場無聲的自我犧牲之舞，已經跳了好幾年。它給他們帶來了快樂嗎？她想知道。她覺得好像沒有。他們對彼此做了什麼？

　　崔西回憶起他們剛在一起的時候，當時她認為購買幾股特斯拉可能是一項不錯的投資。阿爾伯特立刻撲滅了那個明亮的小火光，就像多年後，當一家藥局要賣的時候，她對這個想法也立刻潑了冷水，因為她不相信他們已經準備好抓住機會，還要借這麼多錢。他眼中的光已經消失了。她記得他臉上的表情，失望和欣慰交織在一起。那就是他們帶給彼此的：失望和欣慰，這也是她向我們描述他們的婚姻時的結論。這樣的評價有點鬱悶了。他們也給彼此帶來了很多愛和溫暖。

　　當我們與阿爾伯特談論到抵抗、逃避和規避風險的大腦化學反應時，他終於有所轉變。他終於想要挑戰真實和感覺間的差異。我們談到了平衡，以及崔西向另一方表達意見、

為理性和可衡量的風險大聲疾呼是多麼勇敢。為了快樂，我們問阿爾伯特他最後一次揮霍在自己身上是什麼時候。他被難倒了。他的臉上露出一絲微笑，說：「我好像沒做過。但我一直在找可以自己打奶泡、做濃縮咖啡和卡布奇諾的機器。也許有一天我會買吧。」

其實，那一天比我們想像的來得早。在我們第四次面談時，阿爾伯特告訴我們的第一件事，就是他在網路二手拍賣市場上找到了一台完美的濃縮咖啡機並買了下來。雖然它可能不是新的，但這是進步。上個月，我們還發現了更多進展：阿爾伯特目前正在討論要買下他過去幾年工作的藥局。

我們與另一對同為盾型人的夫婦合作，其中一位對她以前謹慎的財務控制行為稍稍放鬆——但出於一個非常不同的原因。羅伯和簡是典型的盾型人，他們總是非常謹慎和善於迴避風險。但他們的婚姻卻出現了出人意料的轉折。「看，我很隨和，」羅伯開始說：「這只是我本性的一部分。從第一天起，簡就一直在處理我們的個人財務。她負責所有的帳單支付和投資。她是一個注重細節的人，比我更擅長數字。我們已經結婚 23 年了，我們的經濟狀況都不錯。聽著，沒有人比我更信任簡了。一直到去年左右。我知道我們採取共有財產制，我們擁有的一切，她都擁有一半，儘管她一直很小心，但現在，在我看來，她變得有些魯莽了。」

「魯莽」可能有點誇張，但簡已經改變了她的風險偏

好，開始以戲劇性的方式進行投資。作為盾型人，簡總是有點討厭風險。引起羅伯注意的是，她一直在出售他們的市政債券組合，並開始交易期權。這並不是說他們的淨資產發生了任何重大變化，而是他對他們未來的安全失去了信心。

簡聽羅伯描述他們的處境時已經無精打采。「換我說了。」她說：「我對投資所做的事情一直很保守和謹慎。大概是太小心了，與其說是一種投資策略，不如說是害怕冒險獲得更好的回報。我只是放鬆了一點，突然之間，我們換了立場，羅伯成了那個憂心忡忡的人。」

毫無疑問，簡變了，但為什麼？大腦化學通常是穩定的。如何解釋這種風險承受能力的轉變？

當我們詢問並獲取完整的病史時，發現幾個月前，簡的腕隧道症候群變得更加嚴重，開始每天服用普拿疼。這並不罕見，因為很多人都這樣做。事實上，大約四分之一的美國人每週都會服用非處方止痛藥。但是最近的一些研究發現，這些藥物不僅可以緩解疼痛，還改變了服用者的風險承受能力。這些變化並不會大鳴大放，引起人們的注意，而是更加低調和奸詐。這些非處方止痛藥的最終效果是去抑制作用，使人們冒險嘗試他們通常不會冒險的事情。

如果止痛藥可能對像簡這樣的盾型人產生影響，那麼你可以想像，它可能對劍型人也能產生影響，尤其他們原本就

已經生活在更能承受風險的一方。

最近，簡的手腕進行了手術，已不再需要止痛藥。幾個月後，她關閉了期權帳戶。她並沒有發現與自己服用的藥物有任何關係，但我們是這麼懷疑的。

負面影響，無辜和不那麼無辜

並非所有治療都按照我們希望的方式進行。讓我們來告訴你，馬蒂，一個腸胃科醫生的故事。他已經與凱倫結婚5年了，凱倫是他所屬醫院的一名行政人員。馬蒂因在急診室的行為而兩次被醫院部門負責人訓斥，但正是在凱倫家中發生的事情讓他接受了治療。

我們對自己的看法有多清晰？我們有多常將自己視為問題的根源？我們有多常將錯誤歸咎於他人？對於這些問題的答案既與症狀有關，同時也是一個誰會對治療有正面體驗而誰不會的很好的預測因子。那些感到焦慮和抑鬱的人往往認為自己是問題核心，同時也往往是盾型人（指將問題歸咎於自己的人）。而那些因為憤怒問題而接受治療的人則傾向於尋找外部原因，來解釋他們的煩躁情緒，將責任歸給他人。這些人通常在情緒激發方面處於較低的一端，就是劍型人（指將問題歸咎於他人的人）。你覺得哪一組在治療中受益更多？沒錯，你是對的。

　　但在我們談到馬蒂和凱倫之前，讓我們先退一步。如你所知，劍型人的可用多巴胺太少，伴隨而來的是自然興奮。然而，這並不代表劍型人不會受到興奮的影響，當他們被刺激時，和盾型人一樣，他們同樣會感受到高度的興奮所帶來的不適。然而，盾型人通常會將這種不適的高度興奮解讀為內生的，主要關乎自身；而劍型人則更傾向於將壓力誘發的情緒高峰視為外界環境所導致，是他人對他們的一種施加。

　　馬蒂過著壓力重重的生活，在大腸鏡檢查期間很容易造成腸穿孔，而對急診室裡一名尚不熟練的實習生做出愚蠢舉動時大聲斥責。壓力大時，馬蒂會亢奮起來。面對凱倫，一位盾型人，與她感到舒服的一切相悖，馬蒂設法讓他們進入一種高度槓桿化的生活方式。雖然凱倫小心翼翼地管理著他們的錢，但她對馬蒂錢包裡的信用卡幾乎沒有控制權，而他不計後果的消費習慣，經常成為他們爭吵的根源。雖然金錢往往是引發他們爭吵的背景，但更令人擔憂的是他愈來愈多的暴力行為。事實上，在最近的一次爭吵中，馬蒂使用肢體暴力。凱倫震驚而無語，將其歸因於他最近涉入了某個醫療事故訴訟。但是，不到一週後，馬蒂並沒有再次推她，他抓住凱倫的脖子並打了她。

　　那件事催生了最後通牒。幾個月來，凱倫一直要求馬蒂和她一起去接受夫妻治療。他拒絕了。現在，她再也不想和他一起見任何人了。她告訴他，除非他願意接受治療，並學

會更好地控制自己的憤怒，否則她就要結束這段關係了。正是在這種情況下，我們第一次見到了馬蒂。

在那第一次的對話中，我們了解了很多。他的成長經歷並不輕鬆──他是由單親母親撫養長大的，家裡時常有一些他不曾真正認識的男性進進出出。他從未見過父親，也不確定母親是否真的認識他的父親。他高中畢業後就加入了軍隊，並接受突擊隊員訓練。還是住院醫生時，他和一個認識不到一個月的人結婚，但一年後就離婚。馬蒂在隔年娶了凱倫。童年時，他因為被診斷出患有注意力不足過動症，服用過利他能數年。在憤怒方面，他脾氣很急，曾在學校裡打過架，而近來他在開車時也常常陷入暴怒之中。他告訴我們，凱倫不喜歡在他開車的時候坐在車上。馬蒂追求完美，對自己和別人同樣嚴苛地批評。他不服用任何藥物。

然而，之後與馬蒂進行的幾次會談證明是徒勞無功的。他總是準時出現，但經常盯著手機看。雖然在第一次會談中，他的回應還算積極，但現在他陷入了保留的沉默或僅僅回答一個詞的狀態。每一次詢問都似乎走向了不滿意的死胡同。心理治療是雙向的，而不僅僅是回應一連串問題。

「聽著，我說我會來，我就出現了。」他一邊查看電子郵件一邊說。

「出現不等於你人就在這兒，馬蒂。」我們告訴他。「來到這裡，需要意願來探索你進來的原因。」

「我告訴過你們，我是為了凱倫來的。」

「這還不夠。我們看得出來你很生氣……受傷……非常痛苦。」

「痛苦在於不得不開車過來做這件事。你們想知道什麼？你們可以開始施展你們的魔法了。」

「這裡沒有魔法，只是希望進行一些誠實的對話。」

他沉默了。馬蒂開始滑起臉書。「你說什麼？」

「也許你可以先談一下，你對我們給你的冥想和呼吸練習有什麼樣的體驗。」

「你知道嗎？我的呼吸很好。」

「你有嘗試過我們建議的任何一個練習嗎？」

他再次沉默。你懂他的意思。到第四次會面時，很明顯，雖然馬蒂打算出席，但他無意進行任何有意義的參與。當我們又結束另一個小時毫無成效的會談後，我們告訴他，我們不會繼續見他，使他能夠讓凱倫以為他正在接受治療。

「多謝你們一點忙都幫不上，」他氣呼呼地衝出房間前說道。

有時治療沒有效果，那就一點幫助也沒有。距離最後一次會面幾個月後，我們收到了馬蒂的一封簡訊。內容如下：**「這下你們開心了吧。凱倫說要跟我離婚。馬蒂。」**在附件裡，還附上了他用槌子敲扁的結婚戒指。他的婚姻還能保住嗎？我們可能做些不同的事情會更有效嗎？也許。我們永遠

不會知道。我們所知道的是，在這種情況下，如果馬蒂離開凱倫的生活，凱倫會更安全。我們確實希望馬蒂能得到幫助，因為正如我們在短暫的相處中告訴他的那樣，他非常痛苦。

憤怒是一種次要情緒，是一種比觸發它的痛苦更容易忍受的掩飾。它是這樣運作的：憤怒會釋放鎮痛作用的正腎上腺素，分散人們對傷害的注意力。但是，除了正腎上腺素提供的麻木感之外，憤怒還會釋放具興奮作用的腎上腺素，進而產生大量的能量。

如你所知，像馬蒂這樣的劍型人會被興奮所吸引，而麻木因子和活力因子的急速增加可能會讓人上癮。儘管我們從未非常了解馬蒂，但我們懷疑他早年的痛苦經歷導致了無力感，而他的憤怒減弱了這種無力感，並保護他免受大腦化學失衡的影響，放縱自己。

這又是另一個故事。范背靠牆坐著，環顧擁擠的餐廳。面對他的，是他的妻子克洛伊。附近的服務生又為他們倒了些紅酒。范和克洛伊都是盾型人，他們工作很努力，今晚在離家很遠的地方，享用一頓他們應得的大餐。一對幸福的夫妻度過愉快的夜晚？好像不是這樣。

行為的某些方面會受到大腦化學物質失衡的影響，而其他方面則不會。其中這些對劍型人與盾型人來說，具有完全

均等的選擇機會，控制就是其中之一。

四十多歲，這是范的第三次婚姻，是克洛伊的第一次。她比范小兩歲，覺得他善良、慷慨、恭敬。在成長過程中，克洛伊感覺自己似乎平凡而普通（但她兩者都不是），克洛伊被他的魅力，以及他在結婚前幾個月做出的甜蜜浪漫的舉動，深深吸引。

許多朋友評論了他們的相似之處，以及他們有多少的共同點。然而，在他們婚後的最初幾個月裡，這種看似共鳴的相容性迅速消失了。一開始，范查問了她去哪裡以及和誰在一起。這些無辜的好奇心很快轉變為對她行蹤和交往的警告，接著是更直接的控制行為。

一開始，克洛伊認為他的詢問是一種保護，是他關心的表現。然而，現在已經過去 3 個月了，他們在外面用餐時，她被告知必須坐在面向牆的位置，這樣范才能確保她不會和房間另一邊的某個男人眉來眼去。

對於像范這樣的男人來說，婚姻釋放出一種奇怪的力量，一種占有欲，他認為因為克洛伊是他的妻子，他就有權控制她。克洛伊告訴自己，同意他的要求會讓范放心，這會緩解他對性信任的擔憂。我們告訴她，沉迷於他的不安全感只會助長他的恐懼，並在他的腦海中確認她需要被控制。

美好的婚姻從來都不是控制，而是在於自由和支持你的

伴侶的成長和幸福。信任永遠不會在不信任的土壤中生長，只會在逐漸擴大的裂縫中用自由和確認填補。我們都必須學會如何有效地處理我們自己與興奮的關係。范的興奮程度（被他解釋為焦慮）需要由他來處理。但相反地，他的策略是用控制、指示和改變**克洛伊**的行為，以減輕**他**的不舒服。

「但如果是因為我做的事情才讓他這樣做呢？」克洛伊問。典型的盾型人疑問。克洛伊就是這樣減少自己對興奮的不舒服，她想，如果我做的某件事讓他不安，我可以透過改變來控制這種情況。

我們都需要對自己行為的完整性負責。而我們需要不負責的，是調節我們的另一半對興奮的不適。范正在使用控制作為一種策略來抑制他高度興奮導致的不愉快想法，而克洛伊正在利用順從來實現相同的目的。為了擁有一段健康的婚姻，她將不得不學會所有盾型人都討厭的事情──放棄將逃避作為一種興奮調節策略。

克洛伊花了一些時間才看清楚，她在自己和范之間的巧妙舞蹈中所扮演的角色。我們知道正在取得進展。有一天，她進來說：「我和范坐下來談了幾件事。我說：我愛你，我想和你當夫妻，但有些部分行不通。如果你需要一個你可以管理的人，我會理解的。但那不是我。因為你的不信任而我不得不面對牆壁，我再也不會出去吃飯。永遠不會。」

我們問她范如何回應。「當我對他這麼說時,我真的很害怕,但我對他告訴我的話感到非常震驚。他說他不想失去我,然後他說:是我。你從來沒有給我任何不信任你的理由。我不要別人。這不是你的問題,是我的,我會努力解決的。」

范是否能學會容忍自己的興奮尖峰,而不需要把控制克洛伊的行為當成解決方案,還有待觀察。在夫妻治療中,克洛伊了解到她本應該對他的戀愛史更加好奇,並且看到這些由不安全感驅動的控制,對他以前的婚姻所造成同樣的傷害。這種模式是慣性,並不容易放棄。這些無意識的策略,不會簡單地因為一次誠實的對話就馬上消失。無論范的動機如何,都會有破綻的。

克洛伊需要設定和管控何謂尊重與信任的健康界限,這種界限定義了一段愛的關係。如果這裡還有一線希望,那就是成功地讓她減少逃避和自責,而不是透過順從來緩解自己的不適。對於一個不喜歡對抗的盾型人來說,這不是一件容易的事,但克洛伊了解她的大腦化學物質如何塑造自己的感受並影響行為,這讓她獲得了前所未有的自由。「如果我不會再讓范擺弄我,」她說:「我肯定也不會讓自己被我的大腦化學物質所擺弄。」

性：從「哦，這感覺真好」到「哦，這感覺真糟」

　　愛擁有令人安心、振奮人心、充滿活力以及粉碎和毀滅的奇妙力量。奇怪的是，愛情的副產品之一是壓力。是的，壓力。生活中最大的壓力包括失去親人、搬到新城市、入獄、離婚……和**結婚**。壓力當然是身體上的。當我們感到壓力時，皮質醇會進入到我們的系統中。這對盾型人影響特別大，因為皮質醇會耗盡血清素，使他們更容易受傷。這種效應無疑具有演化價值，因為壓力皮質醇釋放的目的是在於幫助我們準備好迎接某些危險。當準備逃跑或戰鬥時，大腦認為最不需要的是血清素的鎮靜作用。戀愛應該是安全的，但我們的身體卻對我們開了一個天大的玩笑：就在我們最需要血清素調節作用的時候，它卻關掉了水龍頭。

　　梅森和霍莉以新婚夫婦的身分來到我們這裡。這兩位盾型人是一對剛剛畢業的大學戀人。梅森得到了一份在洛杉磯擔任軟體工程師的工作，他想抓住這個機會。擁有物理治療學位的霍莉，相信她可以在任何地方找到工作。兩人都不想經歷一段異地戀，他們決定從南灣搬到西岸。在朋友和家人的見證下舉行了一場略顯倉促的婚禮後，驅車穿越了全國。

　　搬家、婚禮、新工作，還有一件事：兩人在結婚前都沒有任何真正的性經驗，而且他們的嘗試都沒有成功。他們並不是因為缺乏興趣或嘗試而失敗，而是因為梅森有早洩的狀

況。

　　由於盾型人對於性興奮所帶來的生理與情緒影響非常敏感，所以他們比劍型人更容易出現性方面的問題。對於男性來說，可能會以早洩的形式表現（性喚起的尖峰加上可用血清素過少的效應，導致少量的身體刺激就會誘發射精）。另一個表現可能是勃起困難（感到焦慮和預期失敗，他們會釋放皮質醇，引發「戰或逃」反應，導致血液流向手臂和腿部，並遠離它需要的位置）。

　　儘管分享這些對他們來說是痛苦且尷尬的，但他們都有堅定的決心以讓關係繼續下去──包含所有這一切。兩人都同意每天花 20 分鐘進行正念冥想，我們給梅森開了一種選擇性血清素回收抑制劑，不僅可以緩解他的焦慮，還可以作為他早洩的解藥。

　　除了一種罕見的抗生素外，霍莉從未服用過任何處方藥。我們沒有給她選擇性血清素回收抑制劑作為處方，而是給了她一份清單，列出除了服用處方藥之外，她可以增加可用血清素的一些方法。

　　在性方面，霍莉基本上沒有經驗。我們做的第一件事就是給她一些基本的性教育。你可能會驚訝地發現，有多少人認為自己知道所有的基礎知識（即使他們不知道），或者害怕在提出真正的問題時感到尷尬。完成後，我們鼓勵梅森和

霍莉參與一些性遊戲，重點是**遊戲**，而不是結果。

大約 6 個月後，梅森可以在霍莉相當努力的刺激下，保持勃起幾分鐘。而且，霍莉有生以來第一次達到了性高潮。有時治療是一種苦差事，有時它就像看著一朵花聚集它的力量並綻放的過程。不需要做得太多或從中作梗，只需旁觀即可。霍莉和梅森就是這樣。當我們結束合作時，也就是我們初次見面大約一年後，他們正在享受一段充滿愛意和性滿足的關係。

當然，接受治療並不會創造愛，但有時它可以防止愛受到傷害，如果不是傷得太深太廣，甚至可以修復傷害。我們想告訴你一對夫婦在婚姻中面臨的危機。卡拉和吉姆結婚 6 年了，育有兩位年幼的孩子。在這 6 年中的 5 年，他們的婚姻非常牢固。吉姆擁有一家兒童和成人空手道工作室，他是一位劍型人，卡拉則在一家兒童醫院當社會工作者，她是一位盾型人。

卡拉在第二個孩子出生後，曾經陷入輕度抑鬱的困境中，然而在幾個月的時間裡，她成功地走出了這段低谷。然而，她目前所面臨的更大挑戰，是她工作所帶來的痛苦。卡拉的工作是在任何兒童被送往急診室且存在虐待嫌疑的情況下介入。在她工作的兩年內，她所目睹的受傷、受虐的兒童的情況，遠超過了此前能夠想像的程度。這使得她往往無法避免地帶著情緒回到家中，而這種情緒與樂觀相去甚遠。

吉姆天生比較外向和樂觀。他第一個認真的女朋友喜歡參加派對，他自己也很享受。兩人都喜歡阿德拉、利他能和他們可以找到的各種興奮劑帶來的刺激。因為喜歡運動又生性大膽，她讓他開始接觸攀岩。在她很嗨的時候，她會滿口髒話，完全不管自己冒犯或侵犯了誰。吉姆第一次接觸空手道，是為了能夠更自信地應對那些當她偶爾管不住嘴巴時造成的危險情況。當她突然與當地一家酒吧樂隊的鼓手交往時，他受傷的同時，卻也鬆了一口氣。

幾個月後，吉姆遇見了卡拉。與他相比，卡拉來自一個穩定的家庭，父母依然保持著婚姻關係。值得一提的是，離婚家庭的子女自身離婚的風險較高。由於他們缺乏對於終身婚姻的過往典範，對於維持長期關係所必需的挑戰可能會缺乏堅定的承諾。卡拉在許多方面都與吉姆的前女友形成鮮明對比——她對吉姆充滿好奇，害羞而深思熟慮。雖然對她來說有點挑戰，但她對吉姆外向的活力感到敬畏。在她眼中，吉姆既充滿刺激，又稍微帶有一絲危險。吉姆認為卡拉只需要一點點鼓勵，就可以更加敞開心扉，迎接生活中的種種可能性——這是她的原生家庭從未嘗試過的事情。他願意給予她鼓勵，並且樂於見證她踏入那些陌生領域時，帶來笑容和嶄新的自信。

有了吉姆為生活帶來的平衡，卡拉開始茁壯成長，直到孩子出生。隨著孩子們的到來，她開始迅速恢復謹慎的態

度，對於各種活動、事件和新情況也開始說不。挑選合適的保姆讓她感到煎熬，而偶爾的電影之夜讓她和吉姆的關係更加親近。最終，當她同意參加一個早已計劃好的長假，離開孩子們幾天時，卡拉堅持她和吉姆分開搭不同的飛機，以防其中一架失事。

吉姆與孩子們的連結和卡拉一樣緊密。每天早上，他都會早起為家人做早餐。他在麵糊中加入了一點食用色素，做出孩子們最喜歡的紫色、紅色或綠色的動物形煎餅。晚飯後，卡拉負責給孩子們洗澡和刷牙，然後吉姆會為他們讀他們最喜歡的書。

隨著時間過去，吉姆和卡拉的談話愈來愈集中在孩子們、孩子們的活動和他們所關注的問題上。兩人都感覺有點疏離，好像少了什麼，卻都沒有談論它。結果吉姆走向歧途了，天真地開始了另一段關係。對象是他的空手道工作室裡其中一個孩子的母親。她離婚了，很有魅力，也對吉姆很好奇。他喜歡她的幽默感和散發的隨和。當她去接兒子時，他發現自己很期待下課後的聊天。她身上有一種輕盈的氣質，很吸引人、充滿活力。

在他過著自我欺騙的生活幾個月後，他內疚不已，他把這件事告訴了卡拉。她很傷心且嚇壞了。「我們不能在一起了，」她告訴他：「永遠不能，我不能接受這種事。」接下來的幾天，吉姆都睡在沙發上。他告訴一個朋友發生了什麼

事，他和那個女人已經結束了。他愛卡拉，害怕自己毀了一切。在朋友的建議下，他找上了我們。

從外人的角度看起來好像很清楚，儘管有背叛，隱隱作痛，但愛仍然存在。

「我失去了卡拉這個最要好的朋友，我想將她找回來。」他在第一次的夫妻諮商上告訴我們。

「你不會背叛你最好的朋友。」卡拉說。

「是的，你並不會。」我們都同意。我們相信他們的關係牢固到足以嘗試挽救，不過信任已經受損。信任是一種不對稱的現象——信任需要在一段很長的時間和經驗中才能逐漸形成，卻會在瞬間破滅。要幫助他們重建家庭，需要努力和耐心的照顧。

對於來到我們面前的任何人，我們的目標是擴大他們樂於回應的興奮甜蜜點。這意謂著盾型人必須試著去熟悉和容忍興奮程度稍高的任務，而劍型人的任務恰恰相反。

卡拉有點不知所措，於是使用了典型的盾型人技巧：她試圖透過向內縮，來減少自己感到的興奮╱壓力。她把焦慮集中在孩子身上，並將天生的逃避傾向作為一種策略調節情緒不舒服。

吉姆起初大聲抱怨他們的生活愈來愈侷限，然後發生一

件奇怪的事情。他開始減少與男性朋友相處的時間，不再參加他每兩週一次的撲克比賽，甚至拒絕了卡拉鼓勵他接受的阿拉斯加鮭魚捕撈之旅的邀請。雖然他從來沒有明言，但他暗地裡要她為他自己拒絕邀請而負責。妻子經常成為丈夫用來逃避與朋友活動的藉口，但隨後，男人們忘記了這些藉口，反倒追究妻子的責任。

卡拉和吉姆已經忘記如何一起享受樂趣，忘記如何透過政治、日常生活中的小錯誤與掙扎，進行充滿熱情的對話，而這些曾經是他們喜愛的。他們忘記了如何向對方索取需要的東西。

「吉姆不再催促我去更刺激的戶外探險。我需要這個，但我從來沒有告訴過他。」卡拉告訴他。

「我以為妳沒興趣。」

「我不是沒興趣。我只是很害怕。這完全不同。你為什麼沒有繼續？」

吉姆只是聳了聳肩。

我們在很多夫妻身上經常看到這一點，把對方當藉口且從不承認。讓我們說清楚，吉姆對他生活中的各種刺激興奮有責任，就如同他對於正常和可預測的興奮低谷也具有責任。他需要與朋友們重新建立連結，並開始做一些能讓他開心的事情——如果卡拉想去就讓她一起去，或者就自己一個人去。卡拉需要停止假設，並開始對話，停止將孩子作為

她焦慮情緒的原因，並挑戰過度氾濫的逃避傾向。

那麼性呢？早已變得一成不變，甚至成為理所當然的事。他們都在尋找對方是否有興趣的暗示。然而，他們都曲解了這些暗示，內心埋藏著沉默的傷痛、拒絕和渴望。微妙的不滿累積，而不滿是愛情的敵人。吉姆覺得卡拉似乎有些內斂，而她則覺得他有點冷漠。實際上，兩人都不是如此，但容易被誤解。兩人都沒有表達任何感受。他們繼續過著各自的日子，每一天都在心中堆積更多的不滿。

「我覺得自己變隱形了。」卡拉對吉姆說。
「我以為你喜歡躲開眾目睽睽。」他回答道。

這樣的情況往往會自然地導致其中一方出軌。作為更具風險性的一方，並且較缺乏衝動控制能力，吉姆背叛了這段關係，摧毀了他們多年來建立的信任。事實上，他們兩人都不經意地放棄了彼此之間的連結，不再將其視為優先事項。科學表明，我們無意識地傾向於將對方的行為，而不是我們自己的行為，作為幸福的主要來源——也就是我們的幸福。這會造成一種傾向，即變得「以他人為本」──「是他／她的責任來使我快樂」。我們鼓勵吉姆和卡拉轉向更積極（較少依賴他人，較少尋找過失的）的關係，讓他們共同承擔使自己快樂的責任。

一開始，我們就確定他們想讓婚姻成功。首要任務是開

始修復受損的信任。假設所有最好的意圖，劍型人的障礙是沒耐心，認為他們已經承認過失就準備繼續前進。這通常表現為想要在伴侶準備好之前就恢復與伴侶之間的性行為。如果對信任的損害是由於不忠造成的，這一點尤為重要。傷害對方的人經常厭倦於不得不反覆向對方保證，即使這些保證和時間是最為需要的。

在這兩個方面，吉姆都面臨著挑戰。他需要讓卡拉來確定恢復性接觸的時機，同時需要對她所需要的再保證作出接受和回應。這對他來說確實是一項艱鉅的任務。

卡拉重建信任的障礙則有所不同。當盾型人受傷時，往往會產生一種不幸的傾向，即憂傷，將痛苦隱藏在保護的外殼中。卡拉需要學會表達自己的情感，這是她的朋友，同時也是療癒所需的必要元素。對卡拉來說，感到脆弱已經夠令人害怕，但與吉姆用言語表達更是令人不安。她需要挑戰自己對風險的不適感，並與吉姆一起更勇敢地嘗試。這不僅僅代表著更加坦誠地溝通，同時也意謂著不受誘惑，不去查看他的手機或翻閱他的郵件。信任只能透過打開裂縫並填補這些裂縫來重建。以一種令人放心的方式關閉這些裂縫，信任才能逐步重新建立，而這些裂縫只有她能夠打開。

在性領域，重要的是持續願意談論自己的性感受、敏感和需求。大部分時候，這些對話不會發生，或者即使發生，也發生在一方或另一方受傷或生氣的高峰期。性應該是有趣

的，是保持連結和表達愛意的一種愉快方式。危險在於讓自己與興奮的關係成為障礙，把事情搞砸。

盾型人往往會使性變得太嚴肅、太具有象徵意義，太容易與身體的樣貌、那方面的實力或對吸引力的擔憂混在一起，而不再有趣，反而變成了一種測試。而且另一半甚至不知道他們正在接受測試。盾型人需要學會接受這種興奮（將其解釋和重新定義為興奮而不是焦慮），停止在腦中思考，專注地感受身體。承擔一些風險。風險是填補信任、輕鬆和接受空缺的關鍵。抓住機會，你的伴侶可能真的會填補這個空缺，甚至讓你出乎意料地享受。

傾向對自己更加自在一點的劍型人，是開放和享受的典範。對風險的容忍度賦予你在這段關係中的特權地位，伴隨著這個特殊地位而來的是責任。與一位盾型人在床上，要知道你的話是有份量的。劍型人的能力通常會因為混合了一點不確定性或危險而變得更犀利。親密關係並不是為此而設計的。接受現實，如果你渴望刺激，可以嘗試跳傘或高空彈跳。你的伴侶並不負責滿足你增強興奮的需求。

那麼新奇感呢？當然，親密正是新奇和不熟悉的對立面。關於伴侶的所有故事、個人問題和議題都聽過了，分享過了。如果你渴望的是新奇感，婚姻並不是尋找它的地方。持續性和熟悉的舒適是可以在親密關係中挖掘的元素，而非新奇。對於新鮮和未知的經歷，到別處尋找，你不會失望的。

成長與不舒服

　　除了其他事情外，聰明的表現意謂著付出努力，克服那些對你沒有好處的大腦化學物質的微妙影響。這需要保持清醒，而這對所有人來說都很難。其中的部分難處在於保持清醒可能會讓人不舒服。我們從小就學會避免情感上的不適，到了成年我們已經做得很好。通常是做得太好了。

　　在感到不適時檢視憤怒、抑制衝動、保持耐心並不容易。對劍型人來說，接受某種程度的相似性、無聊和可預測性以保持忠誠，也並非易事。而對盾型人來說，要更會社交、在適當時更加坦率，以及在他們想要說「不」的時候成為一個尊重對方的人，這些都不容易。不讓焦慮引導你的決策並不容易，不輕易釋放深埋心底的怨恨與保持忠誠同樣不容易。

　　輕鬆和舒適是愉快的，但並不特別明智。不要讓舒適主導一切，而是讓你最高的自我站出來做決定。你的生活會變得更豐富，舒適會隨之而來。

　　成長是有其信號的。通常，當我們成長得最多的時候，會感到困惑、敵對、焦慮、哭泣，甚至憂鬱。每當我們成長和改變時，感覺到的絕對不是舒適。蝴蝶在自由飛舞前會是感受到緊縮和壓迫的蛹，然後才能破繭而出。也許，只是也許，如果你在親密關係的複雜性面前有點緊張和緊繃，未必是壞事。這些感受可能只是成長的一部分，一個肥沃的時

期，準備讓你更清晰地參與並因應即將到來的變化和需求。

最後的挑戰是回想一下我們在本章前面提出的，關於你的大腦化學在婚姻中扮演什麼角色的問題。試著看看你是否能找出二到三種在關係中存在的問題和狀態，這些問題與你的大腦類型有關。這些應該是你經常做的事情，用來調節情感不適，而這些情感以某種負面的方式影響了關係。對於你列表上的每一項，寫下你可能如何以健康、有建設性的方式解決問題，以減少衝突。

你可以回去查找我們前面所描述的其中一種適合你特定問題的策略。一次一小步執行是完全可以接受的，因為它們累積起來可能會引發更大的改變。重要的是你意識到自己正在採取這些步驟，以及你對後續的承諾。我們發現，不要大張旗鼓地宣布你正在做這些事情是有幫助的。如果你的伴侶注意到了，他們就會注意到；如果沒有，他們就不會。在這當中，有價值的是你的注意力。你之所以做這些事情，這些困難的事情，正是因為它們是健康和有創造力的。你是為了自己而做。我們希望你的伴侶也能閱讀這一章，並有意願也付出努力。

這個挑戰容易嗎？不。你已經用這種方式做事很長一段時間了。但這是明智的嗎？是的。需要付出的小代價是可以管理的不適感，收穫則可能會成為維持成功和持久婚姻的關鍵差異。

第九章

安撫——身為父母最核心的任務

一個冷靜的孩子將成為一個更健康、更成功的成年人。確認你的孩子的大腦類型，並看看有什麼工具可用

「我們參加了學習課程，閱讀了所有推薦的書籍，凱莉每天都吞下一把孕前維他命，而我則將這個重達 9 公斤的裝置綁在肚子上，體驗懷孕的最後幾週有多尷尬和不舒適。哦，天哪，那真的是相當糟糕！如果我是凱莉，我肯定會更抱怨。我們做好了準備，連她媽媽都這麼認為。從她那裡得到讚揚實在是不容易。嬰兒派對已經結束，小衣服整齊地摺疊好收藏在抽屜裡，我成功地組裝了嬰兒床。當我們站在尚未有人入住的小房間裡四處張望時，凱莉說：『我們完成了。我們去看部電影吧。』」

「電影結束後，我們去了一家咖啡店吃漢堡。凱莉對著桌子對面的我露出笑容，我也回以微笑。然後，我突然看到她的眼睛變得更大，嘴巴張得很大。『怎麼了？』我問。」

「我在宮縮。」

「我打翻了可樂，伸手去拉她的手，問她是否應該去醫

院，並掏出手機打電話給醫生。」

「凱莉搖頭說不。『讓我們坐個幾分鐘，計算一下宮縮的時間。』她說著，臉色很難看。『也許我錯了，也許是其他原因。』」

「『比如什麼事？』我問，看了一眼手機上的時間。她聳了聳肩，咬了一口炸薯條，然後……」

「啪！她抓住我的手，痛苦地皺著眉頭。我看著電話。2分鐘。2分鐘？！『我們還不上車離開這裡！』我喊道。」

「除了她愈來愈頻繁地發出刻意壓低的呻吟之外，去醫院的路上出奇地安靜。我們一到那裡，我就把車停在前面，幫助凱莉進去，大聲呼救。他們讓她坐在輪椅上，告訴我不能把車停在醫院門口。我看著她消失在電梯裡，然後慢跑回到車裡，這樣我就可以把它開到停車場。當我回到車子裡時，我意識到我不知道他們把凱莉帶到哪裡去了。最後，有人帶我去了產科樓層和產房。電梯真的要等很久，所以我衝上樓梯。我腦子裡唯一的想法是：『天哪，我們真的要生孩子了。』」

「當我到達產科時，我瘋狂地環顧四周，想找一個可以問問凱莉在哪兒的人。一位護理師告訴我等一下，他會看看他能如何協助。我不確定我等了多久，感覺就像永恆一樣。但後來我看到護士走了過來，臉上掛著燦爛的笑容。『恭

喜！是個女孩子。』」

「就這麼發生了。我們突然成為了父母。我覺得我們根本沒有準備好。」

喬是對的，他和凱莉沒有準備好。儘管有那麼多的書籍和課程，但沒有誰會真的準備好。成為父母某方面是本能的，過程中刺激的荷爾蒙又強化了這一點。但實際上，每天的感覺就像是邊學邊做，是充滿不確定性和自我懷疑的試誤經驗。儘管有最好的意圖，父母／孩子的關係往往會朝著自己的方向發展。它可能令人沮喪或失望，也可能出人意料地輕鬆和成功。

為人父母是某些人重新創造愉快和健康童年記憶的機會。對於其他人來說，這是一個理解和原諒我們父母的弱點的機會，在我們自己反覆的失誤中認識他們，這是一次糾正錯誤的方法，一種體現必要糾正的方法。無論哪種方式，挑戰都可能難以完成且複雜。而且，對於大多數人來說，沒有特定的計畫或明確的路徑可以遵循。我們只是在反應模式中顛簸前進，盡我們所能，回應隨之而來的無數問題。

育兒相關的廣大知識超出了本書的範圍。我們想在這裡給你的只有兩點。首先，我們將幫助你確定孩子的大腦類型，並提供一些可以用來緩解孩子大腦化學失衡導致的自我挫敗的工具。其次，我們將分享一些關於你自己的大腦類型

傾向，如何與孩子的大腦類型相互作用的想法。

但在我們深入探討之前，這裡有幾個問題要在你的腦海中盤旋：你知道你的大腦類型如何影響你的養育方式嗎？它如何影響你對孩子的看法？你如何看待自己將自己的養育方式與配偶或共同父母（如果有）成功融合的能力？這些模式是否相互衝突、相互支持或相互放大？你的大腦類型傾向如何增強你對孩子的理解，或者有時可能會阻礙孩子的發展？

我們如何為可能是我們將要從事的最重要的一件事情做好準備——幫助引導我們帶到世界上的小生物，從他們最初的潛能發展到最大程度，好好地發揮他們獨特的能力？當然，父母最希望他們的孩子能夠以最大的自信和自由，認識自我並表達他們的天賦。實現這一目標的最佳方式，就是了解阻礙實現這些目標的障礙有哪些。如你所見，血清素失衡的孩子所面臨的障礙，和多巴胺過少所帶來的挑戰並不相同。

你已經知道自己的大腦類型，而且可能可以非常準確地猜中孩子的大腦類型為何。但要確認你的猜測，請填寫以下問卷。

兒童大腦類型問卷

編號	問題	是	否
1	本質上是外向的		
2	可以想像實際上不存在的威脅		
3	對不認同非常敏感		
4	願意嘗試任何事情		
5	生性害羞、善於思考		
6	對懲罰毫不在意		
7	樂觀開朗		
8	對負面記憶念念不忘		
9	當事情出錯時傾向責怪他人		
10	想要某件東西，就馬上要		
11	很難接受聽到「不行」這個詞		
12	不太好鬥		
13	能夠好好地控制衝動		
14	通常會克制脾氣		
15	似乎幾乎喜歡冒險		
16	似乎很擔心生病		

17	面對新環境時較謹慎和容易緊張		
18	容易分心		
19	善於遵循常規		
20	傾向逃避風險		
21	似乎過分擔心犯錯		
22	有點膽大妄為		
23	很難延遲滿足		
24	傾向逃避社會挑戰		

計分

　　請在下方將每個標記為「是」的問題編號勾選起來。被圈選的較多的，即代表孩子的大腦類型——劍型人或盾型人。他可能兩者都有，那是因為沒有純粹的大腦類型。如你所見，劍型人往往也具有一些盾型人的傾向，反之亦然。

　　劍型人：1、4、6、7、9、10、11、15、18、19、22、23

　　盾型人：2、3、5、8、12、13、14、16、17、20、21、24

關於孩子的大腦類型，你可以產生最深遠的影響是幫助他們學會如何保持冷靜。是的，讓自己平靜下來，專注於自己的身體並保持冷靜。保持冷靜是一種技能，可以經由後天學習。如果這聽起來很簡單，那就大錯特錯了。如果你能幫助孩子奠定自我鎮定的基礎，那麼你的教導將伴隨他們一生。

早些時候，我們談到了興奮的甜蜜點。這個甜蜜點是一種中樞神經系統中的主觀刺激或興奮程度，當我們處於其中時，它會提供情感上的安慰，以表達我們行動中最高的自由度。在那個甜蜜點之外，我們變得更加受限，並開始表現出大腦類型更窄、更模組化的行為特徵。

在甜蜜點游泳時，我們平靜而自由。甚至有一點點偏離了那個平衡點也沒那麼嚴重。想想《金髮女孩與三隻熊》，任何不「恰到好處」的事情都會產生不舒服。盾型人兒童通常會因過度興奮而焦慮，而劍型人兒童則因太少而無聊和焦躁不安。讓你的孩子平靜下來意謂著幫助他們忍受興奮的高峰或低谷，擴大他們的甜蜜點。讓盾型人冷靜，讓他們不那麼逃避，不那麼謹慎，在社交上更自在。讓劍型人冷靜，使他們不那麼衝動，對缺點／危險更敏感，並且能夠更好地延遲滿足。

如你所見，劍型人與盾型人既有優勢也有弱點。冷靜地保留所有優勢並減少弱點。可預測的壓力誘發的大腦類型特

徵（弱點）是為了以此為目標的補償策略：讓自己冷靜下來。好消息是這很有效，壞消息則是太有效了，因此並不一定對良好的健康、人際關係、準確的威脅評估，甚至一般的幸福感有幫助。

就像幫助你的孩子回應他們大腦興奮的特殊問題還不夠複雜，讓你理解如何和孩子的大腦化學反應互動，又是另一個層次的問題。有時，具有同理心或是在孩子身上看到自己的影子，既是一種幫助，也是一種障礙。與孩子的大腦類型或傾向相似和認同，一方面可能導致過度保護，或者對孩子可能表現出的自我挫敗的特徵視而不見。相反地，養育一個大腦類型與你截然不同的孩子，會讓你對他們做出的一些選擇感到困惑，這些選擇會與你覺得最自然的反應和選擇不同。生孩子會考驗你的界限，並要求你用上所有的理智。

了解你自己的大腦類型，可以讓你在微調養育方式方面有很大的幫助。你會更清楚地知道如何同情以及如何輕推。你已經親眼目睹了大腦類型如何影響你的感受和做出的決定。讓這些知識成為你養育孩子的方式中不可或缺的一部分。

安撫盾型人孩子

作為盾型人孩子的父母面臨著獨特的挑戰。這些孩子可能既可愛又深情，聰明又能幹，但也讓許多父母很困惑。讓我們多告訴你一些關於凱莉和喬的事，他們是你之前認識的那對夫婦。凱莉是一位作家。她在中西部長大，是 5 個孩子中的第三個。她的父母婚姻美滿，仍然住在凱莉成長的印第安納州老家裡。凱莉深陷在她的兄弟中，小時候很害羞和內斂，當她的 4 個兄弟在樓下跺腳時，她可能會躲在房子最遠的角落看書。他們沒完沒了的爭吵和粗暴但友好的打鬧總是讓屋裡很熱鬧。

凱莉說話輕聲細語、溫柔謹慎，而喬的聲音和身型一樣宏亮。他是一家律師事務所的合夥人，也是一名訴訟律師。在大學打過籃球後，喬持續保持體形，參加山地自行車比賽並練習他的特殊愛好：單板滑雪。正如你可能已經猜到的那樣，他是一位非常直截了當的劍型人，而凱莉則有明確的盾型人傾向。

在訴說羅根出生的故事後，凱莉和喬繼續描述了他們與 8 歲兒子之間的一些問題。不用太多挖掘就可以看出羅根是一名盾型人。

「當我看到喬對羅根施加太多壓力時，我和喬就陷入了困境。他拿他和那個年紀的自己作比較，我認為這樣的比較不公平。羅根總是表現不佳。」

「不總是。」喬插話道。

「你說得對，不總是，但大多數時候你都在批評他。我認為你是一個非常好的父親，我知道你有多愛他。但是你不表現出來給他看。讓羅根感到你為他感到驕傲是最令人開心的，但同時也應該讓他保持真實，不受他人期望影響。」

「我不認為我那麼挑剔。」喬說，轉向我們。「我很失望，為了他。舉幾個例子：我們在家裡為羅根舉辦了一場非常棒的生日派對，他大部分時間都躲在浴室裡。幾年前，我帶他去滑雪。他跌倒了幾次，背上沾了一點雪，他說他不想再滑了。你看我，我身體很好，很有競爭力。外面的世界很艱難，我認為需要一些勇氣才能度過難關。我只想盡我所能讓他做好準備。」

「你忘了提摔角了。」凱莉說。

「是啊，當我還是個孩子的時候，我曾經喜歡趴在地板上和我父親摔角。他總是讓我贏，但不是很多。這是我父母離婚後，我最想念的事情之一。我的父親搬走了並另組了新家庭。但當我試圖與羅根重建那種連結時，他就開始哭了。」

「聽著，我知道要你表達敏感、溫柔的情緒真的很難，我懂，但是必須有其他方法來與羅根進行身體接觸。可以只是一個擁抱嗎？當你和他在一起時，他很害怕。」她說，看著我們。「你會喜歡趴在地上和那樣的身體搏鬥嗎？」

這個切入點不錯，我們也認同。但我們想強調喬對親密關係的不安。隨著我們的探索，愈來愈清楚的是，雖然他的不適感從未被談論過，但羅根和凱莉確實意識到了這一點。儘管微妙，喬的不舒服是每個人都知道的家庭祕密之一，受其影響，但沒有人挺身而出並承認。著名的蘇格蘭精神病學家隆納‧大衛‧連恩（R. D. Laing）是這樣說的：「我從未遇過一個家庭，不會在某個地方劃定一條界線，決定哪些事情可以用語言來表達，以及可以使用哪些詞語來表達。」這個潛規則總是在不引起注意的情況下被觀察到時，效果最好。用連恩的話來說：「如果你遵守這些規則，你就不會知道它們的存在。」

這裡有一個缺點。這些規則可能會忽略房間裡的大象，但不會讓牠消失。

最近的一些研究可能會讓我們對喬的問題有些了解。研究發現，父母去世或離婚等童年經歷，與青少年的焦慮和憂鬱有關，也影響他們為人父母後的麻木不仁、溫暖和關愛減少以及懲罰的增加。研究還發現，父母在年幼時離婚的成年人催產素濃度較低。正如你所記得的，催產素是一種在稱為海馬體的大腦區域產生的激素，在分娩和母乳餵養期間釋放，增強母親和嬰兒之間的連結；通常被稱為「愛情荷爾蒙」，因為它會在女性和男性的性高潮期間釋放。催產素具有加強情感連結、信任和開放的作用。它讓人們感覺更加外

向和善於交際。

　　喬聽說過催產素，但對如何與它相互作用或它與壓力的反比關係知之甚少。我們向他解釋說，隨著催產素升高，皮質醇和壓力下降。這引起了他的注意。他對壓力非常熟悉。我們告訴他，透過一些身體接觸來增加催產素是多麼容易：按摩、拍拍背部或握手、撫摸他的狗。是的，一個擁抱。我們討論了一些含有催產素的食物，包括任何含有維生素 C、D 或鎂的食物，鮭魚等富含脂肪的魚類、蘑菇、菠菜、酪梨和番茄。

　　回到羅根以及關於他的家庭生活更多的細節，我們學到了很多。羅根顯然是從出生那一刻，杏仁核就在他耳邊尖叫的孩子之一。當我們解釋羅根正在努力解決一些大腦化學反應衝突時，喬第一次坐進了椅子，放下交叉的雙臂。

　　羅根很容易被激怒、焦慮和高度警惕，這對盾型人孩子來說並不少見。他有嚼鉛筆的習慣。在看了一些關於塗料中鉛的致癌作用的新聞後，他開始擔心自己會患上癌症而死。後來他被告知鉛筆芯根本不是鉛做的，而只是石墨和一些蠟將其固定在一起時，他並不相信。

　　度過疫情對他們所有人來說，都是一段艱難的時期。凱莉和喬都開始在家工作，並且都試圖給羅根用 Zoom 上課，讓他保持井井有條。他們非常親密。在那段時間裡，羅

根的焦慮從一個目標跳到另一個目標。完成了其中一項後，又會馬上附著在另一個。

當實體的學校再次開學時，他的焦慮再次轉移，開始擔心重返校園。如你所知，盾型人與不斷提高的興奮程度。羅根和許多盾型人孩子一樣，把興奮和恐懼混為一談。在生理層面上，它們本質上是相同的。羅根想念他的朋友，也期待與他們再次見面，但這些期待並沒有被解釋為令人興奮和愉快的感覺，而與普通的原始興奮相似，因此被誤認為是恐懼或者完全消失了。

我們所有人都傾向給自己的感受貼上標籤，將它們分為好壞兩類。這種自動分類過程始於我們的身體對某種情緒做出反應，結束於我們如何體驗和表達它。在和媽媽討論回學校的事情時，羅根告訴她，他認為自己不會有任何有趣的故事可以講，並且擔心即便整個學年都在 Zoom 上面一起上課，他最想見到的朋友們不會記得他。羅根還擔心當他終於能夠見到朋友時，他可能會忘記一些想告訴他們的事情。

那麼，你如何才能協助將隱約感到威脅的情況，轉變為更像是遇到機會的經驗呢？羅根的擔憂實際上是他負面的自言自語。我們為凱莉和喬提供了一些簡單的工具，目的在將負面言論轉化為更正面的言論。

羅根的第一個和第三個擔憂本質上是一樣的。他想在第

一次與朋友見面時說些有趣的話。稍微翻找了一下，羅根想起他和父母去山上玩過雪，還看到了山貓，他們甚至有一張照片。喬和凱莉梳理了他們一家在過去幾個月裡的一些經歷，其中包括最令人難忘的一次，羅根和喬在後院建造了一座樹屋。羅根確實有故事。

凱莉提醒羅根，如果他記得他所有的同學，他們也會記得他，這幫助他重新定義他的第二個擔憂，他對朋友的感覺真的是興奮，以及他多麼期待再次與他們在一起。當他意識到「那些感受和想法」時，凱莉還給他說了四個字。四個字是「我很興奮」。研究發現，對於像考試這樣普遍引起焦慮的事情，只要在考試前說這四個字就能顯著提高考試成績。焦慮是我們想要擺脫的東西，感到興奮是迷人的。簡單地將焦慮重新定義為興奮，可以創造更積極的參與體驗。

我們還為喬和凱莉提供了一個有趣的正念冥想，供全家人一起練習。坐在舒適的椅子上，每個人都用食指堵住一個鼻孔，都吸氣數到 4。然後，交換手指並堵住另一個鼻孔，呼氣數到 6。這是一個 10 分鐘的演習，目標是在沒有人笑的情況下完成它。即使有人笑了，這種體驗也是成功的，並且是一種親密的體驗。

羅根回到學校並且表現良好。喬對自己的大腦化學反應與羅根之間的差異有了更多的了解。他對兒子的一些特質產生了新的尊重，這些特質與自己的優點截然不同。「我看到

他在做件事：他用工具包製作了一個太陽能時鐘，」喬告訴我們。「這真的很複雜，但他堅持了下來。以前的我可能會把那東西丟到房間的另一邊。他成功了。我印象非常深刻。」

「他不只是告訴羅根，」凱莉附和道。「喬給了他一個大大的擁抱。」

我們正朝著正確的方向前進。

我們都在自言自語，只是大多數時候，我們的嘴唇不動。而內向的盾型人兒童天生就會進行自我對話。不幸的是，這些語言上的內觀，通常不會是各種事件、經歷或存在狀態的中立紀錄。這些觀察往往是負面的。為什麼？盾型人兒童能夠在威脅不存在時看到威脅，而當威脅存在時，甚至會放大其危險。這種對威脅的評估方式，導致了盾型人首選的控制策略，就是逃避。其實應該是這樣的：「如果我能控制自己，我就能改變和控制感受。」這裡要特別注意，這個目標並沒有改變一個人的行為方式，而是改變了一個人對行為的感受。這是一種控制策略，目的在調節他們的感受方式。很多時候，負面的自言自語會導致在原本可以更積極參與時，避免採取行動。

這是一個如何發揮作用的例子：有一對孩子在一個需要向全班演講的專案中，分在同一組。孩子 A，一位盾型人，讓孩子 B 負責上台演講，很大程度地拿走了應有的功勞，並在演講中用了「我」，而不是「我們」。之後，孩子 A

看著其他孩子走到孩子 B 前說了不少讚美並問問題，而孩子 B 其實不過就是出一張嘴，所付出的努力可能比準備上台簡報還少。

讓我們先看看孩子 A 的腦袋：我做了這個專案的大部分工作，但她卻得到了大部分的功勞。也許我認為自己做的比實際做的更多。不，我知道我做了什麼。我就是張不了嘴。我沒有說話。我應該說更多的。更多的什麼呢？我幾乎一句話也沒說。我怎麼了？我討厭自己不能說出自己知道的事情。我就知道現在這種狀況會發生。我好討厭我自己。

盾型人孩子會將憤怒和失望往肚裡吞。孩子 A 在演講前已經相當興奮，為自己出頭只會增加這種不舒服的感覺。她透過逃避來控制興奮，所以把嘴巴閉上。但這種策略伴隨著明確的代價。孩子 A 知道她必須付出的代價就是自我貶抑，不斷負面地自言自語，但她還是選擇這個代價。這就是把大腦興奮的力量當成威脅的狀況。

父母可以送給盾型人孩子最有用的禮物，是幫助他們擴大對興奮的容忍度。以學校的演講為例，家長做些什麼可能會有幫助？讓我們更深入地研究一下。對於表現焦慮，沒有比準備更好的解方了。我們要稱這個孩子為莫莉，她像大多數盾型人孩子一樣投入工作（如果沒有其他原因，只是為了避免如果她不這樣做，她會焦慮）。莫莉讓自己失望的地方在於沉迷於過去的備用策略逃避。不幸的是，這種調節不舒

服的習慣性策略會導致負面的自言自語。有逃避行為的孩子對自己很苛刻，他們攻擊自己的自尊和形象，而不是攻擊逃避行為本身。

我們要讓時間倒流──現在距離演講還有幾天。這是莫莉的父母可能幫助過她的東西。我們稱這個遊戲為「龍馬精神」。盾型人有一條龍，承認龍的存在是健康的。訣竅不是忽略，而是將其存在的價值從負面變為正面。當然，龍宛如大腦的興奮，可以具有危險和壓倒性的力量，也可以被視為能量和興奮的友好來源。

在簡報前幾天，莫莉的父母可能會說：「我們來玩『龍馬精神』吧。你打算站著還是坐著演講？」

「站著。」

「好吧，所以你站在這裡，我會坐在那邊，假裝我是你要對談的孩子之一。」

「準備好了嗎？每個人都會看著你。你和你的搭檔，有討論過誰會先說嗎？」

「沒有。」

「這樣做是個好主意。你先去問問她好不好。」

「為什麼我要先說？我不喜歡。」

「先說總是好的。等著第二個才說會讓龍感覺很可怕。遊戲目的是要讓龍感覺是你的朋友。」

「你要我先說？」

「是的。現在想想，你感覺如何？」

「我真的很緊張。」

「是的。我知道你很緊張，沒關係。人們在毫無準備或興奮時，會有這種感覺是很自然和正常的。你還沒準備好嗎？」

「還沒。」

「那你可能很興奮。當我們真的很興奮時，我們的身體就會充滿能量。」

「是啊，我現在好像要爆炸了。」

「很好，這意謂著你真的很興奮並且精力充沛。繼續前進，讓能量積聚。看你會不會爆炸。」（翻個白眼）

「讓我們試試別的東西，看看能不能把龍變大。我們要深呼吸 5 次。每一次，我都希望你假裝你正在向龍吹氣，然後繼續吹氣，直到你的氣真的用完為止。好吧，深吸一口氣……。5 次了。你能讓龍變大一點嗎？」

「不。沒差。還是很嚇人。」

「好吧，沒有爆炸。事實上：龍都是我們創造的。那條恐怖的巨龍，果然是偽裝的興奮巨龍。龍在這裡幫助你，永遠不會傷害你。我們現在要做點什麼。我們要撥動開關。我們將再次深吸一口氣，慢慢地將空氣吹入龍的體內。我們不希望龍離開，因為你需要能量。所以，當你深吸一口氣時，我希望你直呼龍的真名。你習慣稱它為**可怕**。它的真名是**興奮**。它是你的一部分。所以，每次呼吸時，我希望你自己想

一想，興奮就是我的感受。我很高興你在這裡，我很興奮。」

「好，我們開始吧……。5 次了。龍現在看起來怎麼樣？」

「我不知道。也許差不多。」

「沒關係。很久以來，你已經習慣用錯誤的名字來稱呼它。我們會每天玩這個遊戲，直到你上台演講的那天。每次我們這樣做，你都會用龍的真正名字『興奮』來稱呼它，會讓人感覺更友好一些。」

焦慮的孩子會感到失控，是因為他們錯誤地認為，透過試圖避免和擺脫所感受到的興奮，會感覺更有控制力。盾型人抑制興奮影響的最可靠方法是接受它的存在，甚至邀請它。興奮被接受的那一刻，它就失去了毒牙。孩子對興奮的恐懼在於他們試圖擺脫它，卻又勢必失敗。一旦他們意識到這是正常和自然的一部分，嚇唬他們的力量就開始消退。

讓我們看另一個例子。珍妮 14 歲，正是尷尬的青春期。雖然她以前也有過焦慮狀況，但她最近的焦慮症引起了父母的注意。她的親戚中反對疫苗的人，警告她不要接種新冠疫苗。作為一名盾型人，有氣喘病史的珍妮，即便心跳得很快，還是決定坐下來接種疫苗。只是待在椅子上等待的過程，對她是一種折磨。她的頭腦裡正試圖理清飛速的思緒，和正在醞釀的化學風暴。她終於站了起來，告訴護士她覺得自己好像有過敏反應。但其實她沒有。珍妮的情況是恐慌發作。

如果你的孩子正經歷焦慮，父母可以採取以下措施來幫助他們，甚至對恐慌發作也有效。幾個世紀以來，東方醫學一直使用無針版本的針灸：指壓，以創造體內平衡。以下是你可以與孩子一起練習的技巧，直到他們熟記於心並且可以自己練習為止。

使用右手的食指和中指，輕輕敲擊你左手的外側邊緣（大約持續 10 秒）。接下來，輕敲你的前額，就在你左眉毛的上方（同樣 10 次計數）。繼續保持數到 10 的節奏，接著輕敲左眼旁邊的太陽穴。現在輕敲左眼下方的區域。然後，移至你的上唇，就在鼻子正下方。接著是下巴。輕敲你左邊的鎖骨位置。現在輕拍左腋下的肋骨上方。最後，輕敲你的頭頂。如果需要的話，你可以重複這個過程，以增強鎮定效果。

安撫劍型人孩子

英語有很多單向短語——例如「fix up」或「tumble down」。我們從來沒有聽到過「fix down」或「tumble up」。「冷靜」也符合類似的方向。我們只想到「冷靜下來」，通常都會這麼說。也應該要有人說「冷靜起來」，因為這才是讓劍型人舒服的正確術語。除了比較舒適之外，劍型人在冷靜後，也更能自由地發揮自己的靈活性，並擴大大腦興奮時的甜蜜點。。

　　珍妮佛因為還太年輕，讓她得出了一個明確的結論：「我永遠無法跟上。」她 17 歲，是一名高中生。當她上小學時，三年級的老師對珍妮佛易於分心與注意力不集中提出了擔憂。到四年級時，她的父母得到建議，認為藥物可能有助於調節她喜怒無常、注意力不集中的行為。珍妮佛的母親將這歸因於家庭經歷了一段壓力很大的時期。

　　珍妮佛 9 歲時，她的父母經歷了一場混亂而激烈的離婚。他們在婚姻裡常常互相抱怨，現在同樣的抱怨還在繼續，作為房間裡唯一的第三者，只有珍妮佛在場聽到他們的聲音。這對父母就像許多其他離異的父母，做出最令人質疑的選擇。他們選擇把孩子分開。她的哥哥喬許去和父親住在一起，珍妮佛和母親住。週末，孩子們會待在一起，輪流到父母家住。珍妮佛被完全地摧毀了。她的母親告訴她，她們會摸索出更好的相處模式。她並不擔心與母親相處得更好，但她非常想念父親和喬許。

　　出售家庭住宅後，珍妮佛和她媽媽搬進了一棟 101 高速公路沿線的公寓大樓。接下來的幾年是痛苦而令人不安的。珍妮佛看著不知名的男人進進出出公寓。他們基本上不理她，這也無妨；她不想和他們有更多的關係，就像他們對她一樣。她愈來愈常躲在自己的房間，她在孤獨中感到安慰。長時間專注於作業對她來說仍然很困難。相反的是，她晚上更多的時候是躺在床上，戴著耳塞，隨著音樂搖擺，拇指放

在嘴裡。

　　珍妮佛喜歡週末，尤其是當她和喬許以及父親在一起的時候。她崇拜她的哥哥，總是跟在他身邊，無論他去哪兒，她都會跟著。他們花了好幾個小時一起玩滑板，直到天黑。後來當他在網上玩《要塞英雄》時，她彎著身子站在他的肩膀旁邊看著。珍妮佛被這款遊戲所吸引，坐在她哥哥旁邊，想像著如果自己玩這個遊戲，她會做些什麼。她看著，聽著，等待著。一天晚上，她的機會來了。「幫我玩 1 分鐘；我要上個廁所。」喬許說。幾分鐘後他回來時，喬許成了旁觀者。20 分鐘後，比賽結束，隊友們都稱讚他發揮得真好。他所能做的就是喃喃自語：「我的天啊。」很快，珍妮佛加入了喬許的團隊，用著「鬆脫鞋帶」這個帳號。喬許從未告訴任何人她是女孩。遊戲擁有她喜愛的所有元素：令人振奮的冒險感，以及無論她玩了多少次仍然充滿不確定性的感覺。

　　珍妮佛，如果你還沒有猜到的話，是多巴胺失衡。新奇的魅力是劍型人的標誌，它可以產生毀滅性的影響。像珍妮佛這樣的新奇探索者會沉迷於一項活動、一個項目，以及幾乎所有任何伴隨著它的新鮮事物。遊戲提供了這種魅力，直到珍妮佛進入青春期，這種魅力被 Instagram、Snapchat 的互動以及無間斷地滑臉書所取代。不幸的是，隨著她追求新的興趣，她從遊戲技能中獲得的成就感和精通感逐漸消退。

　　珍妮佛的一天，就在她用手機管理（如果可以這麼稱呼

的話）社群媒體上的身分開始和結束。她與手機的連結，使她與課業脫節。她愈來愈難以集中注意力和完成作業。對於很多人來說，線上身分帶有一種有所選擇的感覺。但這並不適合珍妮佛，也不適合很多孩子。不斷檢查、發布、再次檢查變得愈來愈必要。她的社群媒體平台正在管理她，她付出了可怕的代價。這個代價就是無止境的壓力。她不再和朋友有面對面交流的時間，變得愈來愈孤立。有天晚上，在查看臉書頁面時，她意識到她有很多臉書朋友，但現實生活中幾乎沒有，她的拇指變得非常靈活，但遺憾的是她失去了基本的口語能力。

一個總是精力充沛的女孩，現在感到精疲力盡，並且一直處於持續不斷的躁動中。但是，儘管珍妮佛筋疲力盡、焦躁不安，但如果讓珍妮佛在放棄社群媒體和手機，與失去一隻手之間做出選擇，她會不得不認真考慮這個決定。長期研究世代差異的心理學家琴‧特溫格（Jean Twenge）博士發現，與前幾代人相比，像珍妮佛這樣的數位原住民往往更順從，更不快樂也更孤獨。與他們的電子設備保持連結，使現在的孩子更缺乏與真實世界的對話和面對面接觸，更缺乏連結。

不幸的是，劍型人往往難以節制。如果一點點是好的，那麼多一點就更好了。珍妮佛的手機收到每條通知都會發出「叮」的一聲，而每次「叮」的一聲都可能意謂著一些資訊，

這些資訊絕對有必要查看。她已經成為工具的奴隸。

當她媽媽帶她來看我們時，就連珍妮佛也知道她與手機的狀況對自己不好。「我試過把它放在我的衣櫥裡，但我聽到它在裡面，我必須進去拿它。它妨礙了我，我沒有像我應該的那樣學習，我知道這聽起來很瘋狂，但我覺得如果我手裡沒有它，就會錯過一些東西。我以前可以彈幾個小時的吉他。我現在甚至不再碰吉他了。」珍妮佛的母親瑞秋補充說：「我和她一樣，只是不用擔心上大學。下班後，我會看電視、逛臉書，半夜還在 Google 上搜索其他人。當我像她一樣沉迷於手機時，很難要求珍做一些不同的事情。」

也許我們可以做一些對珍妮佛和她媽媽都有幫助的事情。我們在與她們的對話中學到了一些重要的東西。顯然，她們都是劍型人，而且都是好手。我們尋找能找到的任何一點優勢，並向她們兩個提出了一個遊戲來讓珍妮佛戒掉手機。我們設計的方式為漸進式數位清掃。它是這樣運作的：珍妮佛和她的母親，和許多劍型人一樣，都是早睡的人。（這聽起來甚相矛盾嗎？劍型人傾向早睡早起，而盾型人則傾向夜貓子。）

晚上往往是刺激和興奮程度較低的時間。盾型人通常會珍惜這段更舒適的時間，而劍型人則像珍妮佛和她的母親，只是隨著興奮的減弱而變得昏昏欲睡。第一週，她們都承諾每天在晚上十一點到午夜之間關閉手機一小時，無論如何她

們很可能已經睡著了。她們同意在那段時間互相變更密碼並交換手機，這樣如果受到誘惑，她們都不能「只是看一下」。或許這有些過分，但我們建議，如果她們還清醒著，她們可以利用這段時間來了解對方的一天，這是一段早已被遺忘的經歷。

第二天晚上，珍妮佛走進母親的房間說：「好吧，這真的很糟糕。把我的手機給我，我把你的給你。」瑞秋拒絕了。「好吧，別指望我再跟你說話。」珍妮佛砰地關上門離開了。

第二週，我們將賭注提高到一個半小時，這是一個幾乎讓比賽崩潰的壓力源。我們試圖幫助珍妮佛擴展她興奮的甜蜜點。如你所見，劍型人透過尋找刺激來使自己平靜下來，而且經常在不安分的狩獵中，他們過度刺激並使自己筋疲力盡。珍妮佛在一段時間內交出她的手機，這為她提供了一個挑戰和重新定義她與興奮關係的機會。

我們將這種數位中斷描述為身體意識的下降。我們向珍妮佛解釋說，當多巴胺有點不足時，我們會感受到身體的感覺，完全與我們的大腦化學物質有關。這些感覺會讓我們覺得好像應該**做點什麼**，比如查看我們的手機。我們解釋說，當我們感受到這些感覺時，會習慣於對它們採取行動，因為這些行為會刺激我們的神經系統，讓我們感覺更好、更正常。

這些內在的感覺沒有比讓我們試圖擺脫它們更好的目的了。如果她能學會容忍這些感覺，而不是想辦法讓它們停止，她會感到更自由、更能控制。我們要求她簡單地記下這些感覺，讓它們存在，不必對它們做任何事情。

第二週，在第一個沒有手機的 1 小時 15 分鐘內，我們告訴她們，她們可以做任何想做的事情，只要跟螢幕無關都可以。在最後 15 分鐘，我們要求她們找一個安靜的地方坐下。「什麼？什麼都不做？」珍妮佛驚恐地問道。我們點點頭，告訴她什麼都不做真是一件大事。那是對她內心世界赤裸的介紹。我們要求她們在最後 15 鐘內好奇地觀察自己的感受和想法，而不判斷它們是好是壞。

劍型人的思考時刻可能非常困難和不舒服。這裡的技巧是，接受這些內心世界的想法是良性的，並將它們視為你自己的一部分。在這個接受練習時最好不要坐立不安，應該盡可能保持雙手不動。

在第三週，我們增加了一個重構的體驗。「我一直想知道發生了什麼，並認為我沒能參與其中。」珍妮佛描述了她的無手機體驗。「我需要確保我沒有錯過任何東西。」

「當你有這些感覺時，你可能會試著告訴自己，」我們告訴她。「我不會錯過任何我之後將趕不上的東西。現在我不需要做任何事情，除了陪伴我自己。」

　　讓珍妮佛不再使用手機是一個循序漸進的過程。目標是讓她體驗一次，完全退出她的社群媒體帳戶一整天。通往那裡的道路是崎嶇不平的，但隨著時間，她學會了透過正念練習將分心轉化為注意力，這使她能夠更佳容忍外部刺激中的無聲間隙，或者她學會稱之為沉思的時刻。與我們在一起的時間裡，我們還給了她一些提高專注力的應用程式（Luminosity、Elevate 和 CogniFit）。

　　我們為珍妮佛設計的計畫第二部分稍微複雜一些。目標是幫助她找到透過提高活化程度來「平靜下來」的方法。正如前面所提到的，被老師發現，並被兒科醫生診斷為有注意力不足過動症的兒童（毫無疑問是劍型人），通常會被開立興奮劑。這些孩子想方設法透過不安分的行為來刺激自己，從根本上讓自己平靜下來，使內心更加平靜。這就是為什麼，如果給予一種可以提高他們的興奮程度（和多巴胺濃度）的興奮劑，他們可以放棄對大腦興奮的補償行為。

　　珍妮佛不需要藥物治療，她只需要開始做一些吸引人的事情，因為這些活動是興奮的豐富來源，並且會增加她在相對甜蜜點上度過的時間。參與運動，尤其像是滑板那樣，充滿挑戰、不確定性和掌握獎勵的運動，會是一個很好的選擇。讓她開始運動並不需要太多的哄騙。

　　孩子們需要知道我們要求他們做的事情背後的目的。我們提醒珍妮佛，她正在進行的改良正念冥想練習背後有些非

常有趣的科學依據。變得更加專心已被證明可以增加不同類型的注意力，包括警覺、定向和執行控制。聽一段簡短的10分鐘錄音引導正念冥想也有同樣的效果。我們解釋，她甚至可以在飲食中加入一些有好處的東西。例如，一項研究發現，綜合莓果果昔可提高注意力超過 6 個小時。富含黃烷醇的可可（巧克力）已被證明，可以大大提高額葉皮質與氧氣結合的能力，而額葉皮質是負責決策和計畫的大腦區域。作為獎勵，巧克力甚至可以增強我們的內啡肽。

對於含糖量較低的替代品，甜菜根汁也有同樣的作用。大約 170 毫升這種泥土味飲料已被證明可以顯著增加大腦中的氧氣含量。我們還鼓勵珍妮佛多花一點時間在大自然中。出於目前仍知之甚少的原因，這樣做已被證明可以提供真正的認知益處，包括更好的注意力控制、工作記憶，以及增強的認知靈活性。

由於劍型人傾向外向，容易將問題歸咎於他人，因此控制憤怒是一個普遍的問題。我們發現有幫助的一件事是讓他們列出「讓爆氣的事情」清單。對於清單上的每一項，讓你的孩子告訴你這是誰的錯，是他們的錯還是別人的錯。使用列為他人錯誤的項目來探索孩子在造成問題中可能扮演的角色。這裡的目標是質疑責備並鼓勵更適當的個人責任。

幫助孩子調節憤怒等負面情緒最健康的方法，是願意自己做你要求孩子做的事情。孩子們當然知道他們的父母會生

氣，並且可能也看到他們難以控制、傷害性的表現。「照我說的做」是一種長期存在的家長控制模式。如你所知，劍型人孩子對典型大錘的懲罰不是很敏感：「照我說的去做，如果你不這樣做……」由於孩子是天生的模仿者，如果行為不一致，他們傾向做我們做的事，而不是我們吩咐他們的事。

有一次，一對夫婦進來想談論他們那學齡前的孩子喬納。他因為講「髒話」而被送回家，我們也觀察到了類似的狀況。校長重複了喬納用過的一些單字和用語。這位早熟的 4 歲孩子正在用他父母在家裡用的激動對話和其他同學說話。「我們告訴他，」他的母親說：「不要在學校使用某些詞。但他就是不聽我們的。」

喬納已經表現出憤怒和衝動控制問題的早期跡象。我們認為，如果他能找到其他方式來表達憤怒，他會更容易調節負面情緒。事實上，這可能對整個家庭都有幫助。「你們是教喬納說話的人。你教他沮喪、惱怒或生氣時要用的詞。如果你想讓他更有辨別力，那就做個典範吧。想出能傳達感受的單字和用語，但將它們翻譯成能夠在浸信會學前班通過考試的單字。」

喬納的父親靠過來，「我不想改變我說話的方式。我就是這樣講話。我甚至喜歡我說這些話時的感覺。我知道這應該是一所好學校，但也許這個學校和孩子就是不合。」

「我們無法評論學校是否適合，但我們可以為喬納說句話。」我們這麼告訴他。「你現在正要求他放棄他學會說話和表達自己感受的方式，對他的言論施加一種你也不願意做的控制。這是一個很慎重的議題。喬納會像你們兩個一樣說話。如果你讓他害怕這樣做的後果，他也許不會在你面前表現出來，而是在其他任何地方依然故我。所以，我們是在談論想要做一些對喬納有效和有幫助的事情，還是對你來說最簡單、最舒服的事情？」

當我們提出有效還是舒服的質問時，我們通常得不到誠實的答案。但這一次，我們認為我們做到了。他們更關心的是喬納。我們讓喬納的父母列出了他現在會講的粗話有哪些。實際上，這是一個比他們想像中更短的清單，看起來比較沒那麼嚇人。

我們請他們和喬納坐下來，跟他說一些類似這樣的話：「有些話我們都會說，會讓其他人不舒服。例如像是這些字。爸爸媽媽和你都將嘗試找到除了這些之外的其他說法，來表達我們的感受。如果我們沒有成功，又不小心說出這些話中的其中一些字，我們會互相提醒並問：『有沒有其他方式可以表達你的感受呢？』」

這對父母在下一次會談的時候，跟我們分享了一些後續。「我常常說『屎啦』，」喬納的爸爸對太太和喬納說。「下一次，我會試著說『哎呀』。」

「那我可以說『便便』嗎？」喬納問。

「我們覺得最好還是不要，」他的母親告訴他。「換成『我有夠生氣，你要不要讓我告訴你為什麼？』就好？」

事實證明，與喬納的討論非常有成效。這次家庭參與練習，讓他有機會學習如何更妥善描述和表達感受，這是一項非常寶貴的劍型人技能。喬納找了很多機會問父母，是否有其他方式來表達他們對他的感受。這種不加評判的建模呈現出一種遊戲般的人格特質，不僅教會了他說話前先思考，還擴大了喬納的詞彙量。他甚至設法從幼兒園畢業了。

無論你是讓孩子平靜**下**來還是讓他們平靜**起**來，這個過程都會拓展他們興奮的最佳點。這種拓展保留了賦予每種大腦類型的所有優勢，同時減少了弱點。盾型人變得不那麼焦慮和逃避，對享受和愉悅更加敏感，增加了他們行為的可塑性。劍型人變得更加注重細節，並且能夠更善於延遲滿足。他們不再對負面的可能結果視而不見，獲得了類似的自由選擇和決定的結果。盾型人可以放下過度警惕的天性，將注意力集中在「可能發生的事情」上，劍型人能夠減少對補償性覓食行為的依賴。在這樣做的過程中，兩種大腦類型都變得更加活躍，可以更自由地發揮自己最好的一面。

獨生子女可以讓我們的育兒策略更加明確，也更容易應用。擁有多個孩子則會增加複雜性，尤其是當一個孩子是劍型人而另一個是盾型人時。從你學到關於如何讓孩子平靜下

來或平靜起來的知識中，你有什麼收穫？將其轉化為文字的過程使這些知識更容易取得。你如何將我們討論過的策略之一個人化，以滿足你的孩子的需求？你如何使這些方法具體化？設定一些合理的目標，使你的孩子成為一個積極和知情的參與者。

最後一個想法：由於這些傾向是根深蒂固的，並且你試圖幫助孩子克服的習慣也是根深蒂固，因此這種重塑是一個過程。使它成為一個成功過程的原因是目標的清晰度和你的持久力。開始做某事相對容易，堅持這個過程，伴隨著挫折、失誤和暫時的失敗，要困難得多。耐心，以及對不完美的慷慨容忍是它所需要的。我們鼓勵你對孩子的掙扎表現出友善和同情，就像我們希望你對待自己的一樣。

第十章
依照你的大腦類型，吃對的食物

使用你獨一無二的大腦化學，做出更健康的飲食選擇。

儘管史黛西快過 50 歲生日了，但她並沒有因此停下來。當然，她的膝蓋受傷了，不得不停止跑步——這反而是她體重增加了 16 公斤的部分原因，但她還是跟得上兩位身為青少年的孩子。

史黛西已婚，非常熱中於旅行，而且還是個美食家。傑夫剛滿 48 歲，離婚 12 年了，一個人生活。雖然他和史黛西並不認識，但他們在洛杉磯市中心同一棟辦公大樓的不同樓層工作。他們有很多相似之處，都很聰明、野心勃勃，並且在職業生涯中表現出色，甚至他們患上與年齡有關的疾病風險也是相似的。兩人都明顯超重，長期感到工作壓力大，並且基本上過著久坐不動的生活。兩人多年來都幾度加入健身房，但由於各種個人解釋和藉口而讓會員資格失效。史黛西和傑夫都進行了各種節食，每次體重減輕了又會反彈，再增加一、兩公斤。

史黛西從未遇到過她不喜歡的巧克力，並且使用她的筆電直到凌晨。由於失眠，她嘗試了無數助眠藥，但效果不是很好，並且在深夜看電影時打瞌睡。她減輕壓力的辦法是滑

臉書。她的家族病史充斥著動脈粥樣硬化、高血壓、心房顫動、胃潰瘍和注意力不足過動症。

傑夫是一名老菸槍，並且有大腸痙攣、憂鬱症、強迫症、中風、第二型糖尿病和失智症的家族病史。傑夫也有睡眠問題。要嘛無法入睡，因為他一直在思考不斷變化的煩人想法，要嘛如果他睡著了，通常會在幾個小時內醒來，他的思緒會再次打轉。

史黛西和傑夫的祖父母都死於癌症，傑夫的父親死於糖尿病併發症。兩人都沒有對其家族中的健康問題放多少心思，但僅從遺傳學角度來看，兩人都有些值得注意的風險。

為什麼我們變得這麼胖？

美國人從未如此肥胖過。 1990 年，只有 15% 的美國人口肥胖。到 2010 年，這個數字上升到 25%。今天，驚人的 36% 的美國成年人肥胖（兒童和青少年的比例現在為 17%）。這種肥胖流行病給我們的醫療保健系統帶來了嚴重壓力，催生了價值 660 億美元的減肥產業，並促使美國國立衛生研究院資助的一項研究工作花費了超過 10 億美元，以尋找理解和解決該問題的更好方法。

流行病的原因與如何回應一樣令人煩惱。遺傳學顯然在新陳代謝過程中發揮作用，但我們的基因組成也許是等式中

的一個常數；沒有什麼新東西，可以解釋額外增加的體重。相對較新的是我們對廉價速食的熱愛——以及該行業生產更多更複雜，富含隱藏糖分和過量鹽分的高熱量加工食品。我們喜歡含糖飲料，但喝得愈多，就愈口渴，因為糖會擾亂和愚弄我們身體對口渴的調節。即使是「健康」的替代品也有其缺點。是什麼讓這些風味蘇打水如此美味？香精，主要是果酸，會軟化甚至溶解琺瑯質，特別是與碳酸化過程產生的碳酸結合之時。

此外，我們每天接觸到的大量化學物質會破壞和模擬荷爾蒙，並直接影響儲存和燃燒脂肪的方式，這些化學物質正引起健康科學家的關注。樣本數來自 888 名到 4,793 名不等的受試者的 10 項研究發現，BPA 濃度與肥胖風險之間呈正相關。這種化學物質用於從塑膠水瓶、罐頭食品到肥皂和洗髮水的各種產品中。它甚至存在於灰塵和我們呼吸的空氣中。雙酚 A 被認為可以仿雌激素，最大的風險是在童年時期接觸雙酚 A。同樣，俄亥俄州立大學的另一項研究得出結論，城市空氣污染會導致體重增加，尤其是腹部脂肪。一項測量人體脂肪量的瑞典研究發現，血液中污染物最多的人比血液中污染物較少的人重 4.8 公斤。

儘管有 70% 的人超重，但國際同行評審期刊《美國醫學會雜誌》（JAMA）的一項新研究報告表示，愈來愈多的人放棄減肥，而且美國人比以往更喜歡久坐不動。壓力也有

一定的作用。《神經科學期刊》（Journal of Neuroscience）最近報導說，慢性壓力和焦慮會導致前額皮質中一個對決策相關重要的區域失靈。（這就是為什麼即使正要坐下來吃晚飯，你也可能會忍不住吃一大把花生或玉米片。）睡眠剝奪在這齣複雜的戲劇中也扮演了重要角色。它讓大腦無法區分什麼是重要的，什麼是不重要的，這就是為什麼你可能更容易在疲倦時屈服於對食物的渴望。

到目前為止我們所知道的事實

這是迄今為止我們所知道的，關於減肥的精簡版：沒有一種飲食——從低碳水化合物、舊石器飲食到低脂肪和素食——對每個人都有效。單靠運動並不能保證長期維持身體的體脂。大腦的連接方式和活化該連接的化學物質，使持續減肥變得困難。就算我們真的瘦了，多數人也都會復胖。事實上，節食會導致身體降低熱量燃燒率，以反映攝入熱量減少。劍橋大學一項新研究最終指出了原因：位於大腦下視丘區域的相同神經元，會在食物可得時被啟動，引導我們進食；然而在食物短缺時，這些神經元也會發出訊號，促使身體進入節能模式，停止脂肪燃燒。

重點是什麼呢？減肥和不復胖很困難。雖然可以達成，但需要極大的努力。那麼，那些成功減肥和保持體重的人有什麼共同點？根據美國國家體重控制登記計畫（National

Weight Control Registry）的數據，那些成功減重後，至少保持一年的人，都有某些行為：他們每週至少量一次體重、吃早餐、改變飲食方式、每週看電視的時間少於 10 小時，每天會做某種形式的運動。

持續減肥的最大障礙，就是大腦會試圖妨礙我們可以達成的任何減肥方法。事實上，超重似乎會使你的身體繼續超重。華盛頓醫學院（Washington School of Medicine）最近的一項研究報告認為，雖然我們對甜食的偏好通常會隨著人類年齡的增長而減弱，但對於超重的男性和女性來說並非如此，他們隨著年齡的增長會繼續表現出對糖的強烈偏好。這僅僅只是天性嗎？幾乎不是──只是大腦會反射性地對糖很貪婪。大腦無法在觀察身體後得出結論，發現已經儲存了足夠的脂肪來度過下一次缺乏食物的時候；因此提到糖時，它只會說「我想吃」。

大多數人都曾經或多或少地下定決心要以更健康、更有意識的方式進食。不幸的是，很多人的決心不久就被拋棄了。當然，我們的出發點是好的，但總會有一些事情妨礙我們──像是意想不到的壓力、假期或慶祝活動，或者僅僅是生活太忙了。我們甚至還意識到放入口中的飲料和食物對健康有多重要，因此我們總會再次嘗試，並發誓這次要堅持另一種「最佳」飲食。

在本章中，我們將探討你的大腦類型與興奮的關係，和

妨礙飲食控制間的連結。以下任何敘述是否也適用於你呢？

- 「在過去的 3 年裡，我嘗試過至少兩次節食，但都沒有成功。」
- 「意想不到的壓力讓我的減肥計畫脫離正軌。」
- 「我在焦慮或擔心的時候吃東西。」
- 「我似乎無法停止不吃某些食物。」
- 「我一個人或無聊的時候就會想吃東西。」

如果你認同這些說法，可能需要一些幫助來保持健康飲食。事實上，儘管飲食看起來簡單明瞭，但它對大多數人造成巨大的挑戰。為什麼？簡單的答案是我們經常在與大腦進行戰鬥，但沒有贏得這場戰鬥的工具。在自然界中，進食只有一個目的：提供生存所需的健康熱量。大多數人都很幸運能夠獲得足夠的食物，我們通常不是因為餓所以才吃東西，而是出於儀式、社交和習慣。更重要的是，許多人吃東西是為了安慰自己。以前從來不會像現在如此容易獲得不健康的食物，或是在日常生活中累積這麼多慢性壓力。這促進了自我挫敗的大腦化學失衡的風暴，盾型人和劍型人都可能是使用食物自我安慰的犧牲品。

但，還是有一些解決的方法。

讓我們談談關於個人的槓桿。就個人而言，槓桿的意思是學習與你的大腦一起工作，而不是對抗它。將這件事情視

為借力使力的方式，你可以用來了解，是什麼為你的日常決策產生動力。這種影響力是與生俱來的，它自然就存在而且很有效，因為它將你此刻的感受與想法、意圖——情感和思想——結合在一起。我們需要這種多管齊下的組合來激發和維持一些變化。這種影響力體現在大腦化學失衡中——嵌入在我們的大腦類型中。

這裡的動力指的是你與大腦興奮的關係。你已經了解大腦興奮如何給你帶來麻煩，接下來，將會了解如何利用這個來發揮你的優勢。劍型人的槓桿作用和盾型人的槓桿作用並不相同。盾型人將學習如何利用他們對興奮的反感作為積極改變的工具，而劍型人將學習如何利用對興奮的吸引力。

健康飲食之所以如此困難，是因為我們需要一個數百萬年前設計的大腦，幫助我們在速食、久坐和螢幕主導的世界中生存。你頭殼裡那個 1.4 公斤的奇蹟是在營養食物稀缺的時候出現的，你必須走遍大片土地才能找到並追捕到，或者把這些食物從地底挖出來。

在夜晚時，大腦的運作方式是在沒有太多事情可以做的情況下，尋找安全的避難所休息，以及節省能量以應對隔日的挑戰。如今，大腦中所有古老的迴路，都認為自己到了天堂——它想要吃得遠遠超過它的需要，並告訴我們，如果不需要移動就坐下來節省能量。

　　事實上，我們可能想要改變，但我們的大腦卻不想。要做到這一點，挑戰無意識習慣的支配，我們需要竭盡全力。我們將向你展示一些方法可利用最自然的傾向——我們大腦類型的天生傾向。

影響飲食行為的隱藏因素

　　很多人利用我們對飲食的放縱和減肥的期待賺了不少錢。法蘭克‧J‧凱洛格（Frank J. Kellogg）——不要與那位因為玉米片而成名的威廉‧家樂氏（William Kellogg）搞混——這位凱洛格教授，創造了一系列用於減肥的棕色藥片。凱洛格承諾，只需 10 美分的投資，以支付他的運費並「表現出誠意」，就可以向任何人寄送價值 1 美元的減肥藥包，以及一本照片和推薦書籍。不幸的是，凱洛格在行銷假產品方面的成功，超過了他幫助人們減肥方面的成就。那些棕色藥片現在只是埋在減肥墓地中，一長串神奇療法中的其中一項。

　　如果要說真有什麼神奇妙方，也許就在當今大型食品製造商的烹飪實驗室中。在一項有趣的對照研究中，營養師建構了兩種飲食，一種由未加工食品組成，另一種由高度加工食品組成。每種飲食的熱量、碳水化合物、蛋白質、鹽、糖和纖維含量都相等。

參與者對於這兩種飲食並沒有口味偏好。他們在兩週內食用經過加工或未加工的飲食，然後再切換飲食兩週。他們被告知無論吃什麼飲食，都可以想吃多少就吃多少。平均而言，當他們食用高度加工的食物時，每天的熱量攝取量多了約 500 卡，並在兩週內增加了近 1 公斤的體重。

研究人員得出結論：有機會吃加工食品時，我們很容易吃得更多。為什麼？他們認為，胃部在評估所吃下的食物有多少能量密度的代謝訊號，可能會被包含加工食品的「非自然」組合所干擾。大多數時候，在自然狀態下，碳水化合物會與纖維一起出現，很少與脂肪一起出現。加工食品則攪亂了這些組合，把纖維質給丟了，並加入一些美味的脂肪。

想像一下，每次我們選擇向大腦介紹食物時，大腦都會與我們的直覺進行對話。過程可能是這樣的：

大腦：嘿，胃，收到你的資訊了。我餓了，我正要吃飯。
胃：知道了。我會在這裡準備東西。
大腦：好的，我們開始吧。讓我知道什麼時候停止。
胃：會的。

一段時間之後⋯⋯

胃：嘿，我不知道你在這裡的組合是什麼。我沒有收到任何新陳代謝的數據。有些東西不見了。你最好繼續吃。

　　這正是我們所做的，繼續吃。看起來，當我們將高度加工的食物送到胃部時，它們的成分和不自然的組合並沒有被準確識別。肚子很困惑地說「繼續」。

　　由於不同的原因，劍型人和盾型人都容易受到這種錯誤訊號的影響。盾型人將吃視為調節壓力和抑制興奮的有用工具。食物也許是最原始的一種安慰方式。首先，我們在母親的懷抱中被母乳餵養時，自然會感到平靜和安慰。然後，我們在翻冰箱時也找到了安慰。如果盾型人缺乏更好的策略來減少興奮，食物的可得性（特別是美味的加工食品）便成為一種過於輕易卻具有自我破壞性的安慰方式。

　　對於習慣性飲食選擇，劍型人也面臨著獨特的挑戰。高度加工的食物對於敏感於獎勵的劍型人具有顯著的「獎勵價值」。他們往往會透過進食來刺激情緒。行為習慣鏈的開始是始於對某種美味的食物的想法，這些行為便會自動地被執行。當劍型人情緒低落時，他們會找出能夠提升情緒的方法。對他們來說，很少有什麼比事先準備好的零食更容易獲得，更能激發他們渴望的多巴胺釋放。

　　飽足感或「吃得好飽」的感覺，與小腦深處的一小部分神經元有關。小腦是腦的一部分，長期以來被認為主要與運動協調有關。當這些神經元被活化時，我們會感到飽足，而當它們未活化，我們會感到飢餓。目前沒有辦法能夠神奇地活化這些神經元，但有一些方法能有效讓它們停止活化。

吃，不經過大腦地吃

反覆使用食物作為興奮調節策略，具有無意識的習慣性特徵。神經科學告訴我們這些習慣是如何形成的。某些重複的行為會在大腦中形成一個循環，該循環會記住整個微行為鏈，將這些各自獨立的行為視為一個整體。伴隨這些明確的重複行為，多巴胺也會跟著釋放，以促進該過程（是的，盾型人和劍型人一樣享受少量多巴胺）。重複的行為鏈可以取代我們認為刻意、有目的的行為（也就是「選擇」）。

習慣之所以成為我們的自動行為模組，最重要的就是因為這樣做是有好處的——這是我們學會如何在這個世界上生存的方式。神經科學已經發現，大腦中與強化行為鏈相對應的迴路。當我們伸手去拿那袋時，即使知道這種習慣沒有好處或是只會危害健康，我們大腦中加強該行為的迴路也依然會亮起。

舉個例子，我們的習慣有多常處於自動自發的狀態。一旦養成習慣，大腦只會注意到該行為的開始和結束。為了減少能量消耗，中間部分完全會被剔除——我們會不假思索地自動執行。看到玉米片，想都沒想就吃了。

這並不意謂著我們沒有意識到伸手去拿那個，因為新皮質正在觀察並選擇時機和環境來激發大腦迴路及習慣。我們只是自動地表現出來。

　　那麼，我們只會僵化地重複習慣嗎？這點可以說是，也可以說不是。現在只知道，長期強化的習慣會變成半永久性的。我們並沒有真正擺脫壞習慣，而是用新的、更健康的習慣來覆蓋它們。要有效地抑制一個壞習慣，並養成一個新習慣需要時間——大約需要 3 個月持續執行新習慣。我們不打算深入研究相關大腦區域的細節，但「抑制」舊習慣是沒錯的。在新習慣牢牢地建立前，只要壓力增加、粗心大意或有各種藉口，都很容易再次讓舊習慣浮現，所有舊的行為又會自動執行。

　　這也就是了解你的大腦化學有用的地方。要抑制一個壞習慣，就需要有系統地、持續地強化一個新習慣，就像你養成舊習慣一樣。最有效的強化是以一種難以預測的模式，讓自己獲得某種獎勵——頻率剛好到足以讓新習慣繼續下去，但又不會頻繁到如果你一旦幾次得不到獎勵就會停止（這也正是拉斯維加斯的吃角子老虎的運算邏輯）。對盾型人來說，不健康的飲食習慣，會因為他們抑制興奮的能力而被強化；對劍型人來說，習慣則會因為追求大腦興奮而被強化。

減重時的各種掙扎

　　一旦我們的體重增加，並將食物以脂肪形式儲存，身體就會將這個脂肪庫視為一種寶貴的資產，是生存所必需的，並且愈來愈不願意放棄它，進而使減肥變得困難。如果減肥

是個問題，這個過程需要耐心和堅持。為了在這段時間激勵這些人格特質，維持動力是很重要的。

　　問題在於，「希望有所改變」本來就會造成衝突。我們知道自己應該減掉幾磅（嘗試或體驗），但又不想經歷實現該目標（避免或拒絕體驗）所必須的改變而帶來的不適感。劍型人與盾型人對這種形式的衝突各有不同的弱點，也經常因為不同的原因而屈服。在這裡能夠提供幫助的方式是改變衝突的本質。了解大腦類型的優勢使你可能有效地調整這個系統。對盾型人來說，將衝突從鼓勵嘗試／逃避，變成逃避／逃避（使某一邊比另一邊更糟糕）會很有效。對劍型人來說，給予回報鼓勵他們嘗試（使某一邊更具吸引力）則會是有效的操作。我們發現這種轉換或鼓勵會帶來更成功的結果。

　　逃避／逃避衝突是指兩種選擇都不是你想要的——選擇兩個壞結果中最壞的一個。盾型人對這種衝突結構最敏感，我們要利用他們獨特的動機來塑造預期的結果。

　　有時，鼓勵嘗試／逃避的鼓勵不夠強大，無法始終如一地打破平衡。劍型人對高回報（獎勵）的衝突特別敏感，這使他們能夠更積極地關注正面結果，因此我們將這種衝突遊戲化，以利用劍型人特殊的動機傾向。

　　我們將這些轉變稱為「槓桿改變策略」。以下是這些策

略的運作方式：

第一步：設定目標（劍型人與盾型人）

可衡量的旅程更容易完成。我們建議減輕體重的 10%。你的目標是什麼？

第二步：選擇飲食方式

有多種飲食可供選擇。它們都非常有用，只要我們願意持續使用。我們建議尋找一種熱量不是超低或完全不吃某些食物的飲食方法，這些往往是不長久的。應以適度的熱量赤字為目標，並確保攝入足夠的蛋白質、纖維、脂肪和碳水化合物。我們最喜歡的飲食計畫是一種主要由「低血糖指數」食物組成的飲食計畫。什麼樣的飲食方式適合你？

第三步 A：處理興奮（劍型人）

劍型人是為刺激和興奮而吃。正因為如此，小心吃且吃得少是策略性移除興奮大腦物質的效果，使大腦冷靜些。劍型人不喜歡蜻蜓點水的做法。在開始的前幾天，可以想一些方法來補償並提升難度。承擔一個具有挑戰性的目標，計畫一些社交活動，探索沒有去過的地方，改變上下班路線，尋找一條新的健行路線，或者買一直想讀的那本書，這些都是一些例子。增加**新穎性**和**不確定性**，具有增加興奮的效果。在這段準備和養成新習慣的過程中，你可以透過哪些方式在生活中建立新奇感和其他刺激源？

第三步 B：處理興奮（盾型人）

由於盾型人過度的自然興奮，他們對刺激和興奮獎勵的承諾不太敏感。甚至在這個過程開始之前，承擔改變長期習慣的情緒狀態，對盾型人來說是令人興奮和不舒服的。因此，改變一個人的飲食方式很容易受到過早失敗的影響。為了補償這一點，最好不要在其他急性壓力源同時存在的時候執行飲食計畫，並給自己幾個星期的時間進行準備。

利用這段時間來解決可能會帶來的壓力的任何懸而未決的問題，藉此降低你自然的興奮程度。晚上泡個溫暖、放鬆的澡可能是一種方式，或者將這兩週的時間花在正念冥想上是另一種方式。第一天將是一個情感挑戰。我們希望你在開始的那一天就處於興奮的甜蜜點，明智地利用這段時間，你會在未來幾天得到豐厚的回報。

第四步 A：增加衝突（劍型人）

對於我們這些自然興奮度較低的人來說，食物視覺和味覺線索是一種高度可預測的預期獎勵。為了成功拋棄它，我們建議你更換食物獎勵。獎勵和圍繞著它的思想是劍型人的主要動力。獎勵很簡單，就是得到你想要的東西。以下是你可以嘗試的方法：想出 16 種小而重要的獎賞、禮物或放縱行為，它們對你有吸引力並且你願意擁有（或者可能是你希望重複擁有的 8 種）。這些都應該像在網路購物車結帳一樣容易。寫下你的清單，並為每個「獎勵」分配一個從 1 到

16 的數字，以反映它的渴望度。現在再想一個，是更重要、更渴望的。我們稍後將在第五步中使用它。

下一部分需要兩副牌。以下是它的操作方式：在你的飲食計畫的第一天，你將把兩副牌洗在一起，包括鬼牌。將一疊紙牌面朝下放在顯眼的地方，很容易看到（創建視覺提示實際上非常重要）。在吃任何東西之前先看看那疊牌。每天結束時，回到紙牌前。對於控制飲食的每一天，將最上面的牌正面朝上。花點時間提醒自己今天很成功，對自己說：「我離目標又近了一步」。（內部獎勵）每次翻出一張 A 或一張 2 時，對自己說：「我的飲食計畫奏效了」，然後盡情享受這些獎勵之一，從數字 1（外部獎勵）開始。

當其中一張鬼牌出現時，第二天休息，想吃什麼就吃什麼。

如果沒有達成目標怎麼辦？你不是將面朝下的牌翻過來，而是拿面朝上的牌，然後將它放回那堆面朝下的牌之中。為了使這更具激勵性，請加入時間因素。這裡的目標是在 120 天內讓所有牌面朝上。

第四步 B：轉移衝突（盾型人）

問題在於你想養成更健康的飲食習慣，但這種轉變感覺明顯不愉快。你即將打開那袋玉米片。對自己說「不」是不舒服的，那麼是什麼阻止了你呢？想出一些與那個說「不」

直接競爭的事，需要讓對這些玉米片說「是」比說「不」更不舒服。當說「是」比說「不」更糟糕時，我們所擁有的是一場可以獲勝的逃避／逃避衝突。我們發現設定這種衝突對盾型人很有效，因為他們對逃避的敏感性過高。我們將向你示範具體操作方法。

選擇 16 件你可以並想避免的事情（或者再次選擇 8 件你會重複避免的事情）。這些逃避可以是任何事情，從不幫你最不喜歡的親戚辦派對，到不捐款給你投反對票的政黨（比如 6,000 塊台幣）。在這裡發揮創意。

現在增加第十七項更加厭惡和不舒服的選擇。它可能像是這樣的：「提高我心臟病發作而死亡的風險，就像我父親經歷的一樣。」從 1 到 17 對這些事情進行排序，其中 17 是你最想要逃避的。拿兩副牌（包括鬼牌）並洗牌。將紙牌面朝下放在一些醒目的地方，以便閱覽。對於控制飲食的每一天，將一張牌正面朝上，對自己說：「我正在養成一個健康而持久的習慣。我今天成功了。」

每次你出現一張 A 或一張 2 時，對自己說：「我不僅在正軌上，而且還可以劃掉我的『寧願避免的事情清單』上的其中一項。」當你翻到一張鬼牌時，讓自己在隔天休息一下，想吃什麼就吃什麼。如果你有個「糟糕的一天」，飲食控制不佳，拿走最上面一張正面朝上的牌，把它塞回那疊牌面朝下的卡片之間。當然，我們的目標是讓所有牌都正面朝

上，並劃掉清單中的每一項。

為了更具有激勵性，請加上以下的限制條件。如果你在 120 天內沒有翻完所有牌，請選擇清單中的兩項，並承諾執行這兩件事情。

第五步：責任制（劍型人與盾型人）

為了加強紙牌提供的「內在」責任制，建立一些「外在」責任制也很有幫助。研究發現，我們對某項行動做出的承諾愈公開，就愈有可能實現它。找個幫手，無論是家人、朋友還是同事，請他們其中一些作為你的同僚。告訴他們你想要完成什麼。願意向至少二、三個人介紹你的計畫細節（愈多愈好）。是的，我們都有二、三個人可以信任，即使他們是隔壁鄰居或為我們配藥的藥劑師。沒有藉口，告訴他們你在做什麼、你的目標，這是最困難的部分，請求他們幫助你問責。諸如，我可能不想提起它，但偶爾「你的計畫進展如何？」之類的話會有幫助。

在你翻開最後一張牌的那一天，將自己放在獎勵清單上的第 17 位，這是你一直在等待的豐厚獎勵，好好地記錄著自己的成功。在翻開最後一張牌後，盾型人則可以劃掉最強大／最有意義的逃避事項，大大地鬆一口氣。

第六步：延續你新養成的習慣和健康生活之旅

對某些人來說，這說起來容易，做起來難。如果你發現

自己老毛病又犯了，再次養成不健康的飲食習慣，請嘗試重新開始。拿出這些紙牌，再次投入到這個過程中。

史黛西和傑夫

你還記得盾型人和劍型人的史黛西和傑夫嗎？讓我們告訴你更多關於他們的資訊，以及他們如何利用他們的大腦類型來進行更健康的飲食。

正如前面所提到，他們都沒有太注意自己的基因地雷，這些地雷包含了他們的風險因素。但無論是否留意，我們的飲食方式都會以可預測的方式與這些因素相互作用。體重過重加劇了我們的遺傳風險，而史黛西和傑夫都有這些風險。史黛西傾向淡化這些明確的健康連結，似乎更關心她的膝蓋發生了什麼事，以及穿衣服的感覺。當赤裸裸地表示他的遺傳風險是什麼時，傑夫驚呆了；我們指出如果他不減輕體重，將會面臨什麼問題，這讓他很擔心。我們利用這一點，但必須採用其他方法來引起史黛西的注意。

專家一致認為，即使持續減輕區區 10% 的體重也會產生顯著的健康益處。史黛西和傑夫都承諾將這個數字作為一個合理的目標，並且都採用了低血糖飲食。

可預測的進步和退步，是通往持續變革之路的自然組成。我們很少看到不間斷的進步，即使是最完善的計畫。對

於大多數人來說，最強大的變量是動機，這是一系列複雜的問題，也受到一個人獨特的大腦化學反應的影響。與史黛西和傑夫的減肥願望相斥的是他們大腦化學失衡造成的拖累。讓我們看看他們設法妨礙自己達成目標的方式。

史黛西是一個暴食者，她很難路過一家披薩店而不進去，並且能夠一邊看電視一邊不假思索地吃完一罐洋芋片。進食會激發獎勵迴路，將過程從能量需求轉變為愉悅。食物可以導致多巴胺直接釋放到大腦的獎勵中心，加強進食的體驗感而不是維持生命。獎勵迴路中的這種訊號壓倒了飽足感。如你所見，劍型人不擅長控制衝動。我們要求史黛西在手機上下載一個類似紙牌遊戲的 App，以回應那些無法控制的暴飲暴食，暫時分散自己的注意力並克服做出不健康選擇的衝動。遊戲需要定期更改，以便為史黛西提供需要的多樣性。她過去的減肥嘗試都因無法延遲滿足而受挫，這是許多劍型人的共同障礙，因為他們往往不耐煩且容易厭煩。

史黛西透過洋芋片、喝太多咖啡，或由於工作注意力不集中而讓醫生給她開額外的阿德拉，來調節壓力和興奮成癮。事實上，興奮劑藥物確實提高了她的注意力，但她濫用了它，因為她知道這會讓自己比以往任何時候都更有精力處理多項任務。

相比之下，傑夫可以輕鬆地延遲滿足，但他有些焦慮，為自己提供的樂趣太少了，以至於睡前多吃一片起司蛋糕和

多喝一杯葡萄酒，被視為緊張生活中微不足道的獎勵。傑夫用食物和酒精自我安慰。

在時間表上，維持對傑夫來說一開始就是個問題，而獨自生活讓這一切變得更加困難。我們讓傑夫承諾在睡前 3 個小時停止進食，以減少他的血糖峰值，讓新陳代謝開始減慢，使他的系統準備好休息。我們還要求傑夫為他的飲食準備一份日程表，計畫每天吃 5、6 頓小餐，使他處於少量多餐模式，並幫助他避免一整天都在吃碳水化合物。

我們還要求史黛西在睡覺前 3 個小時停止進食，以防止血糖濃度在凌晨劇烈變動。隨著血糖下降，她會不自覺地需要補充能量，以維持更高的興奮程度。這種宵夜模式導致胃食道逆流，因為她的胃酸不斷分泌以代謝不斷進入的零食。

睡眠——或者睡眠不足——對史黛西來說是個大問題。她告訴我們，在一個美好的夜晚，她很幸運能睡 5 個小時。長期以來，人們已經知道睡眠不足會刺激食慾，這是對刺激清醒的自然反應，促使我們傾向於攝取高熱量的碳水化合物。你有沒有想過為什麼很累的時候，你會不自覺地喜好碳水化合物？此外，研究發現，獲得更多的睡眠會自然減少攝入的熱量。我們為史黛西提供了一些改善睡眠衛生的具體方法，以將這些方法納她的計畫。

　　我們建議傑夫和史黛西在他們的計畫中包括「作弊餐」（除了他們從撲克牌中抽出一張鬼牌時能享受的休息日之外）。《消費者心理學雜誌》（*Journal of Consumer Psychology*）最近發表的一篇文章發現，將作弊餐納入一個人的計畫可以幫助人們長期減肥，這些發現在其他幾項經過嚴格審查的研究中也得到了證實。明確的證據發現，那些在週末遵循較寬鬆的飲食計畫，搭配在週間遵循更嚴格的飲食方式的人，更有可能維持體重。

　　對傑夫來說，即使是想到吃一頓作弊餐也會讓他焦慮。作弊隱約讓他感覺很危險。雖然他現在很擔心自己的體重對健康的影響，但他一開始仍然猶豫不決。儘管他感到不舒服，我們還是要求他加入那頓作弊餐。我們希望他記得自己非常真實的健康問題，因為這正是他的動力來源。他學會了使用那些每週一次不太嚴格的作弊餐作為有力的提醒，如果它們的次數不是限制在那麼少的話，要損害一個人的健康是多麼地容易。請記住，影響我們行為累積效果的是規則，而不是例外。盾型人（儘管他們擔心健康後果）會隨著時間愈來愈少放縱。

　　對於史黛西來說，作弊餐提供了完全不同的東西。她開始將這些餐點視為對自律的一週有力的獎勵，也為她提供了渴望的刺激和多樣性。

　　根據我們的整體方法，我們對傑夫進行了醫學評估。從

他最新的糖化血色素濃度來看，很明顯他是糖尿病前期（傑夫的結果是 6.8，正常值低於 5.7）。單靠減肥通常可以使這些指標處於正常和安全範圍內。傑夫對他的結果並不驚訝，因為看到自己愈來愈寬的腰圍和久坐不動的生活方式，就能猜到他的未來。

盾型人通常偏愛碳水化合物，因為這些食物可以增加血清素，但它們也會轉化為糖分，這只會為傑夫已經處於高檔的糖尿病指標拉高分數。他被建議加入更多的蛋白質以取代碳水化合物。當我們第一次討論他需要減肥時，傑夫感到一種熟悉的感受：恐懼和絕望的結合——這是他之前與其他臨床人員有過的對話。然而，當他第一次看到大腦化學反應和一連串反射行為導致減重失敗所設計的策略時，他的情緒得到了撫慰。

我們讓傑夫和史黛西都服用了兩種很容易找到的健康食品。第一個是藤黃果（garcinia cambogia），它可以抑制食慾並增加瘦素（leptin）敏感性（並且很可能活化我們之前提到的小腦中的神經元）。大腦與胃有著密切的關係。我們若有一段時間沒有進食，大腦會分泌飢餓素（ghrelin），進而刺激食慾。當我們吃東西時，第二個腸－腦迴路被活化，將瘦素和胰島素釋放到系統中。瘦素是一個訊號，讓我們知道已經吃飽了（如果它沒有因為單純地吃東西而不知所措的話）。第二種推薦的健康食品是白豆萃取物，可以降低碳水

化合物轉化為醣的能力。

我們建議使用第三種健康食品：黃連素（berberine）。這裡先說說脂肪。人體有兩種脂肪：棕色脂肪和白色脂肪。棕色脂肪燃燒熱量，而不是像白色脂肪那樣儲存熱量。我們小時候有很多棕色脂肪，但大部分在成年後就消失了。儘管棕色脂肪占我們所有脂肪的比例不到 5%，但它燃燒了我們總熱量消耗的 70%。而堆積在我們腹部、大腿上部和腰間的白色脂肪幾乎不燃燒熱量。加州大學的研究人員發現了一種透過增加特定蛋白質，將白色脂肪轉化為棕色脂肪的方法，進而減輕體重。黃連素會活化這種特殊的蛋白質，使人的脂肪部分「變成褐色」。你知道還有什麼東西會使脂肪變色嗎？運動。下一章將詳細介紹這一點。

二甲雙胍（metformin）是一種用來抑制食慾並改善肥胖和糖尿病患者的胰島素抗性藥物，也使用於減重計畫。還有一些獲得美國食品藥物管理局批准的新型減肥藥物可作用於多個器官，並被證明有助於減體重。它們能夠作用於大腦以釋放更多的瘦素（告訴你停止進食的激素）；作用於胃以使胃部膨脹，使我們感到飽足的時間更長；作用在胰腺以產生更多的胰島素，以吸收我們循環系統中的糖分；以及作用於肝臟，抑制升糖素產生肝醣，而肝醣是糖的儲存型態。這些新處方產品可能很昂貴，因此重要的是讓醫生在適當的時候向你的保險公司建議批准這些藥物。請記住，無論是處方

藥還是健康食品，藥物的幫助都有限。持久的成功需要增加一些真正的魔法：也就是保持健康飲食習慣的動力和承諾。實現這一目標的最佳方法是利用你的大腦化學反應。

在調整史黛西和傑夫的飲食之前，我們每個人都經歷了為期一週的「我可以，但我不必」的食物／飲食模擬，其中涉及他們最喜歡的衝動食物選擇。將進食過程視為較少反射性且更有意圖性至關重要。

在這個準備週期間，他們都做了一個健康習慣圖表，其中包括每天攝入約 2 公升的水、在他們的飲食中增加綠葉蔬菜，以及在每天最豐盛的一餐後步行 30 分鐘（最好的燃燒熱量時間）。他們也得到了一些迥然不同的任務。傑夫被要求列出自己想避免的事情（利用他的盾型人傾向來避免作為強化）。史黛西利用自己對獎勵敏感的劍型人傾向，列出了她想給自己的物品清單。

進行健康飲食的第一週，他們都同意只吃完盤子裡一半的食物，把剩下的放在保溫箱 20 分鐘。策略是放慢自己的進食速度，讓飽足荷爾蒙瘦素有機會發揮作用。到週末時，史黛西已進步到將一部分——有一天晚上甚至是全部——沒吃的食物放到冰箱。傑夫也說吃得比較少了點。

我們為史黛西提供的第二個「技巧」，是為了解決她吃洋芋片的習慣。這個技巧利用了劍型人的低疼痛閾值，但對

逃避型盾型人同樣有效。

史黛西覺得沒有什麼比罐裝洋芋片更能緩解一天的緊張情緒了。她從來不喜歡只吃一小把，而是看晚間新聞時吞下了整罐。她試著嘗試一項低技術但效果驚人的干預措施。

• 第一步：史黛西拿了一個 0.6 公分的橡皮筋，把它繞在她非慣用手的手腕上。

• 第二步：當她打開新聞時，第一次想到洋芋片。史黛西伸手用橡皮筋彈了一下自己（劍型人對疼痛的耐受性很低，所以這樣做很不舒服）。史黛西注意到，隨著第一聲響起，她對這些洋芋片的渴望都消失了（各種感覺爭奪注意力，當她坐在那裡揉著手腕時，她的大腦都在思考著揮之不去的疼痛）。

• 第三步：看新聞 10 分鐘後，她發現自己站了起來，然後從櫥櫃裡抓起罐子。再彈一次。

把一個壞習慣拆解成幾個部分是這個練習很重要的層面。出現咀嚼洋芋片的念頭得彈一次，突然從食品儲藏室抓起一個新罐子，得彈一次；打開罐子，彈一次；吃完每片洋芋片後，又得彈一次。必須至少遵循這個計畫一個月。就史黛西而言，她告訴自己「為了以防萬一」，她在廚房裡放了一罐未開封的洋芋片。但現在，每當她想到洋芋片時，腦海中都會浮現出橡皮筋彈響的瞬間。

　　那麼他們倆狀況如何呢？大約在第六個月的某個時候，史黛西復發了，她又一次漫不經心地大嚼著心愛的洋芋片。她減掉了快 12 公斤，並告訴我們她要找到那條橡皮筋，恢復彈橡皮筋的練習。她睡得更好了，平均每晚睡近 8 個小時。她只用了略多於 108 天就順利完成了她的兩副牌，除了洋芋片之外，她一直保持著健康的飲食計畫。

　　傑夫呢？他用了兩副牌，而且相較於第一副牌，他更快地完成了第二副。儘管一路上遇到一些意料之外的小插曲，但傑夫還是成功減掉了快 15 公斤，並將葡萄酒攝入量限制在一杯，而且僅限週末晚上。他還設法改善了自己的社交生活。前幾天，他帶著一隻新的小狗出現了，這是他很久以前就想要擁有的事物。他將成為一個忙碌的人，忙著照顧他的新朋友。

　　儘管我們都有一種主要的大腦類型，但大多數人都可以在行為方式和決策動機同時看到兩種類型。對於那些認為自己的劍型人或盾型人傾向比史黛西和傑夫的傾向輕的人，如果你想減肥，可以使用「槓桿改變策略」的混合版本。混合策略如下：列出你將給自己的 8 項獎勵以及 8 項逃避措施。獎勵應該是你通常不會給自己，但會讓你快樂的東西。逃避措施應該是你會承諾去做，但非常不願意做的事情，比如主動為那個討厭的鄰居修剪草坪，或者像你過去 5 年承諾做的那樣清理車庫。

對於一天的飲食控制，你每抽出一個或兩個 A，就可以給自己一個獎勵，或者劃掉你那 8 項逃避事項的其中一項。我們的一位患者讓妻子列出了他的逃避清單。這麼說吧，從清單上劃掉項目對他來說真的很有意義。如果你在 120 天內完成兩副牌的過程，可以想出一個特別的獎勵或一個特別厭惡的事來逃避，作為禮物送給自己。如果你在 3 個月內連一副牌都翻不完，你將失去剩餘的獎勵，並且要償還沒有用掉的逃避措施。

你想活多久，活得多健康？沒有比現在回答這個問題更好的時機了。要取得一些紙牌是很容易的。請對你的未來做出承諾，我們支持你。

第十一章
活動和休息——獲得更大的控制權

了解你的大腦類型如何影響運動和睡眠的模式，並學習如何改變以獲得更健康的結果。

讓我們來談談動機或自由意志——我們有意識地整理出各種選擇，並做出建構生活的決定和選擇的能力。擁有動機，意謂著我們可以有意識地干預因果關係，來選擇我們的行動，而不是讓它們成為過去經歷的副產品。如果這本書有談到任何重點的話，最重要的就是動機與約束。

我們在生活中能夠做決定的自由有多大？或者，如何約束自我？我們已經在前面探討了你我所面臨的最大限制之一：也就是大腦化學中些微的失衡，以及我們面對大腦興奮時無意識下的影響。但當然還有更多限制：我們的 DNA、來自父母的遺傳、成長環境、所受的教育、遭受的環境污染物、營養狀況、兄弟姊妹的影響、文化和認知偏見等等……。

還有動機。動機是很重要的，例如持續運動就需要動機。讓身體一次次地做一些不舒服的事情並不容易。如果你仔細觀察健行步道、海灘和健身房，可能會覺得每個人鍛鍊

身體的時候看起來很輕鬆。可惜，這個運動夢想與現實相去甚遠。每個人都知道自己應該要多走動，被提醒的次數也已經夠多了。大多數人都了解運動的整體好處，但以下是具體細節的介紹。

定期運動可以延緩衰老及罹患所有慢性疾病（包括失智症），可以強化正向的情緒，並有助於維持我們的認知能力。這一切又是如何辦到的呢？當我們要求身體從事一項它目前可能不願意做的活動，這種專注的活動會增加血流量和氧氣，進而產生神經發生（大腦中新神經元的誕生）。這種現象反過來會增加神經迴路的強度和完整性（神經可塑性），並減少大腦中與壓力相關的化學物質（皮質醇和腎上腺素）。

運動會增加神經元存活和分化相關重要的神經營養素（生長因子）。這個循環過程會導致實際的大腦發育，特別是在海馬體（記憶中心）和前額葉皮質（執行功能中心）周圍的區域。沒錯，我們可以透過運動獲得這一切。

所以，就是這樣。生活中很少有事情能提供如此豐富的好處，而且幾乎沒有缺點。雖然有這麼多明顯的好處，為什麼許多人卻還是很難真正做到呢？我們又要回到動機。自由意志真的存在嗎？很久以前，哲學家就對自由意志是否存在提出了質疑，直到最近，神經科學家已經非常明確地發現，自由意志很可能只是一種幻覺——我們有意識的思考和決

策，只是大腦無意識活動的副產品。從本質上來講，科學發現我們並沒有自行做出決定，大腦在我們意識到自己已經做出決定前，就已經活化了一段時間。我們不會進入神經科學的細節，但我們可以告訴你，神經科學非常重要。

那麼，我們應該怎麼想呢？我們只是大腦中神經元累積學習行為方式的機器人嗎？回到本章的主題，如果你基本上是久坐不動的，是否被一個已經決定沙發勝過徒步旅行的大腦所挾持？我們不這麼認為，但是要求一個喜歡自動駕駛的大腦做出選擇，需要特別的努力。

任何曾經試圖改變壞習慣的人都知道，實現這個目標有多麼困難。了解你與興奮的關係提供一個重要的支持。這種理解可以讓你利用大腦類型傾向來刻意地改變決定的衡量方式，並帶來重要的自由感。

大量的心理學研究發現，有意識、有目的的推理確實會改變我們在生活中所做的事情。這是一個例子：節食者被要求列出導致體重增加的誘人食物，然後被分配到兩個不同的組。一組只是簡單地給出減肥的目標，而第二組則被指示使用心理學家所說的「實施意圖」。

他們被要求形成有意識的意圖，以忽略對吸引他們的食物的想法。簡單地使用這些有意識的策略的組別，比沒有意識的組別，少吃了很多誘人的食物。其他研究發現，有意識

的推理，有助於人們從過去的錯誤中吸取教訓並減少衝動行為。「重構」是一種認知行為療法中使用的策略，可以讓個人擺脫負面情緒反應，並學會以更積極的方式，重新解讀來自身體的訊號。但是與無意識行為的分歧也會產生代價。

推翻我們預設的反射傾向完全可能。當你打開郵件時，大腦可能會告訴你坐下，但如果你願意，也可以站著。你的大腦可能會指引你去搭電梯，但你可以有意識地選擇走樓梯。

也讓我們弄清楚一件事：我們多少都有一些動機，但是自由意志，會屈服於我們的預設目的的對立面。動機與意識有關，處於積極而非消極，以主動而不是被動的方式行事。

因為舒適是我們最容易做出的選擇之一，所以我們愈來愈沉迷其中。而且，隨著時間堅持運動，永遠不會像躺在沙發上吃著爆米花那樣舒服。要克服這種誘人的傾向和自動駕駛般的大腦，需要努力和願意拒絕放縱和舒適。對於太多人來說，舒適的無意識習慣已經超過了運動對健康的好處。但它並不總是這樣。

當舒適是一種奢侈

演化是吝嗇的。隨著時間，這種吝嗇、蝸牛般的過程會增加具有生存優勢的特徵或能力，並剔除那些不再需要的。在早期演化時期的某個時刻，我們的祖先能夠自己製造維生素 C，但當它變得如此簡單和普遍、成為他們飲食的一部分時，這種能力就消失了。大自然的演化之舞充滿了這樣的例子。我們作為智人，已經配置了直立的雙足和大腦。科學發現，這不僅僅是一種偶然的聯繫——我們能夠攜帶殺戮工具的同時奔跑，這使我們能夠耗盡獵物體力並趁勝追擊。人類的雙腿充滿了慢收縮纖維，而這種肌肉構造與耐力有關。

許多生物比古代的人類獵人更快，然而我們的祖先卻以其靈活的策略擁有了持久力，能夠在獵物最終筋疲力盡、變得脆弱之際堅持追擊。事實上，科學指出，我們能夠長距離移動的能力創造了豐富的食物來源，這進一步促成了我們物種所特有的大腦急劇成長。然而，這樣的成功亦伴隨著代價。我們這些「運動機器」如今需要持續運動以保持健康。

生活在樹上的其他物種（黑猩猩、倭黑猩猩、紅毛猩猩、大猩猩）並非設計為以我們的方式移動。牠們基本上是久坐不動的生活方式，儘管牠們體內脂肪很少，也沒有代謝或心血管疾病的跡象。從本質上講，牠們可以坐在沙發上而不用付出代價。相比之下，研究發現，我們坐著的時間會導致壽命減少。

　　一項研究發現，看完整個《權力的遊戲》系列會讓我們花費大約一天時間。發達的大腦創造了這項技術，使我們可以選擇極少的活動量。然而，這種放任不管的生活方式正在危害我們的健康。與我們在演化樹上的其他同類不同，我們需要運動；運動不是可有可無的選擇，而是一種刻不容緩的必要。

盾型人通常不喜歡活動，並為他們的放縱付出代價

　　讓我們分享一些治療過的盾型人，以及發現哪些有助於讓他們更積極、更頻繁地活動。 47 歲的瑪西和 52 歲的希拉都在疫情初期感染了新冠病毒。作為伴侶，她們無法不被對方傳染。瑪西和希拉都被認為是臨床肥胖。瑪西處於第二型糖尿病的邊緣，這使她的康復變得困難。她住院將近兩個星期，幸運地避免了呼吸器，但無法避免持續性的疲勞和盜汗。她患有慢性焦慮症和輕度憂鬱症，可怕的住院經歷加劇了這種情況。在那段長期與世隔絕的日子裡，她和希拉都在家裡工作——瑪西是一名會計師，希拉是一名高中代數老師，在家和學生一起使用 Zoom 教學。

　　在隔離後的第一次醫療預約讓這對伴侶感到不安。 瑪西的糖化血色素（血糖濃度）為 6.7，屬於糖尿病前期。這引發了有關新冠疫情和第二型糖尿病後遺症最新發現的討

論。醫生發現，即使胰島素敏感性正常的人，在從新冠肺炎康復的幾個月後也會患上糖尿病。這裡的關聯是由病毒引發的炎症細胞因子風暴和免疫系統的反應而得來。我們推薦的治療方法是運動。運動是全身炎症的大敵。瑪西處於危險之中，很明顯，如果她想避免演變成成完全的糖尿病，就需要開始運動。

瑪西失眠並抱怨自己徹夜難眠，擔心她揮之不去的新冠疫情以及這些問題將如何影響她的生活品質。她還擔心希拉，她一直在經歷腰痛和痙攣，並擔心導致這些症狀的可能因素。因為這一切，瑪西開始出現血清素失衡反應，對針頭的恐懼讓她現在有動力去改變生活方式，因此可能會扭轉她的處境。

希拉也是盾型人。在很多方面都像是瑪西的縮影，但並非所有的相似之處都是互惠互利的。她們都是看朱迪・布魯姆長大的，《愛在心裡口難開》（*As Good As It Gets*）是她們最喜歡的電影。她們都是獨生女，同樣反對藥物，都被診斷出患有脂肪肝，她們聽到「運動」都只想罵髒話。

希拉最後一次運動是在初中，而且是在很抗拒的狀態下做的。她告訴我們，她開始忘記一些小事──把鑰匙放在哪裡、一些名字，以及那些她一直引以為豪能記得的朋友的生日。這對她來說尤其可怕，因為她的母親患有失智症。希拉患有骨質疏鬆症，但拒絕服藥，因此重量訓練將是一種有

用的替代處方。要激勵這對伴侶非常具挑戰性，但激勵對於成功改變她們的生活方式相當重要。

和她的伴侶一樣，希拉也有睡眠問題。她承認看電視到清晨是為了分散自己對真正導致背痛的原因的擔憂，以及需要進行背部手術的恐懼。儘管擔心，希拉還是同意接受下背部核磁共振檢查，以了解脊椎問題。我們告訴她，根據她對症狀的描述，背痛很可能得以透過減肥和訓練計畫來解決（隨後的影像學檢查結果實際上是陰性的）。

疲勞對她們來說都是一個問題。當希拉抱怨下午 4 點之前就沒勁了時，瑪西點頭表示同意。此時她們都笑著牽手，承認這可能是一天中最平靜的時間，她們被迫一起躺下小睡。她們很清楚調整生活方式（包括體重、運動和睡眠）的重要性。

瑪西和希拉的家庭作業

由於瑪西和希拉很難接受生活計畫中的運動部分，而且都很注重細節，我們決定讓她們收集有關運動好處的資訊，而這些資訊可能與她們的減肥計畫，和瑪西的血糖問題有關。我們發現家庭作業有助於讓人們更積極主動地參與健康計畫。她們不僅會學習相關資訊，而且還清楚地看到自己負責的關鍵部分。一週後，他們交了作業，非常積極的態度讓我們很感動。以下是一些她們發現的新聞標題：

・大量證據發現，每週 150 分鐘、結合有氧和阻力訓
練，可以改善第二型糖尿病。

・花生四烯乙醇胺（anandamide）是一種大腦中的內源
性大麻素，可以在飲食中補充某些大麻二酚製劑，尤其它天
然存在於巧克力中。這種物質已被證明可以激勵我們運動和
控制飲食行為。

・單次有氧運動或阻力運動已被證明，可以在活動期間
和之後的一段時間內緩解疼痛。研究發現，運動對患有慢性
背痛和纖維肌痛的人有好處。

・運動已被證明可以提高腦源性神經營養因子（BDNF）
的濃度，透過高強度有氧運動和大腦阻力訓練來增加這種蛋
白質，可以改善記憶力、憂鬱症、焦慮症、胰島素敏感性和
季節性情感障礙（SAD），減少肥胖，並延緩老化。

・運動透過增加單磷酸腺苷活化蛋白質激酶（AMPK）
來減緩細胞老化，特別是與第二型糖尿病相關，細胞衰老會
加速。禁食也會增加 AMPK，Omega-3 脂肪酸和肉桂也是
如此。含有絞股藍（G. pentaphyllum）的補充劑也被證明可
以增加 AMPK 活性。

・正念或當下意識與更大的運動動機有關。

・高強度訓練可以讓人更堅持運動計畫。

・研究發現，長期動力取決於你對正在進行的運動類型
的喜愛程度。如果步行令人愉快，那麼與不喜歡的其他運動
相比，你更有可能繼續做。

・事實證明，有氧運動和阻力運動作為一種非藥物療

法，在治療神經退化性疾病（阿茲海默症和帕金森氏症）和精神疾病（焦慮症、恐慌症和憂鬱症）方面具有相似的益處。

• 在一些研究中，瑜伽、冥想（調節姿勢、呼吸）與積極的身體活動，以及憂鬱症、焦慮症的藥物治療相比效果很好。

• 運動，特別是阻力訓練，在骨質疏鬆症方面已被證明具有益處，可以改善骨質，限制其逐漸流失的情況。

我們討論了她們的最佳選擇以制定一個實際的計畫，改善她們特定的問題，包括焦慮、憂鬱、瑪西的糖化血色素問題，以及希拉的骨密度和未來認知功能問題。我們對這對伴侶的首要關注是她們如何遵守時間表（不是盾型人強項）。我們要求瑪西為預定的活動建一個行事曆。我們讓她在每個月的頁面頂部貼上一張胰島素注射器的剪貼圖，不那麼溫和地提醒她有什麼危險。

然後我們制定了一個計畫，包括每天散步（來回各 10 分鐘）、線上瑜伽課和每週兩次的阻力訓練，從輕重量和彈力帶開始，然後逐步進行更激烈的訓練。這對希拉特別有吸引力，因為她媽媽患有阿茲海默症，並且有文獻支持將此作為一種可能的預防措施，可以代替醫生推薦用於治療骨質疏鬆症的福善美保骨（Fosamax）。她們還承諾每天進行冥想（在椅子上坐直 10 分鐘，閉上眼睛，透過鼻子吸氣，嘴巴

呼氣）作為解決憂鬱和焦慮問題的非藥物方法。

　　為了提高她們的腦源性神經營養因子（BDNF）濃度，除了日常運動外，我們還建議陽光照射、生酮飲食或原始人飲食法，以及間歇性斷食（將進食限制在 8 小時內）。間歇性斷食會改變腸道微生物組以增加丁酸鹽的產生，丁酸鹽是一種已知會增加腦源性神經營養因子和神經細胞產生的代謝物。這種微生物組的重組還有助於將白色脂肪（儲存醣分以獲取能量）轉化為棕色脂肪（分解血糖），並已被證實可以改善糖尿病患者的視網膜病變。我們建議她們在飲食中增加某些東西，例如咖啡、黑巧克力、藍莓、特級初榨橄欖油，以及果皮油、鋅、鎂、薑黃素、白藜蘆醇、Omega-3 脂肪酸等補充劑──所有這些都被證明有助於整體減肥計畫管理和促進鍛煉。

利用你與興奮的關係作為槓桿

　　沒有什麼比挑戰根深蒂固的習慣更難達成的了。在短時間內承諾並實際進行新的健康活動很容易，讓這些改變堅持下去卻困難得多。對於這兩位女性來說，增強體質和減肥的目標不僅僅是美容，這些變化對她們未來的健康和長壽相當重要。

　　對於盾型人來說，避免不好的事情是有好處的，因為這種行為具有減少興奮的效果，進而帶來更大的情緒安慰。如

前所述，對於盾型人，我們可利用他們傾向逃避的特點，將他們的動機引導到積極的方向上。根據對他們的了解，我們一起建立了一種有力的衝突。即不僅僅是普通的衝突，而是一種形成逃避／逃避動態的衝突。對於瑪西來說，我們將潛在的每日注射威脅與她對定期運動的不適感進行了比較。我們正在尋找一些她可以避免的事情，避免這些事情比逃避運動帶來的身體挑戰更有效（有獎勵）。透過減重和更好的健康狀態所帶來對胰島素敏感性的增加，她或許能夠避免使用口服藥物的前景，或者更令她害怕的注射。

對於希拉，我們做了一些不同的事情。她給我們看了一張她母親的照片，她正在療養院的失智護理室裡。雖然依舊可愛，但她的眼神卻空洞無物。「她不記得我是誰。」希拉告訴我們。她眼裡含著淚水，繼續說：「很難直視這張照片。自從我拍下這張照片那一天以來，這是我第一次把它拿出來。這讓我很傷心和害怕。我不想像她一樣結束，忘記瑪西。」瑪西用雙臂摟住希拉說：「我也不希望你忘記我，或者看到你母親眼中那種恐懼、空虛的表情。」她慢慢地搖晃希拉，拍著她的背。

雖然那一刻是如此令人心酸，但我們知道已經找到了一個有力的對策，可以克服希拉對運動的抵抗。因為知道這將會很困難，所以我們制定了一個計畫，充分利用她天生的反對負面結果的本能。我們要求她將母親的照片放大成 8 乘

374 / 第十一章：活動和休息——獲得更大的控制權

10，放在冰箱正面。然後，我們要求希拉找到第二張照片，一張她和瑪西處在一個溫馨時刻的照片。我們要求她把瑪西從那張照片中剪出來，黏貼在食品儲藏室的門上。這是對她不想忘記瑪西的提醒。我們提供了第三張照片黏貼在浴室鏡子上，這張照片呈現了一個晚期阿茲海默症的患者腦部核磁共振影像上所見到的獨特變化。這些照片要保持 3 個月。希拉看著母親的照片，轉向瑪西。瑪西點了點頭，說：「我會幫助你。我們可以互相幫助。讓我們一起變得健康。」

責任感是另一種克服抵抗必要的生活改變的工具，同時也是保持動機不減的關鍵。再一次，我們的大腦化學透過驅使我們走向興奮或躲避它來協調這一點。盾型人以內向為導向，當他們與鼓勵（有時是推動）他們進行這些行為的人合作時，他們會做得最好。幸運的是，希拉和瑪西彼此相依為命。

一個人也可以與不太親密的人交往，比如網路上互惠互利的合作夥伴。這樣的選擇是存在的，既有一對一的，也有團體的。透過你的醫生來協助你問責也是一個方法，特別是如果診所中有專門的護士或執業護士，他們可能比醫生更多的時間合作。盾型人可以安排更頻繁的從業者隨訪，以監測血液測試、血壓和 BMI，量化他們的進展。每日量體重也會提醒你的表現，並保持目標以進行微調。這些體重檢查讓我們保持誠實，加強責任感，並強化堅持不懈的承諾。我們

建議使用幾種可穿戴設備來監控特定日期的步數，作為讓它們負責的另一個指標。

在我們計畫的 3 個月後，希拉和瑪西每天 20 分鐘的步行自然地變成了 40 分鐘探索社區的短程旅行。我們鼓勵她們加強阻力訓練。她們都感覺精力充沛，基本上也不再需要午休，而且都在減重。令她們興奮並令我們欣慰的是他們的數據發生了積極變化——體重、BMI 和瑪西的糖化血色素保持在 6.7。

並非所有的計畫都像我們為瑪西和希拉所做的那樣有效。我們認為這些程序是結果驅動的實驗，因為它們就是——實驗。有些人做得比其他人更好。許多人取得了小小的勝利和退步。我們是人，舒適的誘惑是強大的，因此我們常常感到氣餒。關注過去的失敗很容易限制未來的成功。我們鼓勵患者向前看，並利用他們的大腦化學激勵方式來採取小小的、漸進的步驟。通往成功的道路就是這樣——方向正確的微小、漸進的步伐。如果患者偏離了這條道路，我們鼓勵他們找出原因，然後在沒有負面評斷的情況下重新開始。

幾個月後，我們再次見到瑪西和希拉。 瑪西的糖化血色素下降了，現在是 6.4。她對胰島素的敏感性仍然需要仔細觀察，但她還沒有轉變為糖尿病患者。雖然兩人仍需要減重，但她們仍在繼續保持健康的飲食習慣並努力工作。她們說她們真的很喜歡運動，並且最近在計畫中增加了線上拳擊

課程。她們報告說，自己感到更加自信，不再那麼焦慮，並對未來的歲月充滿期待。

這些女性一、兩年後的處境我們不得而知，但我們希望她們為自己創造一條明確的關鍵路徑。如果她們發現自己偏離了這條道路，重要的是，她們將確切地知道如何重新開始。舒適是一個不斷浮出的誘惑。有紀律的運動需要計畫、努力和對不舒服的容忍度。只有時間才能證明她們的改變會持續多久。你知我們的希望在哪裡。

讓劍型人動起來

紐約的規劃就像一對多米諾骨牌排在一起，短邊朝南北，長邊則向朝東西。從第一大道步行到第十二大道，你實際上已經走過了整個城市的寬度，而從北向南跨過相同數量的街區，甚至還無法從上城區走到市中心。我們告訴你這個是有原因的。接下來的故事主角名字叫摩根。摩根經常坐著，大多數美國人也是如此。不幸的是，久坐伴隨著可預見的健康風險。

根據最近對近 8,000 名 45 歲或以上成年人的研究，每天平均坐著的時間為 12.3 小時。研究人員發現，與每天坐著少於 11 小時的人相比，那些每天坐著超過 13 小時的人死亡風險要高 200%。不僅坐下的總時間很重要，持續時間也

很重要。那些連續坐著超過 90 分鐘的人，死亡風險比那些通常少於 90 分鐘的人高 了 200%。雖然原因尚不清楚，但研究人員認為這可能與胰島素敏感性降低和新陳代謝活動減慢有關。最重要的是，我們不僅需要移動／運動，還需要更頻繁地起身，而不是花那麼多醒著的時間坐著。

正如我們提到的，摩根一天中久坐不動，根本不運動。他是一個非常可愛、和藹可親的人，除了和陌生人聊天外，什麼都喜歡。好吧，這不是真的。他更喜歡坐在電腦前（他是一名自由平面設計師），或者看籃網隊比賽或電影到深夜。當他不做任何事的時候，他會在拍賣網站上閒逛，希望擴增他的政治標語和胸章收藏。我們沒有提到他也有些食物上癮的現象（例如肉桂捲、法式麵包和冷凍的士力架巧克力棒）。他今年 47 歲，多年來，他的血壓和膽固醇一起穩定上升。他也超重了將近 18 公斤。

我們以前見過摩根，提醒他注意不斷增加的腰圍，和靜態生活帶來的風險。他也同意我們的建議，但幾乎沒有採取任何有意義的行動。很多時候，提早預警這些健康災難就在眼前，只會導致短暫的焦慮，很快就會被遺忘。這種傾向是一個劍型人的極大弱點——看似真誠的承諾悄悄地從「否認」後面溜走。

然而，我們現在看到的摩根卻是另一個人。當他走進辦公室時，他一屁股坐在椅子上說：「你能相信我曾經跑過田

徑賽嗎？我在高中時曾經是個短跑選手，只是後來放棄了。現在，我光是去拿個信就喘得要命，感覺到我的心在狂跳。看看我，看看我讓自己變成了什麼。」

那現在有什麼改變了嗎？卡蘿出現了。當他在網路上搜尋各種政治物品時，偶然發現了一個聊天室。在那裡，他發現了一位對這種東西也有類似熱情的女性。卡蘿引起了他的注意，他真的很喜歡她。她好像也喜歡他，只是他不敢在現實生活中見她一面。摩根擔心她根本連看都不會看他一眼，就被拒之門外。「我想看起來更好，這樣才能見到她。我希望能夠和她一起去一些地方共度時光，但像卡蘿這樣的女孩，永遠不會找一個長得像我的男人。前幾天我去買一條新褲子，他們居然說沒有我的尺碼，我必須在網上訂購。加大尺碼！」

有時，要激發人們採取行動，需要的不僅僅是一份可怕的健康問題清單。對於劍型人來說更是如此。有時也需要一些鼓勵，以及一些健康的驕傲和虛榮心。

我們發現人們覺得自己準備就緒的時候，通常就是真的準備好了。你不能強迫一個人做出改變。但現在，摩根似乎已經準備好了。摩根想要變得苗條和健康，所以我們給了他一道命令：多動，少坐，少吃。我們讓他開始「半斷食」，他可以吃任何想吃的東西，但只能吃原本份量的一半。我們還要求他監控並記錄一週坐著的時間。他驚訝地發現自己每

天居然坐了將近 14 個小時。我們設定他每天最多只能坐 11 個小時，並告訴他每 30 分鐘就要站起來，走出房間。摩根也願意在手機上設定鬧鐘，提醒自己每半小時起來動一動。「可是，如果我每天要少坐 3 個小時，那這些多出來的時間，我該怎麼辦？」我們的答案是學會開始活動活動。這也就是紐約生活最好的優點。

我們為他制定了漸進式的步行計畫，還解釋了第十章中所提到的兩副牌／16 個獎勵的策略。第一天，他會從第 65 街的住處向南步行 3 個街區，然後步行回家。我們讓他記下往返的時間，並將最上面的牌翻到正面。第二天，他又來回走了同樣的 3 個街區，但比他的時間快了 30 秒。成功了，他又翻了一張牌。第三天，他來回走了 4 個街區，並記錄自己的步行時間，第四天，他再次被要求將時間縮短 30 秒。目標是每隔一天將他的步行距離增加一個街區，並繼續將他的時間縮短 30 秒，直到他翻完所有牌。

下次我們見到他時，摩根真的很興奮。他帶來了一個數位試算表，其中包含所有的時間、距離、他的體重、坐下的總時間，以及是否成功翻牌或失敗的紀錄。摩根現在可以在 30 分鐘內步行 10 個街區，並且透過半斷食減掉了 6 公斤多。當我們得知他的血壓、膽固醇和三酸甘油酯都朝著更健康的方向發展時，我們更開心了。

摩根告訴我們：「我感覺棒極了。我每天坐著的總時數

減少到 12 小時以下，而且每半小時就站起來一次，做了幾次深蹲、波比跳和伏地挺身。你們從來沒有告訴我，散步後感覺原來這麼好。讓我們提高賭注。」

我們也的確這麼做了，並重新調整他的計畫，使其更具挑戰性。哦，我們有提到他終於見到了卡蘿，而且他們真的很合得來嗎？事實上，卡蘿也開始和摩根一起散步。和我們所有人一樣，摩根也在不斷進步。他能否保持運動和限制坐下時間的計畫還有待觀察。請記得，長期養成的舊習慣並沒有消失，而只是暫時停用。我們能做的最好的事情，就是抑制它們並用新習慣覆蓋它們。為了取得長期的成功，摩根必須保持警惕。

讓劍型人負起責任

一般而言，很難對劍型人究責，因為他們往往不太專注於眼前的獎勵，而且很容易感到無聊。如你所見，運動非常重要。我們透過運動會獲得不少有價值的東西，如果不運動也會失去一些有價值的東西。不運動對我們的生活並非不痛不癢。運動需要自我承諾。我們喜歡充滿活力地四處走動是一回事，但即使不方便，即便天氣很熱或很冷，或者當我們更願意去做其他事情時，也能維持同樣習慣，那就完全是另外一回事了。很明顯，對容易分心、衝動行事以及不喜歡延遲滿足的劍型人來說，養成運動習慣完全是一項大挑戰。劍

型人通常對健康風險的反應很遲鈍，這可能使運動顯得不那麼重要。然而，劍型人追求多巴胺的嗜好，確實有一些好處。一旦能夠建立習慣，他們就會喜歡上這種例行公事。一旦堅持下去，就會覺得這種例行公事是一種獎勵。

要讓盾型人去做對未來健康不可或缺的事情，一點也不難。只要告訴他們做了 X，就能避免 Y 的發生。作為謹慎、容易驚慌和興奮的人，為了避免一些真正糟糕的事情，可能值得做一些不太舒服的事情（像是運動）。但是劍型人往往不會避開傷害。那麼如何才能讓劍型人負責呢？

如果你是劍型人，請利用你對例行公事的熱愛，並盡可能地保持運動計畫在正軌上運作，直到它成為你的第二天性。訣竅在於持續執行計畫（不管你的計畫是什麼）且持續時間長到讓它變成一種習慣。

請記住，劍型人對獎勵非常敏感，獎勵事件會以五花八門的形式出現。獎勵與行動結果有關，獎勵愈立即，就愈有效。因此對劍型人有吸引力的一個選擇是，可以使用智慧型手機的應用程式，提供關於運動消耗的熱量、步行距離等各種相關指標的快速反饋。愈即時的回報愈有效。雖然不太可能馬上就出現六塊腹肌，但透過即時測量和記錄，可以取得持續朝著運動目標，取得進展的具體證據。這些測量有其好處，也能強化例行訓練的習慣。

和朋友一起運動，也可以增加持續運動的動力。劍型人往往喜歡有人陪伴，而且知道有人一起運動，讓他們在運動的時候，很難繼續蓋上被子睡懶覺。最好的是找到一個擁有類似目標的團隊。這也就是摩根所做的。卡蘿有 3 位朋友想和他們一起散步。團體的力量在於它在適當的時候能夠成為鼓勵、支持甚至推動的力量。每個人都會因為其他人的出現而現身，不只是在運動很輕鬆的時候有幫助，在你最不想做的時候也會成為一大助力。

劍型人並不擅長延遲滿足，所以應該設定實際的短期目標。減掉 18 公斤可能是個有吸引力的目標，但減掉 1 公斤是一個更容易實現的成就。將一連串的小目標串在一起，它們就會累積起來。承認每一個都是重要的迷你勝利。對自己表示感謝，或者用某種圖表具體化成就。即使是最小的目標也不要小看它，方向對了就算數（去走一走或每次減重 1 盎司）。

睡眠剝奪的壞處

流行病學研究證實，隨著肥胖率的加速上升，過去 50 年來，兒童和成人的睡眠剝奪情況愈來愈嚴重。除了疲倦之外，睡眠不足對我們的健康來說是很危險的。睡眠不足會增加釋放細胞發炎因子，進而促進免疫功能障礙，同時降低認知能力，對學習、記憶、痛覺（增強痛覺感受並降低閾值）

也有負面影響。

慢性的睡眠剝奪會改變碳水化合物的代謝、食慾、飲食和蛋白質合成的能力——而且是朝著不好的方向發展。原本能夠讓你慢慢恢復的慢波睡眠也受到影響，使重要器官和組織處於充滿代謝物的垃圾堆中；這些代謝物不會被消除，而且對組織會造成普遍的發炎損傷。這些發炎是產生或加重慢性疾病（包括癌症）的溫床，現在已經有強力的證據發現，憂鬱症與大腦的發炎變化有直接相關。剝奪大腦的慢波睡眠會導致能量恢復過程被抑制，疲勞也無法釋放。

睡眠剝奪的人常常有瘦素和飢餓素的失調現象，使人們容易肥胖。使用多媒體平台也是導致睡眠剝奪、體重增加的新風險，促進久坐行為並增加熱量攝入量。

睡眠剝奪也涉及某些激素和神經傳導物質的問題。最主要受到影響的是食欲素（orexin，希臘語中的食欲），和大自然用來控制睡眠／清醒狀態恆定時的武器褪黑激素。興奮食欲素神經元會增加興奮和清醒程度。眾所周知，由於睡眠不足導致神經傳導物質的濃度較低，會導致飢餓感、食欲和食物攝入量增加，超出保持警覺所需的能量。

褪黑激素調節我們的晝夜節律，激素的濃度在夜間比白天高 10 倍。暴露在光線下會抑制褪黑激素的正常上升。褪黑激素的分泌對睡眠的啟動有重要作用，因為它在大腦中的

濃度會在傍晚後增加，並在晚上十一點到凌晨三點之間達到峰值，在清晨開始前急劇下降。隨著年齡的增長，褪黑激素在夜間的濃度會下降，許多老年人會因為缺乏褪黑激素而失眠。熬夜對劍型人來說很常見，它會有損褪黑激素的分泌，因為光線和活動會減弱其誘導睡眠的作用。

得到你需要的休息

有許多定義明確的睡眠障礙，例如不寧腿症候群和呼吸中止症，不過內容超出了這本書的範圍。本書討論的是大腦中輕微的化學失衡與休息方式如何相互作用，這可能是剝奪我們獲得健康睡眠的罪魁禍首。雖然我們都有這些輕微的失衡，但並非都有睡眠問題。然而，沒有什麼比我們與興奮的微妙關係，更能影響一夜好眠了。大腦類型的失衡可以為劍型人與盾型人創造大不相同的睡眠模式，進而干擾我們獲得足夠的寧靜睡眠。如右表，我們列出了這些大腦類型的傾向。

盾型人與劍型人的睡眠模式

行為	盾型人	劍型人
睡覺時間	早	晚
需要多久入睡	需要很長的時間	相對較快
會做夢／惡夢嗎？	很常	很少
晚上會常醒來嗎？	很頻繁	很少
需要多久時間再次入睡？	不會馬上	通常會馬上再次入睡
起床時間	相對較晚	相對較早
常常打瞌睡嗎？	常常	不常
處理睡眠障礙的方式	抑制過高的興奮程度	適應較低的興奮程度，早點在黑暗的環境中入睡

重要的是請記住，我們在這裡描述的是劍型人／盾型人的傾向，但不是絕對的。並非所有的劍型人與盾型人都會是如此。如何看待這些傾向？盾型人，因為他們過度興奮，經常使用睡眠作為一種方式來區分或消除不舒服的興奮訊號（體驗為焦慮）。透過查看上圖，你可以看到興奮如何與睡眠問題模式交織而成。興奮不僅讓許多盾型人早早上床睡覺，以減少一整天的刺激，而且常常使入睡成為一個艱鉅的過程。這也是盾型人往往在夜間更頻繁地醒來、更難再次入

睡，以及早上不願起床的原因。

劍型人與興奮的問題呢？如你所見，為了達到舒適的活化程度，劍型人必須找到刺激自己的方法，常常將這種習慣帶到深夜，使他們晚睡。因為未受興奮刺激，劍型人通常睡得很好。他們不會常在半夜醒來，一旦醒來，他們很快就會重新入睡。

隨著褪黑激素的自然濃度在清晨開始下降，皮質醇開始上升，劍型人經常早早醒來，準備好開始新的一天。如果他們能在合適的時間上床睡覺，通常會睡個好覺。這不是說劍型人不會經歷睡眠不佳的時候。即使在劍型人中，壓力也會導致興奮程度升高。在這種時候，他們可能會出現與盾型人一樣的破壞性睡眠模式。

那麼，如果你遇到這些模式，可以做什麼？除了養成良好的睡眠習慣——規律的睡眠和起床時間；在涼爽、黑暗的房間入睡；睡前至少一小時不要看螢幕；睡前做一些平靜的事情（聽輕音樂或洗澡）；為睡眠和性愛預留床位——一般策略很簡單。

對於劍型人來說，這通常意謂著比習慣的更早上床睡覺，要求他們學會容忍晚上興奮度較低的失望感，而不是沉迷於尋求刺激。沒有什麼比劍型人對深夜的喜愛更能關閉健康睡眠的大門了。經常體驗到害怕錯過的恐懼，他們會說服

自己還有一件事要看或做。劍型人的晚安策略本質上是一種非策略，就是設定一個合理的就寢時間，刷牙，關燈。是的，有時候就是這麼簡單。但是對於劍型人來說，簡單的策略並不一定是容易轉化為常規的策略。

盾型人呢？他們的策略就是尋找調節和抑制興奮的方法。我們在整本書中都建議了這樣做的方法。但同樣，該策略可能很簡單，但部署需要始終如一地克服大腦化學失衡。下一章將詳細介紹情緒調節和壓力管理。

讓我們來看看與我們合作的幾個人，他們是如何處理睡眠問題的。凱文是一名退役的 NFL 球員，退役後的 10 年對他造成的傷害，比擔任防守邊鋒的職業生涯中經歷的所有衝撞還要大。他提出的主訴是白天疲勞，但我們看到的是一個有其他生活問題的人，包括肥胖和久坐不動。他說到下午三點左右就累了，他唯一的防禦措施就是小睡 30 分鐘。即使是白天的 6 杯咖啡也不足以讓他希望的那樣保持警覺和精力充沛。他一天中最喜歡的時間是晚上十點，這時他通常會滑起社群媒體，與老隊友和美式足球時代的對手聯絡。你可能已經猜到凱文是一位劍型人。

溫妮，一位 36 歲的單親媽媽，同樣睡眠不足，輕度超重，是一名律師助理。作為 8 歲兒子喬丹的母親，她過得很苦。溫妮躺在床上看電視，經常在喝完最後一口伏特加和營養品後打瞌睡。但在關掉電視和燈之後，她就完全清醒了，

從一個焦慮的想法跳到另一個。當她睡著的時候，又是一種不安分的睡眠，醒來時發現自己的被單亂七八糟。溫妮很沮喪，恐慌發作，她常常用大披薩來緩解悲傷。她知道自己必須減肥，但她睡眠不足，也沒有節食的意志力。溫妮顯然是盾型人。

溫妮和凱文都有幾個健康風險需要解決，但睡眠是一個主要風險。兩者都需要少吃多動多睡。解決了前兩個問題後，我們開始處理睡眠。

我們要求他們都寫睡眠日記。寫這些日記給他們帶來了一些意外發現。他們都發現自己低估了實際上床睡覺的時間。溫妮每週大多數晚上平均喝兩杯酒，而不是她描述的一次。兩者都沒有考慮巧克力／杏仁棒（溫妮），巧克力葡萄乾（凱文的最愛）的咖啡因攝入量。

我們強調了在就寢時間減少認知和身體興奮的重要性（對於像凱文這樣的劍型人來說很難，對於盾型人溫妮來說是預期的），避免所有發出藍光的電子產品、電視和興奮劑，包括閱讀和吃零食（對他們來說都非常困難）。建議避免夜間光照，因為它會不利於產生褪黑激素。我們還建議凱文和溫妮，在預定就寢時間前一小時服用 5 毫克褪黑激素。我們建議他們可以考慮在睡前 3 個小時戴上琥珀色眼鏡，以阻擋會損害褪黑激素生成的特定光波長。避免頂光也是治療的一個重要項目。

溫妮發現，當床頭燈熄滅時，她很難逃避負面的想法。轉變為負面情緒的黑暗想法會增加大腦的興奮程度。我們懷疑溫妮休息時的焦慮導致呼吸急促而淺，這會增加血氧濃度，讓她為戰鬥或逃跑反應做好準備。我們讓她每晚嘗試進行 10 分鐘的緩慢深呼吸——這是一種放鬆的技巧，可以加強進行氧氣／二氧化碳交換。

我們建議溫妮設定一個固定的就寢時間和起床時間，要知道養成這個習慣可能需要長達幾個月的時間。幸運的是，盾型人不需要立即滿足，寫睡眠日記有助於監測她的進步。

像大多數盾型人一樣，溫妮往往在早上慢慢恢復活力，因此我們建議她使用晨光療法，可以讓她慢慢地、更早地改變她的晝夜節律。這種策略可以使用燈箱輕鬆完成，燈箱在市場上有多種波長和強度可供選擇。

我們建議她考慮戒掉每晚喝伏特加。酒精會增加第一階段和最淺睡眠階段的開始和持續時間，進而阻礙已知具有恢復性和維持晝夜節律的深度睡眠階段。相反地，我們讓她嘗試服用低劑量的加巴噴丁（Gabapentin），這是一種天然的神經傳導物質，如果是 5 毫克可以減少焦慮並促進安寧的睡眠，如果我們之前建議的 5 毫克褪黑激素不足以誘導她入睡。我們建議她從睡前一小時服用一粒加巴噴丁的最低劑量（100 毫克）開始，然後在上床時服用兩粒膠囊。

在這裡，為了幫助溫妮保持目標，我們討論了琳瑯滿目可穿戴設備來衡量她在延長恢復性睡眠量的進展。我們向她解釋這將如何激勵她微調自己的新就寢時間習慣，以最大限度地延長深度睡眠。

凱文整個人都繃得很緊，所以我們教他進行漸進式肌肉放鬆練習，目的是減少緊張感。一個肌肉群一個肌肉群地，從他的頭皮開始，慢慢向下穿透身體，直到他的腳。當他逐漸向下移動身體時，我們讓他提醒自己放鬆每個部位，一邊慢慢向下移動一邊說：「我讓我的眉毛下垂。我正在放鬆我的下巴。我正在垂下肩膀……」我們還要凱文停止在下午或傍晚大量攝入咖啡因和尼古丁，因為這些不僅會影響總睡眠時間，還會影響初始睡眠潛伏期和睡眠品質。凱文需要做的最重要的一件事，就是改掉他深夜坐在床上拿著筆電在社群媒體上四處搜尋的習慣。就連他在翻閱睡眠日記時也震驚地發現，自己在螢幕和鍵盤上浪費了多少時間。在多次抱怨之後，他同意將就寢時間定在每晚不晚於午夜。這對他來說已經很早了。

促進激勵劍型人改變他們的睡眠習慣有回報。回報是經驗性的，是關於感覺更好。我們讓凱文每天早上起床時問自己以下問題：一、我更警覺嗎？二、我如何評價我的心情？三、我的能量如何？如果至少有兩個問題的回答是肯定的，他就會提醒自己，感覺更好就是回報。

然後，我們不得不做一直要做的事情：坐下來，深呼吸，等著看我們的病人會做些什麼。

生活方式的改變相互作用

眾所周知，隨著時間，改變會愈來愈困難，只有透過承諾和持續努力才能實現。當我們遇到阻力時，我們會耐心等待。這並不意外。我們打算告訴你關於凱文和溫妮的事，因為我們遇到的正是這種情況──依附於熟悉事物的舒適感。

他們的可取之處在於他們不太會有所隱瞞。在放棄了晚上喝伏特加雞尾酒不到一週後，溫妮告訴我們，她又開始喝了。她對於我們希望她嘗試冥想練習後的體驗，並沒有好到哪裡去。她聲稱要將注意力集中在自己的呼吸上，反倒會讓她緊張。想到自己的呼吸，讓她覺得自己快要忘記如何呼吸了，這不僅沒有讓她放鬆，反而更加焦慮。

根據我們的建議，凱文設定了鬧鐘以提醒自己午夜就寢時間。他好好地做到了。然後他會把它關掉，並向自己保證只要再檢查一件想檢查的事情就會關閉筆電。接著，又會出現另外一件事。你知道接下來的故事大概會如何進行了。

溫妮和凱文仍然有睡眠問題。我們重新組合，並加倍關注溫妮的運動狀況和凱文的飲食健康問題。溫妮當然可以因為減掉幾公斤中獲得一些好處，畢竟她在疫情期間變得久坐

不動，且與世隔絕。令人難以置信的是，她開始狡猾地為很少離開家裡而找藉口，直到我們發現了一些事情。

我們發現她在高中曾經打過籃球，便鼓勵她在車庫裡放一個籃球架，教喬丹打球。我們還讓她開始服用選擇性血清素回收抑制劑以增加可用的血清素。凱文雖然在退休後的幾年裡增加了不少體重，但仍然堅持定期運動。他的日常活動是起床並在跑步機上跑步。在早上鍛鍊，會在接下來的一整天內產生更高的新陳代謝消耗，也有刺激食慾的作用。我們一樣建議減半斷食（如前所述），並讓他將運動時間改到傍晚。

雖然他的睡眠還沒有改善，但人已經瘦了不少。當計畫開始幾個月後，我們很訝異他談到了自己以前深夜還待在社群媒體上嫉妒地比來比去的時光。就像他說的：「當時我無法不去檢查誰比我保持更好的狀態，或者誰比我過得更慘。減掉這些體重後，我已經不再好奇自己的地位在哪裡，或是如何融入其他人。這對我來說已經不再那麼重要了。」

儘管每個人生活的組成不盡相同，但我們畢竟都是人。改變其中一個部分，也會導致整體的變化。我們也看到了一些溫妮的真實變化。她的體重並沒有減輕多少，但她找回了以前的跳投能力，並且為此非常自豪。她開始用 Zoom 上瑜伽課，不再那麼焦慮和沮喪。當我們得知她完全戒酒時，感到非常高興。「我曾經告訴自己，伏特加消除了我的孤獨

感。現在我花更多的時間和喬丹在一起，晚飯後和他一起讀書。我認為籃球的事情讓我們再次真正交談起來。這真有趣。我已經不太為自己難過，覺得自己與他和生活有更多的連結。」

很明顯，溫妮正在學習如何讓自己平靜下來。我們希望隨著這個過程的繼續，這些新技能將慢慢轉化為更好的睡眠。凱文呢？他一直在減肥，最近告訴我們，他甚至在晚間新聞的時候打瞌睡。他在深夜入睡時間到來前就睡著了，並且告訴我們早上起床時感覺有多好。

就是運動和休息。如此簡單，卻也如此複雜。但這兩件事情實在太有必要了。躲在舒適區的好處被高估了，快出來吧！選擇變得更健康，選擇變得不那麼仰賴反射生活，活得更加有意識只有好處。現在可能正是你誠實地檢查運動習慣和睡眠作息，是否與未來健康生活一致的好時機。

第十二章
駕馭壓力的鋼索

生活是一種充滿壓力的體驗。我們如何應對無可避免的壓力事件，在很大程度上受大腦化學的影響

應對壓力是我們每天都在做的事。沒有人能夠避免過上這樣複雜的生活而不面對壓力。壓力無可避免地發生。我們要麼管理它，要麼被它所掌控。正如我們所描述的，我們的大腦類型可預測我們應對壓力，有些是建設性的，有些則不是那麼建設性。當涉及到壓力時，訣竅在於了解自己，並克制那些對你來說不健康且無效的應對方式。在接下來的幾頁中，我們將向你介紹一些讓壓力掌控自己的人，以及他們學會了如何應對壓力。

星期天早上七點剛過，傑夫打電話來，整個人處於恐慌發作狀態。還記得第十章中的傑夫嗎？他一直在為自己的體重而苦苦掙扎。在成功實施新計畫8個月後，他聯絡了我們，但幾乎說不出口。他終於鎮定下來，告訴我們妻子史黛西為了另一個男人離開他了。他很沮喪，很困惑，而且非常焦慮。

幾分鐘的深呼吸後，他成功講述了他是如何發現她不忠的悲慘故事——以及他迅速陷入與老朋友傑克丹尼（威士忌）的細節。8個月的辛苦現在付之東流……但不是真的。

就像許多行為有進步的人一樣，壞習慣的復發總是指日可待，觸發因素是意想不到的巨大壓力。但復發並不是失敗，許多工具可以阻止倒退。在簡單解釋壓力如何產生不良情緒，以及一些幫助你反擊的大腦類型特定策略之後，我們將回到傑夫以及如何幫助他度過危機。

壓力被定義為我們的生物平衡或體內平衡的變化。但是體內平衡只是一個概念，從來不是一個常數。這是一隻不存在的獨角獸，一個被觀點遮蔽的概念，因為失去平衡是相對於評估它的人和它發生的環境而言。

當某人接到醫生的電話，得知癌症篩檢結果呈陽性時，他們的體內平衡會立即發生變化。有人走進 31 冰淇淋店，卻發現薄荷巧克力口味已經賣完，於是不太高興。我們對這些轉變的反應是由容忍這些事件所產生的興奮的能力驅動的，事件干擾了我們對體內平衡的無休止和無意識的追求。雖然我們都容易受到壓力影響，但它的存在會根據大腦化學失衡而引發不同的反射防禦。

大自然吹響號角

　　如果你曾經覺得母親有點像控制狂，那我們得提醒你，古老的大自然是怎麼做的。它會讓你的母親看起來和藹可親。也許大自然最響亮的號角聲是它提醒我們注意壓力的聲音，這是所有生存警告中最強烈的。這種在幾毫秒內發生的生物反射，會在我們遇到緊急威脅時被激發，整個過程涉及4個不同但相互協調的系統——大腦、腦下垂體、腎上腺和免疫系統——大自然則擔任指揮。這是一種自動反應，通常被稱為「戰或逃」，並根植於我們的 DNA 中，而且所有生物都有類似的反應。以下是大自然如何設計這些連鎖反應的方式：

　　一、促腎上腺皮質激素釋放因子立即由大腦下視丘釋放，刺激腦下垂體釋放促腎上腺皮質激素。

　　二、然後，促腎上腺皮質激素會刺激腎上腺釋放皮質醇（壓力激素）。

　　三、這種壓力激素會活化神經系統以刺激交感神經，使血液中充滿葡萄糖，進而最大限度地消耗我們的「戰或逃」反應所需的能量。

　　壓力反應的表現是心悸、換氣過度、認知能力增強和注意力集中。皮質醇的急性釋放也會抑制胰島素釋放，進而阻止葡萄糖代謝，使我們的肌肉骨骼系統更容易獲得這種能量來源，進而妥善保護自己。

當這個警報響起時，其他非必要的生存功能也會同時受抑制，例如消化、性功能、減少炎症、創造記憶以及維持鈉離子和水平衡。大自然的設計包括利用血管搭一條「快速通道」的高速公路，位於下丘腦和腦下垂體之間，以便用這些高濃度的激素淹沒腦下垂體。激素的目的在緊急活化這種連鎖反應。

這些結構過度活躍的反饋迴路，似乎是由於長時間暴露在壓力下而發生的。研究發現，焦慮和藥物濫用都與功能失調的下視丘—垂體—腎上腺軸有關。藥物濫用是壓力誘發的一種焦慮症最常見的自我安慰，包括廣泛性焦慮症、創傷後壓力症候群、恐慌發作、社交焦慮、強迫症和重度憂鬱症。壓力除了會造成這些情感障礙之外，我們還看到了下視丘－垂體－腎上腺軸受損、自體免疫性疾病和高血壓間的關係。

來自大自然的興奮

根據定義，壓力是激發生存本能的事件。急性壓力障礙被描述為在遭受重傷、死亡威脅或性侵犯等創傷性事件後一個月內出現的壓力加劇反應。這些疾病極有可能轉變為創傷後壓力症候群，因此必須在這種診斷的急性性質被標記為終生難以治療和改變生活的疾病之前，對其進行識別和治療。相關的和已存在的疾病，如驚恐發作、社交焦慮和強迫症也會升級，需要盡快進行干預。藥物通常是治療的主要支柱

——有些是醫生開的，有些是非法獲得的。我們現在有了另一種武器來解決這些反應：利用我們的大腦化學提供更有針對性和持久的解決方案。

當盾型人經歷皮質醇釋放時，本能反應就是撤退。當皮質醇遇到劍型人時，無意識的反應是接近，而不是逃避。最近有一個新聞影片，一名年輕女子帶著 3 隻小狗在自家後院，突然發現一隻龐大野獸爬過籬笆。那個女性毫不猶豫地跑向那個不明的惡霸，狠狠地揍了牠一下，讓牠向後倒去。「牠」是一隻巨大的棕熊。

這位女士後來說，當她起身去救她的狗時，並不知道那是一隻熊，如果她知道的話可能會三思而後行。但她的興奮程度是壓倒性的，她唯一的動作就是用右上勾拳進行反擊。這種反射是可預測的不明智行為，並且是由失衡的多巴胺驅動的。

如果她是一名盾型人，很可能會任她的狗自生自滅。大多數壓力源不會是熊爬上後院的柵欄，也不需要閃電般的反應。當壓力啟動這些荷爾蒙和發射器時，盾型人和劍型人都需要一個計畫。反射反應只是本能，它們可能是聰明的，也可能不是聰明的。對於那些不需要立即做出反應的事件，試著給自己一點時間。透過鼻子深吸氣（嘴巴閉合），然後集中注意力，非常緩慢地呼氣。這種專注、平靜呼吸的策略可以挽救生命，並讓你計畫下一步行動。這需要一些練習，但

比你想像的要更見效。

　　壓力反應如何在行為上發揮作用的順序很簡單。將這種反應想像成一條弧線，就像彩虹的弧線：行動（壓力事件）> 反應（產生反射行為的神經化學反應）> 控制（無論我們是否克服或放縱情緒不舒服）。現在讓我們回到傑夫身上，分析他與失戀帶來的壓力之間的鬥爭。

對付損失

　　傑夫對於他的婚姻結束了而心煩意亂。他責備自己不夠專心，體重增加，對史黛西的吸引力下降，還需要研究他們最新一輛 Lexus 的最佳價格。這花了太長時間，史黛西不喜歡。他還擔心，困擾著自己但又尚未接受治療的糖尿病。傑夫對自己健康的反覆思考，導致史黛西失眠。這些焦慮的想法與失敗的感覺交織在一起，因為自從他開始與我們一起合作以來，他的睡眠、戒酒、散步和體重都好多了。對史黛西的不滿從來都不包含在這些痛苦情緒中。他對自己在這種關係中的缺陷，和追求健康之旅的退步感到憤怒。

　　傑夫的壓力反應是全面的。他的皮質醇濃度僅次於酒精濃度。從神經化學角度來看，他的血清素失衡惡化到新低點，這轉化為對接下來會發生什麼的擔憂。在這一刻，他覺得無法控制自己。我們知道他正處在一個下坡路，重新回到

暴飲暴食、不睡覺和酗酒的道路上。然而，在傑夫看到災難的地方，我們看到了機會。在脅迫下學習回應的技巧通常是練習和微調新策略的最佳時機。

傑夫那種癱瘓、焦慮的感覺，對許多人來說可能並不陌生。盾型人對興奮最自然的反應是撤退。無論我們個人的大腦類型如何，當不舒服的感覺出現時靜靜忍受它，即使是片刻，也是必不可少的。在這個不舒服的時刻，我們可以學會以更具建設性的方式處理這些情緒，並向自己證明，我們實際上可以超越大自然，重新獲得控制權。大自然不在乎我們需要多長時間才能恢復過來，它唯一的任務就是發出警報。採用短期的、三部分的技巧來度過這些時刻可能會有所幫助。試著捏自己。是的，身體疼痛會產生一種警覺反應，打破鬼打牆的思想和情緒鏈。

我們給傑夫的第二個工具是透視。我們讓他想一個比失去史黛西更令人不安的情況。他想到的是他姊姊最近被診斷出患有胰腺癌。這種競爭性的比較減輕了一些焦慮。最後，第三個工具包括增加他的血清素濃度的方法——碳水化合物零食或 10 分鐘步行。這些簡單的動作創造了一種表面上的控制感，當你感到失控時，實際上可以做一些事情——捏、透視和獲取（一點血清素）。

我們還需要解決房間裡的大象——他想麻痹自己和喝酒。當我們開始治療時，他本能地理解酒精是如何迅速減輕

焦慮。他才剛剛開始擺脫對這種自我治療的依賴。傑夫在接受治療的早期就被告知，酒精中毒與所有成癮性疾病一樣，是一種慢性病，由大腦化學物質產生並由壓力引起。傑夫還透過誘導和維持相對較長的淺睡眠時間，從理智上理解酒精會侵入睡眠週期。他已經獲得了超越依賴的理性優勢，但仍然容易受到破壞性反射的影響。

在接下來的幾週裡，我們與傑夫密切合作。過去，終生的社交焦慮使他無法參加戒酒社群。我們將他與一位康復倡導者連結起來，在接下來的 90 天裡，這位康復倡導者陪同他參加每天的戒酒會，以緩解他對結識新朋友的恐懼以及因酒精濫用而退步的尷尬。

我們向傑夫介紹了線上認知行為療法諮詢計畫。這種治療涉及一個互動程序，目的在指出邏輯錯誤（個人扭曲），並為這些現有的信念和思想創造理性的替代方案。該理論認為，透過改變思考問題的方式，你將改變對它們的感受。這種治療 6 個月後，認知行為療法與藥物干預的結果有利於改善情況。儘管認知行為療法可以當面或透過影片平台進行，但疫情期間的研究發現，針對焦慮症的線上療法與面對面治療一樣成功。認知行為療法已被證明在急性創傷恐慌症中是成功的，並提供相對快速的起效和長期益處。如果早點開始，它有數據支持其可能降低發展創傷後壓力症候群的能力。

　　我們要求傑夫開始寫日記，記錄他的活動和感受。為了幫助傑夫克服對維持常規和日程安排的抗拒情緒，我們邀請了他的戒酒夥伴並肩合作，制定並遵守嚴格的用餐、會議和藥物行事曆。

用處方藥自我安慰的坎坷之路

　　如果由稱職的專業人員以精確、耐心和保護的方式進行，藥物干預在治療焦慮症和其他無數心理健康狀況具有潛在的短期和長期優勢。用於治療這些疾病的藥物，最早出現於 19 世紀下半葉，包括嗎啡、溴化鉀、水合氯醛和三聚乙醛，但這些藥物都是普通的鎮靜劑，並沒有確實命中大腦化學失衡的問題，這是後來才查出來的。

　　一百年過去了，根據我們對焦慮症（包括一般性焦慮症、恐慌發作和強迫症）的大腦化學的不斷理解，這些標靶藥物才問世。現代神經精神藥理學領域，有時被稱為佛洛伊德學派的衰落， 1950 年代，首次出現了苯二氮平類（benzodiazepines，BZD）和利眠寧（Librium，我們給傑夫服用的一種藥物，以對抗戒酒期間的嚴重焦慮）。接下來是 1963 年的煩寧（Valium）和 1981 年的贊安諾（Xanax），然後是 1987 年隨著百憂解的推出，開啟選擇性血清素回收抑制劑的開端。

　　傑夫最初需要的是苯二氮平類藥物，以保護他免受酒精戒斷的影響。麩胺酸是在戒酒壓力下釋放的神經傳導物質，會引起嚴重的焦慮和激動，而苯二氮平類能中和該反應。治療的這一階段超越了藥物治療，需要採用醫療、心理和戒酒團體的團隊方法。除了利眠寧之外，他還開始服用選擇性血清素回收抑制劑來提供所需的血清素，幫助緩解憂鬱情緒並減少目前的高度焦慮。

　　大多數接受藥物和酒精戒斷的人都會經歷睡眠障礙，因為這些藥物的代謝物會在大腦中停留較長時間，具體取決於濫用的物質和持續時間。醫生給傑夫開了低劑量的加巴噴丁，這是一種天然的神經傳導物質，目的在平息他過度興奮的神經系統，安撫擔憂的思緒，而不會有依賴性的風險。結合行為策略、非成癮性和神經傳導物質以增強藥理學，傑夫能夠使用新工具來管理壓力和酒精依賴性，而無需依賴鎮靜劑和成癮物質。

從藥物濫用中自我安慰

　　許多患有急性和慢性焦慮症（表現為恐慌發作、社交焦慮和強迫症）的人轉向藥物濫用作為自我安慰。但是選擇性神經傳導物質中只能暫時緩解這些不良情緒。引用偉大的美國哲學家荷馬·辛普森的話：「啤酒，這是一個臨時解決方案。」

　　澳大利亞對近 9,000 名患者進行的一項研究得出結論，社交焦慮是物質使用障礙患者中最常見的焦慮症，患有社交焦慮的比沒有社交焦慮的患者依賴酒精的可能性高了 2 到 3 倍。加拿大的一項相關研究證實，與沒有強迫症的人相比，患有強迫症的人更容易終生酗酒和吸毒。

　　我們還從多項研究中了解到，與焦慮相關的疾病先於物質使用障礙的發作。還記得我們的朋友 下視丘—垂體—腎上腺軸嗎？新出現的數據發現，焦慮症和物質使用障礙與下視丘—垂體—腎上腺軸有著共同的神經生物學關係。過度活躍的下視丘—垂體—腎上腺軸成為長期藥物濫用和／或長期暴露於壓力的機制。

　　我們在治療期間觀察到傑夫的強迫症的另一個表現，是他對社群媒體和簡訊的依賴。許多研究證實，對於那些經歷悲傷、不滿或孤獨的人來說，依賴手機是一種自我安慰的機制，也是一種分散注意力的機制。眾所周知，焦慮症狀會隨著對社群媒體的長期依賴而加速。我們建議傑夫每天安排幾次檢查社群媒體和發簡訊（早上十點幾分鐘，下午四點再次）。這是為了打破他睜開眼第一件事和睡覺前最後一件事都是拿起手機的習慣。

　　傑夫旅程的新變化現在只有幾個月的時間，目前的他很穩定並且表現良好。

你被告知患有癌症的那一刻

「癌症沒有讓我屈服，而是讓我站起來。」

——麥克‧道格拉斯面對絕症的反應

朱蒂是一位樣貌年輕的 52 歲女性，她在接受常規乳房攝影後被診斷出癌症，不幸的是癌症已經擴散到她的淋巴結。儘管她有很明顯的乳腺癌家族史，但朱蒂卻不是很積極作篩檢。她從不花時間進行乳房自我檢查，最後一次乳房 X 光檢查是 4 年前。也許她不自覺地覺得，如果她不去尋找癌症，癌症就不會找上她。罹患癌症的恐懼讓她放棄了。我們都將「癌症」這個詞與死亡連結在一起，但事實上，癌症現在已經被認為是一種慢性疾病，至少有 50% 的患者都會遇上。儘管統計數據在過去 10 年中有了顯著改善，但沒有什麼比癌症這個詞，更能激發下視丘—垂體—腎上腺軸的活化和皮質醇的釋放了。

朱蒂的診斷再次誘發了她的創傷後壓力症候群，這是某些人在經歷了激烈、可怕或危險的事件後出現的症狀。誘發這個症狀的事件發生在一年前，當時她的母親被診斷出急性白血病，朱蒂眼睜睜地看著她就這麼痛苦而迅速地死了。那段時間，朱蒂開始定期吸食大麻以減輕持續的焦慮。她患有許多大腦過度興奮和反射增強的症狀——很容易受到驚嚇、急躁和睡眠困難——而大麻似乎對她有幫助。她沒有尋求任何協助，並經歷了惡夢、悲傷，甚至有些內疚，因為她覺

得在媽媽的最後幾年裡，她沒有花太多時間陪伴她。

創傷後壓力症候群的症狀會在初次發作後，持續很長一段時間，並會以惡夢、回憶、疏離感、悲傷、恐懼和憤怒的形式再次出現。相關症狀包括焦慮症、藥物濫用和憂鬱症。如果及早治療，許多患者會在六個月內痊癒，但有些人會終生出現症狀。現在已經認為這種疾病的遺傳因子，女性較為常見，也發現了其具有種族差異，非裔美國人、拉丁美洲人和美洲原住民受到的影響特別嚴重。

朱蒂預約了一位癌症專科醫生，儘管醫生說了不少充滿同理心和鼓勵的話，但她設想自己是最糟糕的情況，還上網看了不少案例。做這些恐怖的調查時，她愈來愈愛吃果醬甜甜圈。她的睡眠模式因過度擔心而受干擾，也不再去健身房。我們解釋了壓力對她的免疫反應帶來的負面影響，以及對即將面對的抗癌之戰的潛在後果。

我們給朱蒂做了大腦類型測試，確認她是盾型人。我們用最先進的乳腺癌資訊把她武裝了起來。資訊就是力量，當她確診後，最需要的就是力量。我們向她解釋，她目前的雌激素替代療法，是兩年前進入更年期時開始的，有鑑於雌激素與家族性乳腺癌有密切關聯，因此需要停止這項治療。我們測試了朱蒂的雌激素和 HER-2 抗原，以及更新的血液與遺傳標記，以便提供高度專一性的治療。有了這些知識，朱蒂能夠與她的治療團隊合作地更好，並在一定程度上控制病

情。對於盾型人而言，資訊是一種強大的力量，是減輕治療帶來的壓力的絕佳工具。

我們讓朱蒂認識了認知行為療法治療師，向她介紹了正念療法，包括太極拳，這是一種解決她的創傷後壓力症候群的新工具。考慮到她的社交焦慮史，我們幫她從寵物店找到了一位令人安慰的非人類伴侶——一隻她命名為可愛（Kawhi）的 2 歲可卡犬（她是快艇隊的球迷），跟著她一起回家。養寵物幫助朱蒂活在當下，並在她生命中的關鍵時刻，給予她忠誠和無條件的愛。也因為她需要每天遛可愛幾次，順便讓久坐不動的腿有機會活動活動。

最後，我們與朱蒂分享了一系列關於微生物組的論文，強調高碳水化合物飲食對微生物組（有助於協調免疫反應）的不利影響，促使她放棄果醬甜甜圈。我們追蹤了朱蒂一年，在此期間，她養成了新的習慣，幫助她在治療後獲得了穩定的緩解。

醫療的壓力是否快把你壓死了？

「醫療專業人員不該是保險公司的官僚，應該做出醫療的決策。」

——芭芭拉・利維・波克薩

　　光是解讀現代醫療照護體系中排山倒海的資訊，就有一定程度的壓力，這些資訊太過強調「健康」，卻很少提及「照護」。大多數人被疾病嚇到的時候，都會直接去看「網路醫生」——不用在長長的隊伍中排隊，也沒有部分負擔，甚至不用等待！根本就是舒緩焦慮情緒的完美選項。但在網路上，如果挖得太深，反倒又會增加壓力，因為大多數的搜尋最終都會導向一些嚴重而可怕的結論。現在讓我們來看看劍型人與盾型人，如何利用其獨特的傾向，更順利地穿越醫療迷宮。

　　亞倫有排尿的問題。他必須拚命地跑才能剛好抵達洗手間，每晚，他都需要起床 3 到 4 次上廁所。如今他上廁所的時候，就像是他為玫瑰園所設定的澆灌系統一樣。他的父親和叔叔都患有前列腺癌，現在亞倫擔心自己也有同樣的命運。

　　亞倫患有急性的醫療焦慮症（acute procedural anxiety），這是個相當常見的問題，尤其是對盾型人而言。儘管盾型人對疼痛的耐受度遠高於劍型人，但他們對結果的悲觀和焦慮蓋過了此優勢。這種情況被定義為對醫療、外科和牙科手術

的過度恐懼，這種恐懼通常會阻止人們完成必要的診斷。

　　壓力不僅體現在程序本身，還體現在對必須經歷它的預期中。他的醫生下令進行一系列診斷。盾型人只在有預期的時候才會深思熟慮。這些本來很簡單的篩檢流程，但對亞倫來說，等待採檢結果的那 10 天，簡直難以忍受。只要想到驗血、核磁共振的幽閉恐懼症或進行採檢的想法都會讓他怕得快全身癱軟。他怪自己有這種家族病史，卻還是拖延了定期的健康檢查。

　　這是我們剛遇到亞倫的時候。我們花了很多時間討論他將要接受的各種檢查和流程。當我們開始了解會發生什麼之後，例如疼痛和康復等，亞倫終於說出最大的恐懼——失去性功能。我們向他解釋，多數男性根據例行治療，不會因為使用機器人手術和新的放射治療而失去性功能。我們還告訴他，他也不太會因此而尿失禁（亞倫卻從沒考慮過這一點）。

　　為了增加更多的控制感，我們向他保證，如果他無法忍受身體或情緒上的不舒服，可以隨時停止採檢。我們讓他編了一個他最喜歡的音樂播放清單，他可以在手術過程中收聽。音樂療法已被證明有幫助。臨床試驗檢驗了音樂的介入對醫療焦慮症的影響。研究發現，在手術前和手術過程中讓患者聽 15 到 20 分鐘的音樂，可以顯著降低焦慮和心率。冥想也是相當推薦的活動。

　　我們告訴亞倫他可以帶一位親密的朋友或家人，幫助緩解他的焦慮。我們建議他與醫生討論要不要開點抗焦慮藥（例如gabapentin）和／或 β 受體阻斷劑（如propranolol），幫助減輕診斷過程和可能需要做出一些決定的壓力。

　　亞倫只是一再很害怕會就此陽痿，即便我們多次（至少三次）向他確認這不太可能發生。如果他的恐懼成為現實，我們甚至討論了一系列治療方法，如威而鋼（Viagra）、犀利士（Cialis）或是在陰莖注射藥物（是的，你沒看錯）。

　　我們也花了時間提供亞倫目前的問題和強迫症相關的資訊，例如潛在的治療選項等，來降低他在看醫生時的大腦興奮程度。了解更多的資訊對任何一位正在接受重大疾病檢查的患者而言，都是一帖良藥。

　　以下是我們推薦的清單：

　　• 和你的醫生一起檢查並確認手上那張醫療專家的名單，提前確定名單上的誰會是你的最佳選擇，然後花點時間研究一下這些醫生的專業履歷。

　　• 檢查一下你用藥的選擇是否正確──使用原廠藥物或學名藥是否會影響你的處方？

　　• 研究一下如果你有一段時間需要醫療服務的話，會發生什麼事情──誰能回應你的需求？你會順利地被帶到急診室嗎？如果你需要住院，醫生能否幫你安排？

• 在你的錢包裡放一張護貝過的卡片，上面寫上所有的健康資訊，包括任何過敏、正在服用的藥物、緊急聯絡人資料，或者在緊急情況下其他人可能需要的任何資訊。

• 將你的醫療紀錄放在隨身碟裡，因為醫生可能會常常換來換去，或者你出門在外遇到了緊急狀況，這樣能夠讓醫生掌握你的重要資訊。

• 準備一個旅行用的藥物包：放進你的日常藥物和其他可能需要的藥物，例如止痛藥、廣效性抗生素、止吐藥和止瀉藥。

• 看診前，請準備好一系列要問醫生的問題和目的。在離開前檢查此清單，以確保你所有的問題都已獲得解答。

• 帶著你的幸運物或者和某個人一起去看醫生，給自己一些鼓勵。以防要度過漫長的等待時間，你可以帶上一本書，畢竟有的時候，你在候診間可能無法使用手機。

• 試著取得診間工作人員、護理師和醫生的電子郵件，以便在他們同意的情況下，可以更及時地進行溝通。

• 請醫生指導你，讓你了解關於你的健康問題的最佳方式。

• 理想情況下，請花幾分鐘與你的醫療照護者解釋你對醫療流程的反應，以及對睡眠和飲食有何影響，並根據這些行為調整醫療人員處理這些狀況的方式。如果你的醫生似乎不理解這個概念，請把這本書寄給他們！

瑪麗亞是一位劍型人，她對醫療服務有著不太一樣的問

題。她天生非常沒有耐性，很難仔細了解她不斷變化的醫療保險計畫的細節，但這些細節卻決定了她可以去看哪些醫生、可以使用的治療、醫院和藥物，甚至如何申請保險理賠。這些行政程序實在是太無聊了，處理起來變得很困難。為了要讓自己能順利去看醫生，她需要某些激勵或獎勵機制——她會在每一次看完醫生後，就跑去買一次鞋子。當她真的需要有人回應，卻一直被診所的語音系統保留時，她會對著電話大吼大叫。尤其對她的保險公司每隔幾年就會將她重新分配給不同的醫生，感到特別不安。任何一個在另一端接電話的人都知道，她真的是氣壞了。但現在她已經 47 歲了，她真的需要他們的幫助。

瑪麗亞在一家大型雜貨連鎖店工作，一直擔任管理職。她的同事認為她強硬、好鬥、對別人的觀點不太感興趣，而且情緒反覆無常。她周圍的人常常會為她難得輕鬆的樣子非常高興，不過他們也很了解她的另外一面，因此大家都小心翼翼地盡量照顧她的情緒。她已婚，有兩個上高中的孩子，也是一個狂熱而大膽的滑雪愛好者，最近對滑翔運動產生興趣。瑪麗亞和丈夫文森一直保持穩固的關係，直到最近才開始分崩離析。

文森注意到瑪麗亞變得愈來愈喜怒無常，她的憤怒更加反覆且日益強烈。一天晚上，在她下班回家的路上，她差點揍一名因超速而攔下她的交警。她睡得不好，且開始出現熱

潮紅的現象，這讓她和文森的床單與性生活都受到影響。

是的，就像你想的一樣，瑪麗亞現在正處於更年期。但她卻忽略了這些跡象——在經期不規律 6 個月後，又有 3 個月沒有月經，她的睡眠模式發生了變化，情緒起伏很大，出現使人虛弱的偏頭痛。過去的幾個月裡，她認為有些問題與醫生為治療頭痛而開出的止痛藥有關，現在她的藥量已經增加到一天 6 顆。當醫生拒絕繼續再開更多藥給她，她出現嚴重的戒斷症狀，並尋求我們的幫助。

她現在有兩場仗要打，使她討厭的更年期更加複雜：對鴉片類止痛藥的嚴重依賴，以及無力保護她的醫療保險。她的保險公司批准了一項 12 步驟計畫，但問題是他們沒有涵蓋心理治療、安全地為她戒除藥癮的處方藥，以及她可以輕鬆到達以獲得幫助的設施。保險公司對患者的健康問題，選擇性地忽略。

在成癮的世界中，這些慢性疾病被邊緣化了。焦慮、憂鬱和失眠等情緒或心理問題，並不是優先被考慮的事項，而且肯定會被忽視，因為它們會導致藥物濫用更加嚴重。我們沒有責怪瑪麗亞這麼憤怒。她怪開這些藥的醫生沒有說明會有成癮的問題；她怪同事害她壓力很大，導致她偏頭痛；她怪丈夫沒有早點介入。劍型人喜歡責備別人，而忽略了自己的責任。

我們首先需要為她戒藥。我們得到了文森的積極幫助。他不知道她正在服用這些藥物，而這是我們治療的第一步——完全公開和透明。我們召開了一次家庭會議，並建議他們了解成癮是如何發展的、與症狀相關的大腦化學物質，以及壓力在促進和維持這些行為中的作用。

我們每個人都會以各種方式自我安撫——有些健康，有些不健康。鴉片類藥物肯定在「不太健康」的名單中。我們一起討論了瑪麗亞對立即滿足的需求，我們解釋，她的劍型人由獎勵驅動的動機，在這種治療中不會得到滿足，因為治療成癮需要一生的承諾。

我們解釋了成癮與遺傳有什麼關係、大腦內的化學如何產生、被壓力所誘發。我們讓瑪麗亞參與了一項計畫，讓她停止服用鴉片類藥物，將她送到門診的 12 步驟計畫，並尋求她需要資助的諮詢服務。這些諮詢將包括個人和家庭的治療，因為成癮是一種家庭疾病——當家庭成員與這種疾病對抗時，家庭中的每個人都會遭受創傷。

提供了這個簡單的輪廓之後，我們撤回了她的鴉片類藥物，因而活化她的交感神經系統——因而加快了她的心率，讓她出汗，無法入睡，食慾變差，腹瀉加上嚴重的肌肉痠痛。我們提供了非成癮藥物以減輕瑪麗亞的各種症狀。她對疼痛的耐受力很低，所以我們鼓勵她專注於度過這艱難的兩週後的回報。除了讓她戒癮之外，文森還主動買了一家高級健身

俱樂部的會員資格。

我們啟動了一項睡眠計畫，其中包括嚴格的睡眠健康與健康的自我舒緩技巧。我們要文森像個護理人員一樣，教他如何監測她的血壓、脈搏和體溫。作為一名盾型人，他果然非常嚴格地記錄著她的症狀、生命徵象、各種抱怨，以及她對我們提供的治療方案的反應。我們向瑪麗亞承諾，一旦她排毒後覺得好了一點，我們就會開始進行行為療法，然後使用安全、特殊的藥物來重新穩定她大腦中的化學環境，以解決多巴胺失衡的問題。

我們建立了一組能產生多巴胺的藥物清單──實際的藥物組合，則會根據瑪麗亞對這些藥物的反應，進行動態和細微的調整。為了她的睡眠障礙，我們從這張能產生多巴胺的清單中，選擇了助眠與鎮靜效果的選項（思樂康Seroquel、加巴噴丁）。所有的藥物都受到周全的監測，並在瑪麗亞掌握了自我舒緩的新工具，積極參與包括 12 步驟計畫、個人和家庭的治療後就會停藥。我們同樣也和她的婦科醫生討論了她的更年期問題。

14 個月後，瑪麗亞停用了所有藥物，參加瑜伽和冥想課程，與兩位康復計畫中的新朋友保持密切關係，並修復了與產品部門同事的關係。瑪麗亞和文森恢復了他們第一次約會時的關係，並計畫在下個冬天去惠斯勒（Whistler）進行一場家庭滑雪旅行──這是瑪麗亞對工作和新人生的大禮。

經濟壓力

> 「我們現在稱之為儲備金（nest egg）原則……儲備金是一種保護，就像上帝一樣，你我都在儲備金的保護下……我們受到儲備金的保護。沒有儲備金，就沒有保障！……還要我繼續嗎？現在開始下起傾盆大雨了，嘿——雨就這麼落在這些蛋上，讓它們從邊緣掉下來……蛋就沒了……蛋濕了！一切都結束了！」
>
> ——阿爾伯特・布魯克斯談論儲備金，《迷失美國》

新冠疫情期間的全球經濟壓力，因為不知如何保護自己、和熟悉與舒適的一切隔絕的、前後不一又令人困惑的資訊，以及我們或某個所愛的人可能會死去的壓力，讓你我的大腦過度興奮。我們還要戴多久的口罩？我們的工作會發生什麼變化？我們要如何承受生活中這些戲劇性的、非常真實的破壞，而且還不知道它們何時才會結束？大腦過度興奮對盾型人來說非常糟糕，對劍型人來說也同樣不可忽視。不穩定和分裂的政治氣氛，更進一步加劇了集體焦慮，加上這種政治氣氛融入了我們從未經歷過的社會壓力。

對金錢的焦慮困住了每一個人。劍型人已經證實不太可能訂定計畫，因此也沒有存下未雨綢繆的錢。劍型人控制興奮的傾向是尋找獎勵，而衝動消費可能是一種自動化的舒緩策略。追逐風險、快速致富或投資計畫也能解決這個問題。但是接二連三的壞消息和錯誤資訊，助長了他們的情緒，這

也在親密關係中造成了裂痕。人們在超級市場的蔬菜貨架旁，演變成幾乎要拳打腳踢的局面。劍型人控制這些問題的策略愈來愈沒有用，因為他們會本能地指責他人，而不是主動尋找解決方案來管理財務。疫情期間的恐懼激起了他們的下視丘—垂體—腎上腺軸，隨之而來的腎上腺風暴對許多人來說，使得控制混亂變得更加困難。

　　盾型人也因為對負面結果的現實恐懼而苦苦掙扎。他們自我安慰的回應技巧也受到挑戰。如果他們是傾向避免傷害，那麼現在正是打磨它的最佳時機。他們喜歡計畫和規劃策略細節的能力是一個好處，但許多人被各種負面的聲音壓得喘不過氣來，無法採取行動。這與財務壓力一樣嚴重，也被埋在疫情所製造的地雷中。盾型人知道要怎麼提前準備儲備金、熟悉如何存錢、了解自己的財務狀況，並且比劍型人們更能長遠地看待這場比賽。他們不會拿錢冒險——尤其是現在——甚至會調整消費習慣，來保護自己的巢穴。

　　盾型人擅長保護自己，但容易受到壓力和焦慮的影響。他們的自我安慰策略，常常包括使用一堆鎮靜物質，例如酒精和鴉片類藥物。在疫情期間，酒精消費量大幅上升。兩種大腦類型的睡眠模式都被打亂了，隨著愈來愈多人躺在沙發上，積極運動以減少焦慮的好處也沒人在乎了。

　　艾略特所知的生活都被疫情摧毀了，但他選擇指責而不是扛起責任，我們現在了解到，真實的故事可能隱藏在他大

腦化學反應更深的地方。52 歲的艾略特擁有一家非常成功
的旅行社，專為專業運動團隊和一些名流提供服務。他的生
意穩固，沉迷於豪奢的生活方式，而不擔心未來可能出現的
顛簸。他將自己的鋪張浪費合理化，當成一種促進看似萬無
一失的生意的手段。

新冠病毒可不讓他如意，因此就像許多其他的企業一
樣，他的生意也急轉直下。他所服務的專業運動團隊決定與
世隔絕，而非四處旅行。當所有製作公司停止運作時，某些
名人客戶都失業了。艾略特出手闊綽，是一家高級健身房的
高級會員，還有一輛敞篷瑪莎拉蒂──但除了尼克在舍曼
奧克斯（Sherman Oaks）的公寓，他現在已經無處可去。

尼克是他的藥頭，病毒根本擋不了他，對於古柯鹼成癮
者來說，他是絕不可少的存在。當艾略特因一克古柯鹼的供
需增加而大發脾氣時，尼克從艾略特的供應商變成了受害
者，被揍得鼻青臉腫。這對艾略特來說並不罕見，他在被激
怒時常這麼做，而且他很幸運，尼克──考慮到他正在做
的非法行為──無法報警並對他提出告訴。

艾略特在疫情期間的生活，和他的處事技巧一樣糟糕。
他一連串的壓力始於結婚 12 年的妻子辛西婭，她目睹了他
們的生意蒸發，並發現艾略特沒有任何財務規劃，因而大發
雷霆。現在他經常在家，很容易發現他的情色用品。但當她
發現他已經對古柯鹼成癮（這解釋了為什麼他們帳戶裡的錢

這麼少）時，辛西婭的憤怒終於達到了臨界點，她要離婚。艾略特被迫賣掉房子和心愛的跑車。他的激動和浮躁導致古柯鹼的濫用更為嚴重，並多次揚言自殺。辛西婭帶著最後的一絲同情心，請求我們幫助艾略特。

在經過初步諮詢後，我們制定了一項計畫：讓艾略特先戒掉古柯鹼，然後重新平衡大腦中的神經化學，讓他恢復健康。行為改變的策略必須以潛在的化學失衡為準，而艾略特無疑是一位劍型人。我們明確地建立這個診斷的線索。他先將自己的崩潰歸咎於病毒，沉迷於色情和古柯鹼，表現出糟糕的計畫能力、用跑車和華服獎勵自己、冒著極大的風險、無法控制自己的憤怒。

他回應高度壓力事件的技巧，顯然需要一些微調。他試圖透過興奮劑和不檢的行為，來緩解壞心情，但這種短期的滿足感，僅僅提供了即時但短暫的撫慰。他濫用古柯鹼的行為，使他的系統獲得了一點額外的多巴胺，卻破壞了睡眠週期，破壞了任何健康的飲食行為，使他無法對健身活動提起興趣，並使曾經支持他的妻子離開了。

艾略特的計畫最初包括解決興奮劑成癮問題，以及消除自殺念頭。當他的病情穩定後，我們加入了行為矯正、憤怒管理、財務規劃和改變生活方式等療法，這將使他能夠忍受大腦較低程度的興奮，建設性地改善面對壓力時的反射性反應。

　　為了解決他對興奮劑的上癮，我們讓他突然停止使用古柯鹼。這會引起麩胺酸等神經傳導物質補償性的增加，目的在於加入交感神經系統，使艾略特感到不舒服，進而引起他對多巴胺（古柯鹼）的渴望。他其實不知不覺地已經學會了讓神經系統平靜下來的方式，而這種模式導致了嚴重的戒斷症狀。我們透過藥物治療和行為療法來緩解這種情況。戒毒過程會因濫用的時間、濫用物質的劑量以及任何複雜的醫療問題而異。一般而言，興奮劑的戒毒過程需要大約一週的時間。

　　艾略特戒毒後，我們開始使用長期藥物來穩定控制他的多巴胺失衡。這些藥物包括樂命達（Lamictal）、安立復（Abilify）和其他藥物。考慮到他有自殺的念頭，鋰劑是一個不錯的選擇，起始作用時間快，也能減輕自殺念頭。在此階段，我們也開始解決他放棄的健康飲食和運動問題。他的行為療法包括正念和認知行為療法等練習，這兩種療法都被證明對物質濫用和行為成癮有好處。

　　我們加入了一個 12 步驟計畫，我們幫他與一位保證人取得聯絡，幫助他與戒毒社群建立關係。我們建議他進行心理治療。清醒計畫最重要的基礎，就是他與治療團隊的關係。對於艾略特和醫療團隊中的所有成員而言，他們必須與患者以及其他團隊成員定期溝通，以評估他的進展，並微調任何一項治療方法。此外，我們也對艾略特進行了全面的醫

學檢查，以評估任何可能影響他的健康或治療選擇的潛在或複雜問題。

到了第三週時，他的自殺念頭已經消退，只使用褪黑激素和加巴噴丁就能睡得更好。他努力地每天散步，建立規律的飲食計畫。他對網路色情的沉迷在治療中得到解決。將艾略特與財務規劃師連結起來是我們的下一步。計畫對艾略特來說是一個複雜的問題，對許多劍型人來說也是如此。首先，涉及預算的詳細組織、與債權人接觸而不是逃避、審查銀行和信用卡帳單以及解決一般的財務問題，都是他不具備的技能。

艾略特的計畫包括設定現實但嚴苛的目標，比如繼續對治療團隊負責，與妻子合作做出相關的財務決定，在衝動地掏出信用卡之前先節制一下，為意外災難建立應急基金，安排支付他的帳單並轉換為電子自動支付模式，詳列他的預算，以便能夠控制這些必要的變化，而不是受到這些變化的限制。我們鼓勵艾略特聯絡他的債務人，親自與他們會面，看看他是否可以重整債務。作為一名迷人的劍型人，他在這些討論中略占優勢。

一旦艾略特戒了毒，有了更好的生活，並制訂計畫來管理財務，我們就向他提出憤怒管理的觀念。劍型人的憤怒相當富有表現力，但有時控制不佳。反射性衝動強化了這種情況，通常還會混合了一些責備。當前的目標是希望他能放慢

反應的時間，尋求某種程度的責任，並採用建設性的方式來調節憤怒。

關鍵是要了解容易觸發憤怒的特定條件——疲倦、約會遲到、不耐煩或已經處於壓力狀態——然後制訂策略來減少可能的習慣。我們藉由指出這些反應，讓他了解後果有多麼糟糕，教會了艾略特將負面反應轉變為正面反應。用這些感覺來解決面臨的問題，對他來說是一個新概念。

我們讓艾略特列出了會讓他很火大的常見因素（例如塞車、切換車道時差點撞在一起、收銀台結帳的速度超級慢等等），並將他的感受與這些時刻連結起來。然後我們要求他，將清單中的每個項目搭配特定情況下可以接受的解決方案。他被要求在一週的時間裡每天查看清單，以記錄一些新的回答。然後，我們讓他根據 1—10 的等級，對這些感受進行優先排序，其中 1 表示輕微的困擾，10 表示他快拔出劍來的程度。

我們要他為反射性的衝動等上一分鐘。憤怒往往源於一個特定的問題，我們請艾略特用解決方案代替原地爆發。他可以深呼吸或從 10 開始倒數。練習這些技巧讓他有了一點控制力，而不是發自內心無法控制自己，加劇他的憤怒，使局面更糟糕。

我們還建議了一些選擇，例如要生氣時，先離開當下的

環境、深呼吸、想像自己與激怒他的人處在相同的境地，以產生同理心；將自己移到一個安靜的地方，在那裡可以伸展四肢與雙臂；或者如果環境允許，也可以大喊或尖叫。定期回顧這些令人生氣的事件，可能會讓有憤怒問題的人看到這些經歷的模式，並強化那些釋放憤怒的行為。

人總是會有壓力，無論是因為離婚，或是得了癌症，或者是正在和醫療體系對抗，也可能是擔心錢的問題，怕失去工作、面臨退休等無數的事件，使下視丘─垂體─腎上腺軸做出生物反應，將皮質醇倒進需要我們做出反應的系統中。如何回應這些不舒服的情緒狀態，取決於我們是劍型人還是盾型人；要能健康地做出回應，那回應必須與我們獨特的大腦類型相互呼應。為了對我們先天的傾向做出健康的調整，需要學習、實踐和改善新的選擇和決定。

最後的話

　　毫無疑問，劍型人們已經注意到，有時你身上也有一點盾型人的特質，反之亦然。這是完全正常且自然的。我們希望在你讀完這本書後，已經能夠詳細了解自己的大腦類型的優勢與可能存在的弱點。你已經注意到自己與大腦興奮的關係，如何影響你在工作、親密關係和生活方式中做出的決定。在此過程中，你已經在我們描述的那些勇敢而堅定的患者的故事中，看見了自己的掙扎。

　　我們提出的策略、練習和心智模型／技巧並不代表某種萬靈丹。我們不相信魔法，對神奇的萬靈丹抱持懷疑。我們的目標較溫和。身為人類，我們受到習慣的束縛且抗拒改變，無論對我們來說改變行為有多麼重要。我們所建議的那些改變並不容易，需要努力，也需要堅持；但我們發現，如果能夠加以實現，它們會對你非常有幫助。

　　我們希望為你提供一個切入點，一個觀點，透過這個觀點，你可以檢查自己的各種作為，而這些作為可能會／不會幫你成為最美好的樣貌。使你的生活更加自由與平衡，是學習克服你的大腦類型的獎勵。我們希望你能接受這個挑戰。

致謝

　　這本書只有透過多年來從我們的病人身上所學到的東西才能夠寫成。我們要感謝蘿莉‧溫納，她在本書誕生的提案過程中提供了極大的幫助。我們要感謝克里夫‧愛因斯坦早期的腦力激盪。感謝我們的出版經紀人吉兒‧瑪，她巧妙地引導了這個項目，將其引向完美的歸宿。我們還要特別感謝諾曼‧皮爾斯汀和阿爾伯特‧布魯克斯，他們閱讀了初稿，並非常慷慨地與我們分享了他們的想法和智慧。感謝蘇珊‧沙利文，她的座右銘「簡潔即佳」，即使沒有總是被遵循，但我們總在思量。

　　我們要感謝編輯丹妮絲‧西維斯特，感謝她對我們的作品進行了修改並對手稿進行微調，還要感謝雪莉‧華莎曼，她進行了最後的編輯修飾。我們也要感謝麥克和斯圖亞特‧基珀、哈蘭德‧溫特、亞倫‧布勞斯坦、莉茲‧柯爾、瓦爾、丹尼斯、維若妮卡、亞倫、吉姆‧布魯克斯、邁倫‧夏佩羅、彼得‧蒂爾登、大衛‧卡明斯基、茱迪絲‧德拉菲爾德、丹尼爾‧塞默爾和約翰‧哈威爾。

　　不能缺少的是對合作夥伴大衛的感謝。他以幽默和優雅容忍了我們之間的差異，並與我分享了這個漫長而曲折的發現和解謎之旅。這是一種持久的好奇心和堅韌不拔的品質，

以我們的友誼緊密地結合在一起。

很高興能夠和你一起經歷這次冒險。同樣，我要深深地感謝我的摯友康乃爾，他為我們的項目帶來了作為一位才華橫溢的文字工匠的貢獻，他的引導，他對我的耐心，以及我們多年來一直榮幸分享的寶貴友情。

國家圖書館出版品預行編目 (CIP) 資料

劍型人 x 盾型人：找到你的大腦原廠設定，擺脫慣
性思考，創造自我優勢／康乃爾·考恩（Connell
Cowan）、大衛·基博（David Kipper）著；黃馨弘
翻譯
－ 初版 . -- 臺北市：三采文化，2023.09
面： 公分 .（PopSci17）
譯自：Override: Discover Your Brain Type, Why
You Do What You Do, and How to Do it Better
ISBN：9786263581678（平裝）
1.CST: 生理心理學 2.CST: 神經學 3.CST: 腦部
4.CST: 自我實現

172.1   112012353

suncolor
三采文化

PopSci 17

劍型人 x 盾型人：
找到你的大腦原廠設定，擺脫慣性思考，創造自我優勢

作者｜ 康乃爾·考恩（Connell Cowan）、大衛·基博（David Kipper）

翻譯｜ 黃馨弘

責任編輯｜ 張凱鈞　專案主編｜ 戴傳欣

美術主編｜ 藍秀婷　封面設計｜ 方曉君

內頁排版｜ 魏子琪　文字校對｜ 聞若婷

發行人｜ 張輝明　總編輯長｜ 曾雅青　發行所｜ 三采文化股份有限公司
地址｜ 台北市內湖區瑞光路 513 巷 33 號 8 樓
傳訊｜ TEL：（02）8797-1234　FAX：（02）8797-1688　網址｜ www.suncolor.com.tw
郵政劃撥｜ 帳號：14319060　戶名：三采文化股份有限公司
本版發行｜ 2023 年 9 月 28 日　定價｜ NT$500

OVERRIDE: DISCOVER YOUR BRAIN TYPE, WHY YOU DO WHAT YOU DO, AND HOW TO DO IT
BETTER by CONNELL COWAN AND DAVID KIPPER
Copyright: © 2022 BY CONNELL COWAN, PHD, AND DAVID KIPPER, MD
This edition arranged with KENSINGTON PUBLISHING CORP
through BIG APPLE AGENCY, INC., LABUAN, MALAYSIA.
Traditional Chinese edition copyright:
2023 Sun Color Culture Co., Ltd

suncolor